함덕리 1구
포제자료집

함덕32 문예총서 01

함덕리 1구 포제자료집

초판 1쇄 발행 2023년 12월 20일

기획 함덕리 1구 구민회 · 문화예술연구소 함덕32
자문 함덕리 1구 운영위원회
    (강천수 · 강춘임 · 김경언 · 김병섭 · 김성수 · 김성호 · 김정기 · 양덕인 · 이민성 · 이제인 · 차인규 · 현명남 · 현향탁)
감수 · 해제 김동전 · 임학성
판독 · 번역 백종진
사진 이창훈
교정 · 교열 양미혜
펴낸이 홍종화

주간 조승연
편집 · 디자인 오경희 · 조정화 · 오성현 · 신나래
              박선주 · 이효진 · 정성희
관리 박정대

펴낸곳 민속원
창업 홍기원
출판등록 제1990-000045호
주소 서울시 마포구 토정로 25길 41(대흥동 337-25)
전화 02) 804-3320, 805-3320, 806-3320(代)
팩스 02) 802-3346
이메일 minsok1@chollian.net, minsokwon@naver.com
홈페이지 www.minsokwon.com

ISBN 978-89-285-1943-9
SET 978-89-285-1940-8 94380

ⓒ 함덕리 1구 구민회 · 문화예술연구소 함덕32, 2023
ⓒ 민속원, 2023, Printed in Seoul, Korea

이 책은 저작권법에 따라 보호를 받는 저작물이므로 무단전재와 복제를 금지하며,
이 책의 전부 또는 일부를 이용하려면 반드시 저작권자와 출판사의 서면동의를 받아야 합니다.

함덕32 문예총서 01

함덕리 1구 포제자료집

기획
함덕리 1구 구민회
문화예술연구소 함덕32

酺祭閣

민속원

발간사

옛 선조님들의 지혜와 생활의 자취를 찾아내어 후손들에게 귀감이 될 수 있는 기록으로 전하는 일은 그리 쉬운 일은 아닙니다.

그렇다 하더라도 기록으로 남아 있는 사료들을 발굴하여 전하는 것이 우리 후손들에게 주어진 당연한 책무라고 생각합니다. 때문에 사명감으로 임하면서도 부족한 역량에 두려움이 앞섰던 것은 부인할 수 없는 사실입니다.

제가 함덕리 1구장을 맡게 된 후, 그동안 보관되어온 자료들을 살펴보던 중 일제강점기부터 현재까지 세세한 포제 자료들이 고스란히 남아 있는 것을 보고 가슴이 두근거리며 놀라움을 넘어 감격하지 않을 수 없었습니다. 일제강점기의 핍박과 곤궁의 시절을 겪고, 해방 후 4·3을 거치면서 관공서가 불에 타고 서류들이 소실되어 없어지는 시절을 겪으면서도 그 당시 구장님들이 자료를 보자기에 싸서 귀중하게 보관하고 관리하여 전해졌다는 사실을 접하면서 역대 구장님들께 고개 숙여 구민들의 고마움을 전합니다.

한때 함덕리 1구 포제가 미신타파로 명맥이 끊길 뻔한 시절도 있었습니다. 하지만 그 당시 청년회 회원들이 미신숭배가 아니라 미풍양속이고 전통문화라고 맞서 계속 명맥을 이어올 수 있었다는 사실에 감탄을 금할 수가 없습니다. 저는 당시 우리 구민들의 생활상이 고스란히 담겨 있는 귀중한 자료들을 잘 정리하고 보관하여 후세에 전해야 하는 것이 저의 책무라고 생각하여 책 발간을 결심하게 되었습니다.

오늘의 결과는 모든 분들이 도와주셨기에 가능한 일이었습니다. 그동안 협조를 아끼지 않으신 함덕리 1구 운영위원님들께도 감사의 말씀을 드리며, 흔쾌히 도움을 주신 조천읍장님, 함덕리장님 특히 책발간에 참여하여 주신 문화예술연구소 함덕32 배진섭님과 제주대학교 사학과 김동전 교수님, 인하대학교 사학과 임학성 교수님을 비롯하여 번역, 촬영, 교정·교열 등 본 책자 발간에 참여해 주신 모든 분들께 진심으로 감사를 드립니다.

오늘 자료집 발간의 기쁨과 행복을 함덕리 1구 구민 모두와 함께 누리고자 합니다.
감사합니다.

함덕리 1구 구장
강 남 식

축사

역사와 전통을
이어가기를

옷깃을 여미어 따스함이 필요한 계절에 이웃 간에 사랑 품는 함덕을 기대해 봅니다.

이번 함덕리 1구의 옛 생활기록 및 포제 기록물들을 보면서 역시 문화에 대한 열정과 역사를 담아 지금도 전통으로 포제를 지내는 것에 리민으로서, 리장으로서 감사를 드립니다.

역사적으로 함덕리 1구민들의 옛 생활사 관련 문서를 수십 년간 보관해온 1구민 여러분들께 경의를 표합니다.

또한 함덕리 1구 역사물들을 정리하고 준비해오신 강남식 구장님 및 관계자분들께 깊은 감사를 드리며, 앞으로도 역사와 전통을 이어가기를 기원하겠습니다.

감사합니다.

함덕리장
한 명 용

축사

함덕리 1구 포제자료집
발간을 축하드립니다

존경하는 함덕리 1구 구민회 회원 여러분 안녕하십니까.

함덕리의 역사 그중에서도 마을의 생활사와 제사의식 그리고 공동체 문화에 대한 소중한 기록들을 살펴볼 수 있는 함덕리 1구 포제자료집이 출간된 것을 진심으로 축하합니다.

일제강점기부터 근현대에 이르는 귀한 자료집이 나오기까지 많은 자료 수집과 조사 및 검증을 위해 애쓰고 수고하신 강남식 함덕리 1구 구장님과 자료번역사업에 참여하신 모든 분들의 노고에 깊은 감사와 경의를 표합니다. 또한, 발간을 위해 협조해 주신 마을 주민 여러분께도 고마운 마음을 전합니다.

마을포제는 주민들의 안녕과 생업의 풍요를 위해 정월에 마을에서 지내는 제사로 주민의 화합과 건강, 마을발전을 기원하는 의미를 담아 오늘날까지 그 전통을 이어오고 있습니다.

개인을 중시하고 새것을 추구하는 오늘날, 농경사회의 고루한 의식으로 여겨 경시했다면 사라지고 말았을 제주의 역사문화유산 포제를 매해 정성껏 지내온 마을 어르신들의 고집과 이를 계승해 온 마을회, 부녀회, 청년회 등의 노력이 있었기에 가능한 일이었습니다.

포제자료집 발간을 통해, 역사·문화적 가치가 있는 함덕리 주민들의 삶과 역사, 풍속·풍물이 재조명되고 대내외에 널리 알려져, 제주 고유의 문화를 되새기고 새 시대를 여는 발전의 기틀이 되기를 바랍니다.

다시 한번 그간의 많은 자료 수집과 집필에 참여하여 수고를 아끼지 않으신 여러분들의 노고에 깊이 감사드리고, 자료집 발간을 축하드리며 모두의 건강과 건승을 기원합니다.

감사합니다.

조천읍장
양 정 화

함덕리 1구 회관 전경

서물당

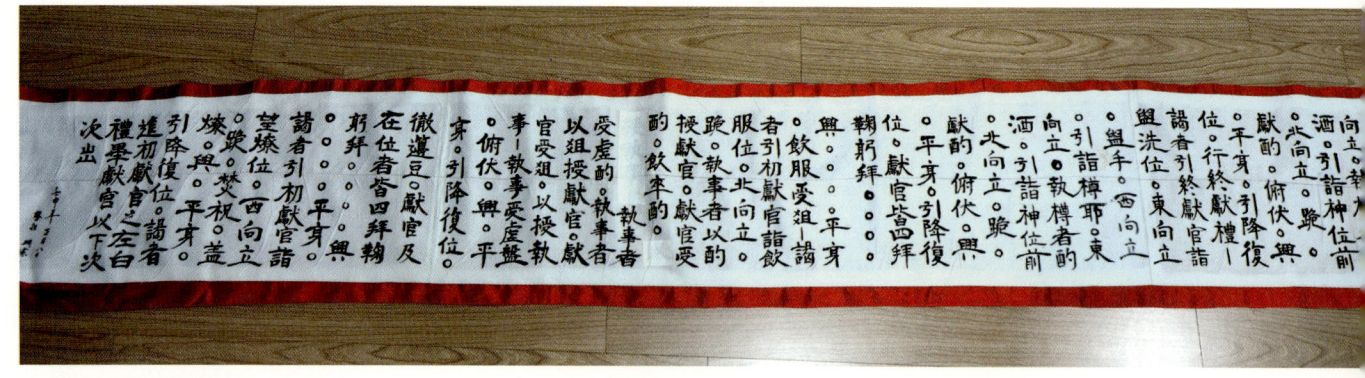

홀기 / 제작년도 1992년

홀기는 필요에 따라서 창호지(묵지)에 써서 낭독하였으나 야외에 설치된 제단이므로 비가 오면 제문이 찢기거나 비에 젖어 글씨를 분간하기조차 어려운 실정이었다. 이에 영구 보존하고 날씨 변동에 대처할 수 있는 방안을 협의(1992년) 정월초 본리 출신이며 서귀포에서 서예 활동을 하시던 소담 현명헌 님을 초빙하여 당시 함덕리 1구 구장이던 이만철 씨 댁에서 4~5시간 동안 심혈을 기울여 쓰신 홀기를 지금까지 활용하고 있다.

제단

희생(犧牲)을 올려 제 지내는 모습

※ 희생(犧牲)은 천지신명께 제사를 지낼 때 제물로 바치는 산 짐승 중 소, 양, 돼지 따위를 일컫는 말로서 함덕리 1구에서는 돼지 한 마리를 잡아 털을 제거하여 표피를 곱게 단장한 다음 내장을 제거한 후 통째로 제단 상에 진상하고 있다.

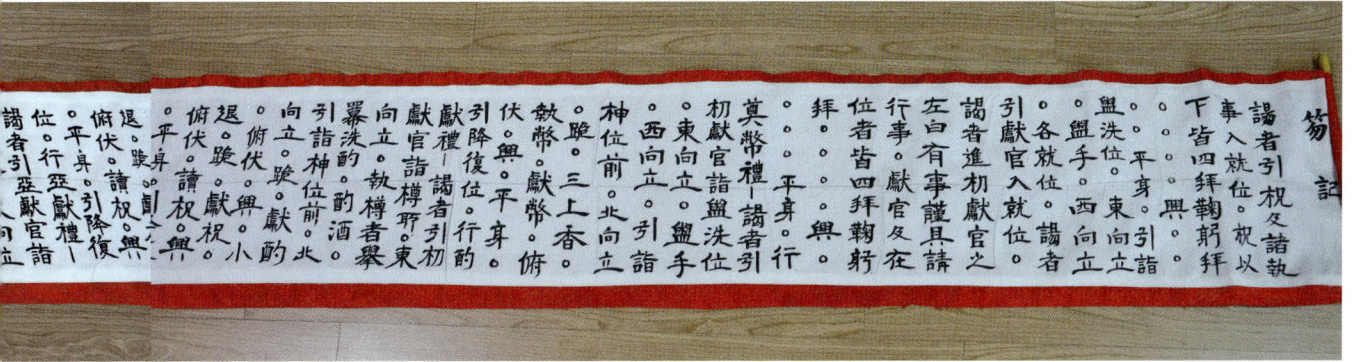

일러두기

1. 원문을 활자화 함에 있어
   ① 원본이 훼손되어 판독이 불가한 경우 그 글자수 만큼 'ㄨ'로 처리하였다.
   ② 원문을 활자로 옮기면서 추정하여 기입한 글자는 '( )' 안에 넣어 처리하였다.
   ③ 판독하지 못한 글자는 글자 수만큼 '○'로 처리하였다.
   ④ 원문에 잘못 쓴 글자가 발견된 경우 해당 글자를 그대로 활자로 옮겼고, 이해를 위해 해당 글자 다음에 정정 글자를 '〈 〉' 안에 넣어 처리하기도 하였다.
   ⑤ 『부조기(扶助記)』에서 소자(小字) 등으로 쓴 내용의 주(註)는 '[ ]' 안으로 넣어 처리하였다. 예)姜長權[船內]

발간사	5
축사	6
축사	7
해제	13
각비용기	23
축문·홀기 등본	73
제관기	99
부조기	141

해제
解題

해제

1474년 편찬된 『국조오례의國朝五禮儀』에 의하면 포제酺祭는 황충蝗蟲이 창궐할 때 지내던 제사였으며, 경중京中은 물론이고 주현州縣에서도 지내던 유교식 제례였다. 현재 제주 지역 각 마을에서는 음력 정월이 되면 대부분의 마을에서 포제를 지내고 있다.

이 책은 제주특별자치도 제주시 조천읍 함덕리 1구에 소장되어 있는 마을 포제에 관한 근·현대문서 중 1920년대에서 1970년대까지 한문 수기로 작성된『각비용기各費用記』,『축문·홀기 등본祝文·笏記 謄本』,『제관기祭官記』,『부조기扶助記』를 한글로 풀이한 것이다.

이들 4종의 자료를 간략히 살펴보면 다음과 같다.

1.『각비용기各費用記』는 함덕리 1구에서 포제를 지낼 때 연도별로 지출된 경비 내역을 연도순으로 기입하여 엮은 자료이다. 규격은 가로 19㎝×세로 21㎝, 재질은 한지이며, 표지 포함 48장으로 엮어져 있다. 작성 시기는 1935년에서 1973년까지인데, 1943년과 1949년의 기록은 확인되지 않는다. 다만,『제관기』자료에서 1943년 포제에 참여했던 삼헌관 등의 명단이 확인되고 있어 1943년의 지출 내역이『각비용기』에 누락된 것으로 여겨진다.

한편, 정기 포제는 1935년 2월에 행해졌던 경우를 제외하고는 모두 매해 1월에 행해졌고, 1946년에는 1월 정기 포제 외에 5월 23일자에 임시 포제가 거행되었음이 확인된다. 이 해에 임시 포제가 어떤 이유로 설행되었는지, 그 이유를 설명할 수 있는 관련 문건은 확인되지 않는다. 다만, 김석익金錫翼(1885~1956)이 편찬한「탐라기년耽羅紀年」1946년조[丙戌 建國准備 二年]에 "가을. 흉년이 들어 육지의 곡식으로 생을 유지했다.[秋 荒 陸穀資生]"라는 기사가 확인되고, 본서에 소개된『축문·홀기 등본』에 1936~1948년 사이에 작성된 것으로 추정되는 축문「虫祭酺神之位」가 게재되어 있는 것으로 보아 해충의 피해에 따른 포제였을 것으로 추정된다.

내용을 보면 표지에는 '各費用記'라 기입되어 있고, 본문에는 연도순으로 '酺祭費記' '酺祭物種錄' '酺祭物種記' '酺祭時物種記' '酺祭出物記' '酺祭出物目錄' 등의 제목 하에 당해 포제에 사용된 물품의 종류와 이에 따른 각각의 비용이 기입되어 있다. 이를 통해 본 문서가 포제시 소용된 물종과 그에 따른 지출경비를 연도별로 기입한 장부임을 알 수 있다.

『각비용기』에 의하면, 포제에 소용된 비용은 크게 제수용품 구입비와 기타 잡비로 구분할 수 있다. 각 물종의 구입비 및 기타 잡비는 당해 시세를 반영하는 것으로 여겨지는데, 여기에서 각 물종에 대한 개략적인 내용을 살펴보면 다음과 같다.

제수용품으로는 돼지猪·犧猪·犧牲, 닭鷄, 쇠고기黃肉, 포脯·脯肉·片脯, 건어乾魚·明太, 생선海魚, 과일實果·果, 제멧쌀祭米, 제주祭酒 등이 확인된다. 이러한 제수품들은 1935부터 1973년까지 행해진 포제시 포제상에 진설되었던 필수 물종으로 여겨진다. 여기에서 쇠고기는 1946년 1월 정기포제 이후에는 확인되지 않고, 대신 1947년 이후 이전에 보이지 않던 포육, 포, 편포가 새로운 물종으로 확인되는 것으로 보아 쇠고기가 1947년 이후 포육으로 대체된 것으로 여겨진다.

또한 제수 중 돼지는 희생犧牲이라 하여 반드시 갖추어야 했던 제수였지만 1945년 포제, 1946년 임시포제, 1970년·1973년 물종기에는 확인되지 않는다. 어떤 이유로 희생을 갖추지 못할 사정이 생겼거나 또는 희사자가 있어서 별도로 구입하지 않은 경우로 여겨진다. 또한, 1935년부터 1940년까지 희생으로 닭이 돼지와 함께 사용되었지만, 1945년에는 희생으로 닭만 사용되었다. 1946년 이후에는 희생으로 돼지 한 종류만 사용하였다.

기타 잡비로 쓰인 것 중 주요 물종으로 양초洋燭, 향香·香木, 베白木, 숯木炭, 땔나무火木가 확인된다. 양초, 향, 베는 제향에 사용되었던 용품이며, 숯과 땔나무는 취사와 난방을 위한 용도로 여겨진다. 특히, 숯과 땔나무는 1935년부터 1973년까지 한 해도 거르지 않고 구입한 물종으로 확인된다.

또한 제관을 위한 물종으로, 제관이 재소齋所에서 재계齋戒할 때 먹을 쌀白米, 보리쌀麥米, 보릿가루麥粉, 생선海魚(빗게), 고등어, 멸치(이릿고) 등의 식료품과 이들에게 지급되었을 것으로 추정되는 연초[煙草, 담배, 孔雀, 파랑새, 진달래, 금잔디, 아리랑, 백조, 長壽煙], 재소고무신 등이 확인된다. 여기에서 연초(담배)는 1935년부터 1973년까지 지속적으로 확인되고 있는 물종으로, 연초(담배)가 당시에는 귀한 기호품으로 사용되었음을 시사한다.

기타 물종으로는 백지白紙·축지祝紙·홀기지笏記紙·백로지白露紙·후지厚紙·황지黃紙·편전지便箋紙·선화지仙化紙·괘지罫紙 등의 종이류와 공책, 볼펜·사인펜·소필小筆 등의 필기구 및 문방풀, 먹墨·黑水 등과 전기약, 호야, 남포, 전구[전구, 전구다마], 전구소켓, 성냥火甲 등이 확인된다. 이러한 기타 물종 중 백지는 1935년, 성냥은 1946년부터 확인되지만, 기타 물종 대부분은 1960년대에 들어서야 확인되는 물종들이다.

이상의 물종에 대한 경비 외에 재소齋所 주인을 위한 재소위로비齋所慰勞費, 희생 도축을 위해 수고한 희생령수수료犧牲令手數料, 잡무 처리에 수고한 임시 급사를 위한 임시급사료臨時給仕料 등의 인건비와 인건비 대신으로 지급했던 고무신[여자고무화, 고무화] 구입 경비 등이 확인된다. 이외에 제관이 사용했을 목욕비, 차비 등의 기타 경비도 기재되어 있다.

이상『각비용기』에 기재된 1935년부터 1973년까지 포제시 소용된 물종은 포제상에 진열되는 제수에는 큰 변화가 없지만 포제 준비를 위한 기타 잡비용이 시대의 변천과 이에 따른 주민들의 생활상의 변화에 따라 다양하게 변화하며 증가하고 있음을 보여주고 있다.

표 1. 각비용기 연도별 제목

연도	제목	연도	제목
1935	乙亥二月七日 酺祭費記	1955	檀紀四二八八年 乙未正月十三日 酺祭時 物種記
1936	丙子正月十二日 酺祭費記	1956	檀紀四二八九年 丙申正月初八日 物種記
1937	丁丑正月初六日 酺祭費記	1957	檀紀四二九0年 丁酉正月初八日 酺祭物種記
1938	戊寅正月五日 酺祭物種錄	1958	檀紀四二九一年 戊戌正月初八日 物種記
1939	己卯正月一日 酺祭物(種錄)	1959	檀紀四二九二年 己亥正月三日 物種記
1940	庚辰正月六日 酺祭物種記	1960	檀紀四二九三年 庚子正月十三日 物種記
1941	辛巳正月十三日 酺祭物種記	1961	檀紀四二九四年 辛丑正月八日 酺祭物種記
1942	壬午正月八日 酺祭時	1962	檀紀四二九五年 壬寅正月三日 酺祭物種記
1944	昭和十九年一月四日 酺祭時 物種記	1963	檀紀四二九六年 癸卯正月十九日 酺祭物種記
1945	昭和二十年一月六日 酺祭時 物種記	1964	西紀一九六四年 甲辰正月五日 物種記
1946	丙戌年正月十日 酺祭出物記	1965	西紀一九六五年 乙巳正月十日 物種記
1946	西紀一九四六年旧五月二十三日 臨時酺祭 出物記	1966	西紀一九六六年 丙午正月十七日 祭物種記
1947	丁亥正月十七日 酺祭出物目錄	1967	西紀一九六七年 丁未正月初八日 物種記
1948	戊子正月初三日 酺祭出物目錄	1968	西紀一九六八年 戊申正月八日 物種記
1950	庚寅××初(五)日 酺祭(出物目錄)	1969	西紀一九六九年 己酉正月 物種記
1951	辛卯正月十一日 酺祭時物種記	1970	西紀一九七0年 庚戌正月六日
1952	檀紀四二八五年 壬辰一月十五日 酺祭物種記	1971	西紀一九七一年 辛亥正月十二日 酺祭物種記
1953	檀紀四二八六年 癸巳正月二十日 酺祭物種記	1972	西紀一九七二年 壬子正月十一日 酺祭物種記
1954	檀紀四二八七年 甲午正月六日 酺祭時物種記	1973	西紀一九七三年 癸丑正月初六日 酺祭物種記

  2.『축문·홀기 등본祝文·笏記 謄本』은 본서 편집상 임의로 붙인 이름으로 함덕리 1구에서 봉행한 포제 때의 축문과 홀기 등을 기록한 문건을 모아 엮은 것이다. 표제는 "乙亥二月七日酺祭時以起 祝文及笏記 改謄本"이라고 되어 있다. 종이의 재질은 한지이며, 표지 포함 20장이다.

  본 책의 구성 내용을 편철 순으로 나열하면, 자료 ① 酺神祝文(1956년 등서), 자료 ② 酺神祝文·諸神之靈·笏記(이상 1950년 등서 추정), 자료 ③ 家盖順序及帳幕順序(1935~1979년), 자료 ④ 酺祭文·諸神之文·笏記·祈雨祭祝(이상 1935년 작성 추정), 자료 ⑤ 虫祭酺神之位(1936~1948년 사이 작성 추정)으로 되어있다. 자료 ①~⑤의 편철 순서와 각기 다른 종이 재질, 1935년부터 시작하여 1979년까지 연차순으로 기록된 자료 ③의 기록, 표제의 "乙亥二月七日酺祭時以起"의 기록 등으로 보아 본『축문·홀기 등본』은 1935년(을해년) 함덕리 1구에서 포제를 처음

거행할 때 작성한 문건(자료④, 자료③) 위로 1950년에 등서한 문건(자료②), 1956년의 문건(자료①)을 차례대로 위쪽으로 모아 엮은 것으로 판단된다. 단, 1936년에서 1948년 사이에 작성된 것으로 추정되는 '충해蟲害 때 포신에게 고하는 축문(자료⑤)'은 1장 분량으로 낙장을 우려하고, 또 성격상 기우제문과 마찬가지로 재해가 발생했을 때만 사용하는 것이기에 편의상 자료④에 이어 편철한 것으로 판단된다.

이러한 본 『축문·홀기 등본』의 구성은 크게 세 부분 곧 축문, 홀기, 가개순서 및 장막순서 기입 장부로 구분되어진다. 그리고 축문은 매해 정기 포제 때 포신과 제신諸神에게 고하는 축문과 가뭄이 발생하였을 때 해신海神에게 고하는 축문, 충해蟲害가 닥쳤을 때 고하는 축문으로 구분된다.

먼저 정월 또는 2월 정기 포제 때의 축문을 연도별로 그 내용을 비교하여 살펴보면, '포신에게 고하는 축문'인 경우 1950년의 酺祭祝文은 1935년의 酺祭文을 등서하면서 문구 중 "老多康寧 幼不夭折 來往海壑 無或驚怯 涉江獲利 貨泉湧出"이라고 한 부분을 생략하였다. 1956년의 酺神祝文은 1935년 酺祭文의 내용과 동일하다.

'제신諸神에게 고하는 축문'인 경우 1935년과 1950년의 축문이 문구에 있어 몇 글자가 상이한 것(1935년: 諸神之位→1950년: 諸神之靈, 斯余將肆→肆余將事, 解斯飢渴→解爾寄褐, 俾此一洞→俾我一洞) 외에 그 내용에 있어서는 동일하다.

'기우제 축문'은 1935년 작성된 문건에서만 확인되는 것으로 보아 1935년 이래로 가뭄이 들었을 때 사용했던 축문으로 판단된다. '충해蟲害에 포신에게 고하는 축문'은 1935년에 작성한 '諸神之文' 아래에 별도로 "다만 충제虫祭에는 '망아지와 송아지를 해롭게 하지 않게 해 주십시오.' 이하를 '곡식을 해치는 벌레들을 속히 몰아주십시오.'라고 고한다. 但虫祭告 勿害駒犢以下 害穀諸虫 急速驅逐"라고 기록을 한 것으로 보아 처음에는 별도의 축문 없이 '諸神之文'을 사용하여 '충제蟲祭'라는 명칭으로 제신諸神에게 제를 올리다가 이후 본 축문을 별도로 작성하여 그 대상을 제신에서 포신으로 옮겨 제를 지냈던 것으로 보인다. 1950년에 작성된 문건에 별도로 등서된 축문이 없는 것으로 보아 1950년 이전에 작성된 것으로 보이며, 한 번 작성된 축문을 수정없이 지속적으로 사용했던 것으로 여겨진다.

홀기인 경우 1935년(자료④ 참고)과 1950년(자료② 참고)에 작성된 것 두 종류가 있는데, 집례 순서와 내용이 동일하다. 다만, 1950년에 작성된 문서는 1935년 작성된 문서를 옮기는 과정에서 잘못 쓴 글자를 정정하여 바로 등서한 것(徹邊豆→撤邊豆), 잘못 오기한 것(擧羃洗酌→擧覓洗酌)이 확인된다.

가개순서 및 장막순서 기입 장부는 1935년 2월 8일 거행된 포제 때부터 1979년 1월 12일 포제 때까지의 가개家蓋와 장막 담당 및 재소齋所를 연차적으로 기록한 것이다. 1942년과 1949년 기록은 확인되지 않는다. 여기에서 가개의 뜻이 불분명하다. 포제를 지내는 당堂의 덮개(지붕) 보수를 의미하는 말인 듯하다. 가개는 통(반, 방) 단위로 보통 2개 통이 순번하며 담당했다.

표 2. 축문·홀기 등본 연도별 제목

연도	제목	비고	연도	제목	비고
1956	酺神祝文	자료①	1960	庚子年正月十三日酺祭時	
1950	酺神祝文	자료②	1961	檀紀四二九四年辛丑正月八日酺祭時	
	諸神之靈				
	笏記		1962	檀紀四二九五年壬寅正月初四日酺祭	
1935	乙亥二月八日酺祭時 家盖順序及帳幕順序		1963	檀紀四二九六年癸卯正月十九日酺祭時 家盖責任班	
1936	丙子正月十三日酺祭時		1964	西紀一九六四年甲辰正月五日酺祭時	
1937	丁丑正月初六日酺祭時		1965	西紀一九六五年乙巳正月十日酺祭時	
1938	戊寅正月五日酺祭時		1966	西紀一九六六年丙午正月十七日	
1939	己卯正月一日酺祭時		1967	西紀一九六七年丁未正月八日	
1940	庚辰正月六日酺祭時		1968	西紀一九六八年戊申正月初九日	
1941	辛巳正月十二日酺祭時		1969	西紀一九六九年己酉正月初五日	자료③
1943	癸未三月十五日酺祭時		1970	西紀一九七0年庚戌正月初六日	
1944	昭和十九年一月四日酺祭時		1971	西紀一九七一年辛亥正月十二日酺祭	
1945	乙酉年		1972	西紀一九七二年壬子正月十二日酺祭	
1946	丙戌年正月十日酺祭時		1973	西紀一九七三年癸丑正月初五日酺祭	
1947	丁亥正月十七日酺祭時	자료③	1974	西紀一九七四年正月十四日酺祭	
1948	戊子正月三日酺祭時		1975	西紀一九七五年乙卯正月十九日酺祭	
1950	庚寅正月初五日酺祭時		1976	西紀一九七六年丙辰正月十六日酺祭	
1951	辛卯正月十一日酺祭時		1977	西紀一九七七年丁巳正月初六日酺祭	
1952	四二八五年壬辰正月十五日酺祭時		1978	西紀一九七八年	
1953	檀紀四二八六年癸巳正月三日酺祭時		1979	西紀一九七九年己未正月十二日	
1954	檀紀四二八七年甲午正月七日酺祭時		1935	酺神文	자료④
1955	檀紀四二八八年乙未正月十三日酺祭時			諸神之文	
1956	檀紀四二八九年丙申正月初八日酺祭時			笏記	
1957	檀紀四二九0年丁酉正月初八日酺祭時			祈雨祭祝	
1958	戊戌正月初八日酺祭時		1936~1948	虫祭酺神之位	자료⑤
1959	己亥年正月初三日酺祭時				

3. 『제관기祭官記』는 함덕리 1구에서 거행된 포제에 참여했던 삼헌관 등의 명단을 기록한 명부이다. 규격은 18㎝×20㎝이고, 재질은 한지이며, 표지 포함 38장으로 엮어져 있다. 표지는 별도로 제작하지 않고, 한지 한 장을 본문 위에 덧붙인 형식이다. 당해 연도 포제를 지낼 때 낱장에 작성한 제관 명단의 기록을 모아서 책자 형식으로 엮으면서 식별을 위해 한지에 '祭官記'라 써서 본문과 함께 엮으면서 덧붙인 것이다.

『제관기』의 작성시기는 1934년부터 1977년까지이다. 여기에서 1942년과 1949년의 기록은 확인되지 않는다. 다만 『각비용기』에 1942년에 포제를 위해 지출된 각종 물종에 대한 내역이 상세히 기록되어 있는 것으로 보아 1942년 포제시 작성된 명단 기록이 일실된 것으로 추정된다. 1949년에는 포제 설행에 대한 기록이 없는 대신 1949년 윤7월 12일에 거행된 충제蟲祭에 대한 기록이 확인된다.

『제관기』에 의하면, 함덕리 1구 포제에 참여한 제관은 크게 초헌初獻·아헌亞獻·종헌終獻의 삼헌관과 포제 봉행에 따른 전담 역할자로서 예차豫次, 집례執禮, 대축大祝, 알자謁者, 창자唱者, 전사관奠司官, 봉로奉爐, 봉향奉香, 사준司樽, 전작奠酌, 장생령掌牲令의 제집사자諸執事者로 구성되었는데, 이러한 제관의 구성은 장생령이 1934~1938년까지만 기록되었고, 구장區長의 이름이 1967년부터는 명단 맨 끝에 기록하고 있는 것을 제외하고는 1934년 이래 1977년까지 변화 없이 지속되고 있다.

한편, 『제관기』에는 『각비용기』에서는 확인되지 않는 1943년의 포제 기록이 확인되는데, 이에 의하면 1943년의 포제는 이전까지 정기적으로 행해졌던 1월이 아닌 3월 15일에 거행되었음을 알 수 있다.

표 3. 제관기 연도별 제목

연도	제목	연도	제목
1934	甲戌(一九三四年) 正月初八日 酺祭記錄	1957	檀紀四二九0年 丁酉 正月初八日 酺祭時 祭官記
1935	乙亥二月七日 酺祭官記	1958	戊戌正月初八日 酺祭時 祭官記
1936	丙子正月十三日 酺祭官記	1959	己亥正月三日 酺祭時 祭官記
1937	丁丑正月初六日 酺祭祭官記	1960	庚子年正月十三日 酺祭時 祭官記
1938	戊寅正月日五日 酺祭時 祭官記	1961	단기 四二九四年 辛丑 正月八日 酺祭時 祭官記
1939	己卯正月一日 酺祭獻官記	1962	檀紀四二九五年 壬寅 正月初四日 祭官記
1940	庚辰正月六日 酺祭	1963	檀紀四二九六年 癸卯 正月十九日 祭官記
1941	辛巳正月十三日 酺祭	1964	西紀一九六四年 甲辰 正月初五日 祭官記
1943	癸未三月十五日 酺祭時	1965	西紀一九六五年 乙巳 正月十日 祭官記
1944	昭和十九年一月四日 酺祭〃官	1966	西紀一九六六年 丙午 年正月十七日 祭官名記
1945	昭和二十年一月六日 酺祭〃官名	1967	西紀一九六七年 丁未 正月初八日 祭官名單

연도	제목	연도	제목
1946	丙戌年 正月十日 酺祭官名簿	1968	西紀一九六八年 戊申 正月初九日
1947	丁亥 正月十七日 酺祭〃官目錄	1969	西紀一九六九年 己酉 正月五日 祭官記
1948	戊子 正月三日 酺祭〃官目錄	1970	西紀一九七0年 庚戌 正月七日
1949	檀紀四二八二年 己丑 閏七月十二日 虫祭官	1971	西紀一九七一年 辛亥 正月十二日 祭官記
1950	檀紀四二八三年 庚寅 正月初五日 酺祭	1972	西紀一九七二年 壬子 正月十二日 祭官記
1951	辛卯 正月十一日 酺祭〃官目錄	1973	西紀一九七三年 癸丑 正月初五日 祭官記
1952	檀紀四二八五年 壬辰 一月十五日 酺祭〃官目錄	1974	西紀一九七四年 甲寅 正月十四日 祭官記
1953	檀紀四二八六年 癸巳 正月三日 酺祭〃官目錄	1975	西紀一九七五年 乙卯 正月十日 祭官記
1954	檀紀四二八七年 甲午 正月六日 酺祭時 祭官目錄	1976	西紀一九七六年 丙辰 正月十六日 祭官記
1955	檀紀四二八八年 乙未 正月十三日 酺祭時 祭官記	1977	西紀一九七七年 丁巳 正月六日
1956	檀紀四二八九年 丙申 正月初八日 酺祭時 祭官記		

4. 『부조기扶助記』는 함덕리 1구에서 거행된 포제 시 물품 또는 금전을 부조했던 명단을 기록한 장부이다. '부조기'라고 별도로 표지를 제작하지는 않았지만, '酺祭時 購入記', '酺祭時 購入錄', '酺祭贈助者名簿' '酺祭時贈助者等名' '酺祭時 贈助記' '酺祭贈助入記' '付助記' 등의 제목 하에 부조기록 즉, 부조자의 성명과 부조한 물품 또는 금전을 각각 당해 포제시에 기록한 내용에 비추어 본고에서는 부조기라 총칭하였다.

『부조기』의 재질은 한지이고, 규격은 19㎝×17㎝, 19.5㎝×19㎝, 19㎝×18.5㎝ 등으로 구분되며, 별도의 표지 없이 50장으로 엮어져 있다. 작성시기는 1927년(정묘년)부터 1973년까지이다. 이 가운데 1943년부터 1945년까지 3개년과 1949년의 기록은 확인되지 않는다.

부조 내용을 살펴보면, 1927년부터 1950년까지는 대부분 물품을 부조하였고, 1951년 이후로는 물품과 함께 금전으로 부조하는 경우가 나타나고 있다. 부조 물품으로는 과일과 건어, 생선, 제주 등 각종 제수용품과 제관들에게 제공된 것으로 보이는 술, 떡, 연초(담배) 등이 확인된다. 제관들을 위한 조식, 중식 및 야식 제공자도 부조자로 명단을 기재하고 있다.

『부조기』에는 부조자 명단뿐만 아니라 희생인 돼지에서 나온 돼지털을 판매한 대금을 기입(1955년, 1957년, 1959년, 1963년) 하기도 하였다. 또한 『부조기』의 내용 중에서 1927년 1월 6일 부조 물목 중 '韓泰柄[船內] 正月初五日 海神祭時 酒果'라는 기록이 확인되는데, 이는 해신제가 포제와 별도로 거행되었음을 실증하는 것이라 하겠다.

표 4. 부조기 연도별 제목

연도	제목	연도	제목
1927	卯正月初六日 酺祭時 賻入記 [檀記四二六0年西紀一九二七年]	1953	四二八六年 癸巳 正月三日 酺祭時賦助記
1928	戊辰 正月十五日	1954	檀紀四二八七年 甲午 正月六日 賻助記
1929	己巳 正月十一日 酺祭時 賻入記	1955	檀紀四二八八年 乙未 正月十三日
1930	庚午 正月初七日 酺祭時 賻入記	1956	檀紀四二八九年 丙申 正月初八日
1931	辛未 正月四日 酺祭時 賻入記	1957	檀紀四二九0年 丁酉 正月初八日 酺祭賻助入記
1932	壬申 正月初九日	1958	檀紀四二九一年 戊戌 正月初八日 酺祭賻助入記
1933	癸酉 正月十五日 酺祭時	1959	檀紀四二九二年 己亥 正月三日付助記
1934	甲戌 正月初八日 酺祭時 賻入錄	1960	檀紀四二九三年 庚子 正月十三日 酺祭時賻助記
1935	乙亥 舊二月六日 酺祭時	1961	단기四二九四年 辛丑 正月八日 酺祭時賻助記
1936	丙子 正月十二日 酺祭時	1962	檀紀四二九五年 壬寅 正月初四日 酺祭時賻助記
1937	丁丑 正月六日 酺祭時	1963	檀紀四二九六年 癸卯 正月十九日 酺祭時賻助記
1938	戊寅 正月五日 酺祭時	1964	西紀一九六四年 甲辰 正月初五日 賻助者等 名錄
1939	己卯 正月一日 酺祭時	1965	西紀一九六五年 乙巳 正月十日 酺祭時付助記
1940	庚辰 正月六日 酺祭時	1966	西紀一九六六年 丙午 正月十六日 賻助記
1941	辛巳 正月十三日 酺祭時	1967	西紀一九六七年 丁未 正月初八日 賻助名單
1942	壬午 正月初八日 酺祭時	1968	西紀一九六八年 戊申 正月八日 賻助
1946	丙戌年 正月十日 酺祭賻助者名簿	1969	西紀一九六九年 己酉 正月日 賻助記
1947	丁亥 正月十七日 酺祭時賻助者名簿	1970	西紀一九七0年 庚戌 正月六日 賻助記
1948	戊子 正月三日 酺祭時賻助者等名	1971	西紀一九七一年 辛亥 正月十二日 賻助記
1950	庚寅 正月初五日 酺祭時	1972	西紀一九七二年 壬子 正月十一日 賻助記
1951	辛卯 正月十一日 酺祭時賻助記	1973	西紀一九七三年 癸丑 旧正月初五日
1952	檀紀四二八五年 壬辰 正月十五日 酺祭時賻助記		

　현재 육지에서는 포제라는 명칭이 거의 사라졌다. 하지만 제주에서는 지금까지도 대부분의 마을에서 포제라 명칭하며 마을제를 지내고 있다. 때문에 함덕리 1구에 소장된 포제 관련 문헌자료는 중세사회에서 근·현대로 이행되는 과정에서 제주지방의 독특한 지역성과 함께 근·현대 제주지방 마을공동체의 운영 실태를 살필 수 있는 귀중한 자료라 할 것이다.

각비용기 各費用記

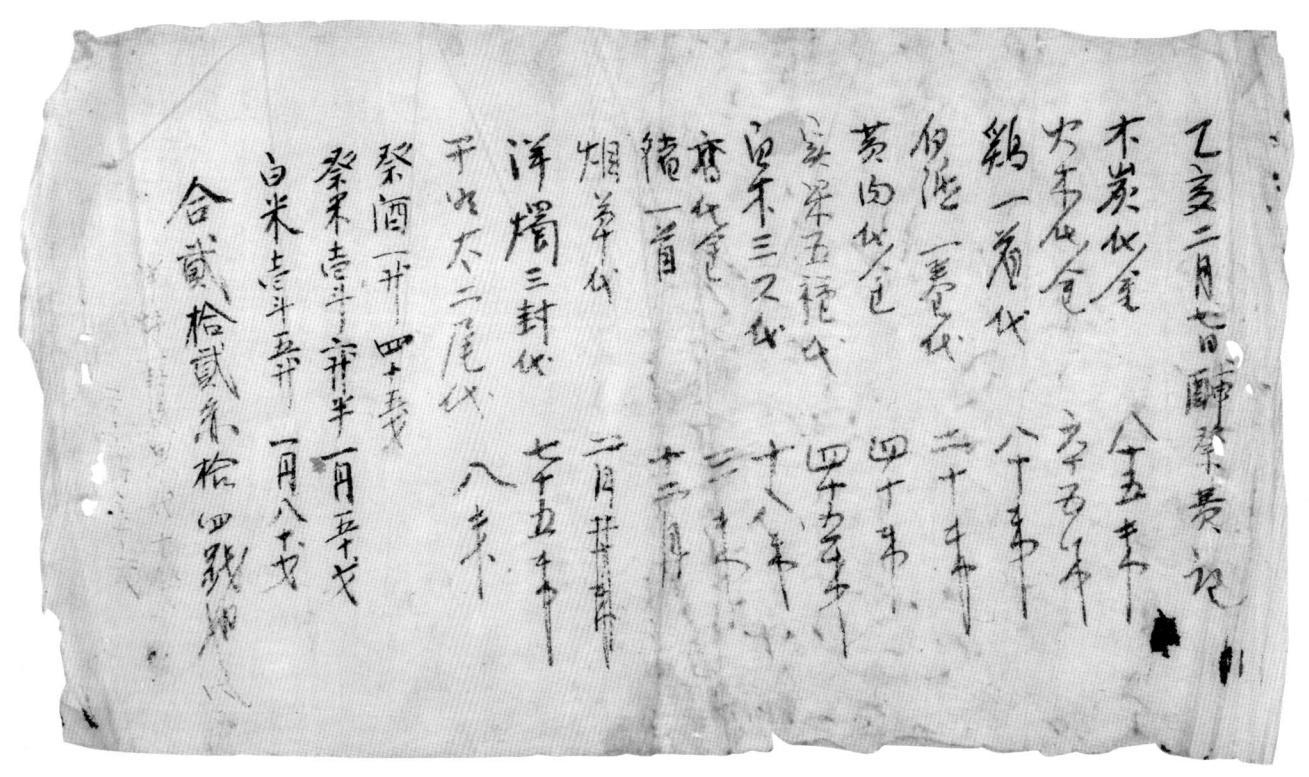

乙亥二月七日 酺祭費記

木炭 代金 八十五戔
火木 代金 六十五戔
鷄 一首代 八十戔
白紙 一卷代 二十戔
黃肉 代金 四十戔
實果 五種代 四十五戔
白木 三尺代 十八戔
香 代金 三戔
猪 一首 十二円
烟草代 二円
洋燭 三封代 七十五戔
干明太 二尾代 八戔
祭酒 一升 四十五戔
祭米 壹斗二升半 一円五十戔
白米 壹斗五升 一円八十戔
合 貳拾貳圓拾四錢也

을해년(1935) 2월 7일 포제비기

숯 85전
땔나무 65전
닭 1마리 80전
백지 1권 20전
쇠고기 40전
실과 5종 45전
베 3척 18전
향 3전
돼지 1마리 12원
연초 2원
양초 3봉 75전
간명태 2마리 8전
제주 1되 45전
젯메쌀 1말 2되반 1원 50전
쌀 1말 5되 1원 80전
합계 22원 14전

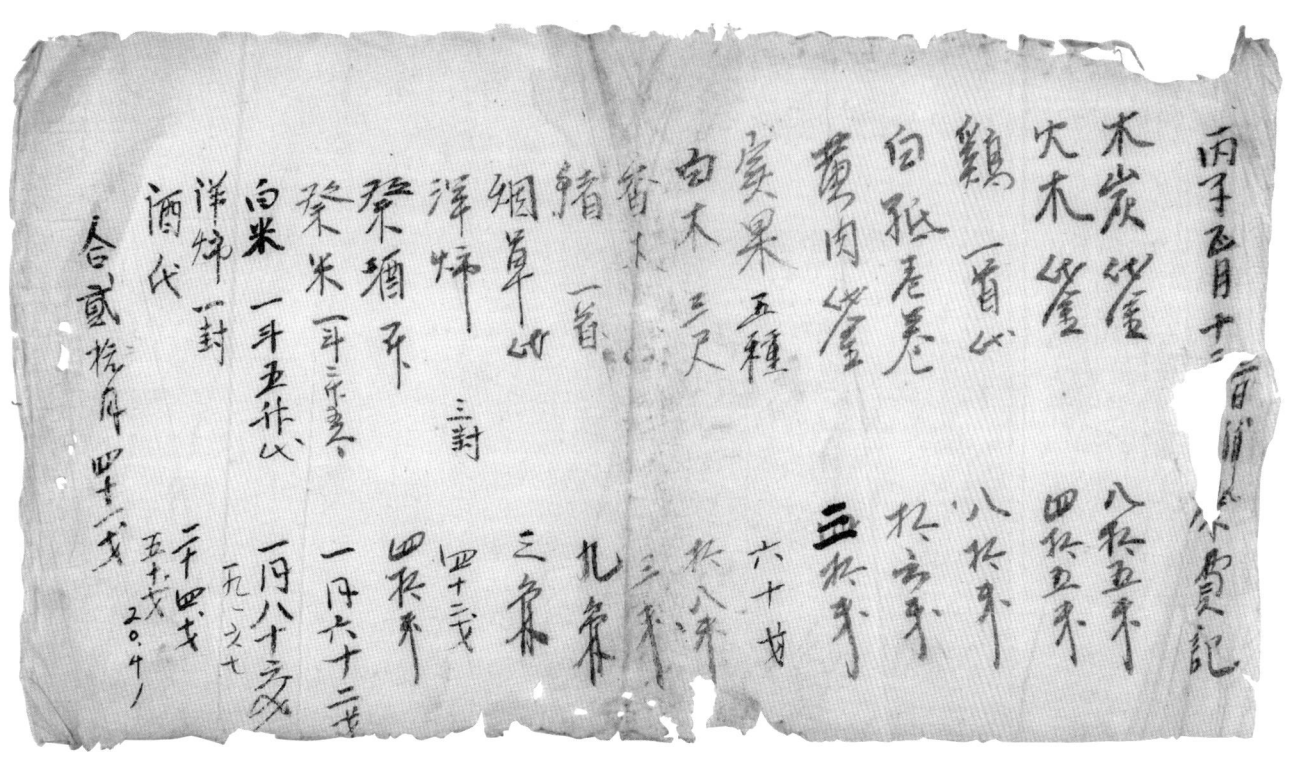

丙子正月十二日 酬祭費記

木炭 代金 八拾五戔

火木 代金 四拾五戔

鷄 一首代 八拾戔

白紙 壹卷 拾六戔

黃肉 代金 三拾戔

實果 五種 六十戔

白木 三尺 拾八戔

香木 三戔

猪 一首 九圓

烟草代 三圓

洋燭 三封 四十二戔

祭酒 一升 四拾戔

祭米 一斗二升五合 一円六十二戔

白米 一斗五升代 一円八十六戔

洋燭 一封 二十四戔

酒代 五十戔

合 貳拾円四十一戔

병자년(1936) 정월 12일 포제비기

숯 85전

땔나무 45전

닭 1마리 80전

백지 1권 16전

쇠고기 30전

실과 5종 60전

베 3척 18전

향목 3전

돼지 1마리 9원

연초 3원

양초 3봉 42전

제주 1되 40전

젯메쌀 1말 2되 5홉 1원 62전

쌀 1말 5되 1원 86전

양초 1봉 24전

술 50전

합계 20원 41전

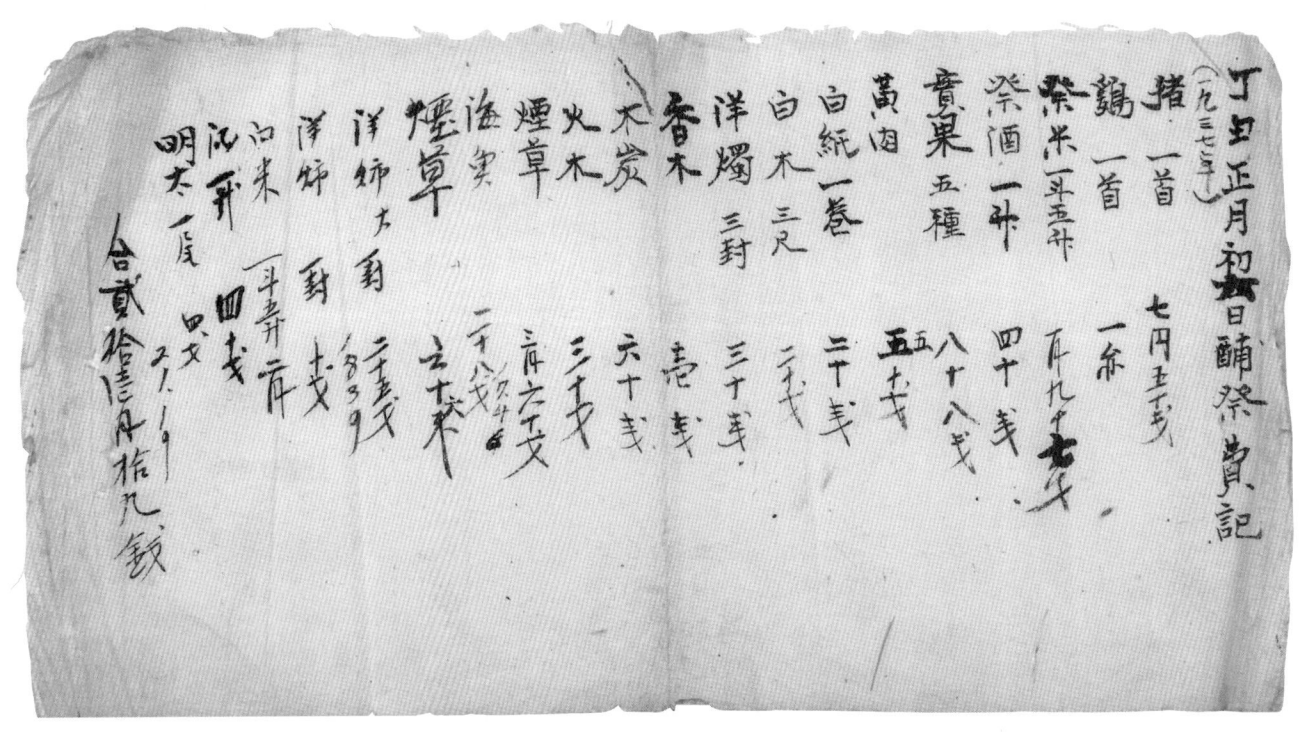

丁丑正月初六日 酺祭費記

猪 一首 七円五十戔

鷄 一首 一圓

祭米 一斗五升 一円九十七戔

祭酒 一升 四十戔

實果 五種 八十八戔

黃肉 五十戔

白紙 一卷 二十戔

白木 三尺 二十戔

洋燭 三封 三十戔

香木 壹戔

木炭 六十戔

火木 三十戔

煙草 三円六十戔

海魚 二十八戔

煙草 六十六戔

洋燭 大一封 二十五戔

洋燭 一封 十戔

白米 一斗五升 二円

酒 一升 四十戔

明太 一尾 四戔

合 貳拾壹円拾九錢

정축년(1937) 정월 초6일 포제비기

돼지 1마리 7원 50전

닭 1마리 1원

젯메쌀 1말 5되 1원 97전

제주 1되 40전

실과 5종 88전

쇠고기 50전

백지 1권 20전

베 3척 20전

양초 3봉 30전

향목 1전

숯 60전

땔나무 30전

연초 3원 60전

생선 28전

연초 66전

양초 대 1봉 25전

양초 1봉 10전

쌀 1말 5되 2원

술 1되 40전

명태 1마리 4전

합계 21원 19전

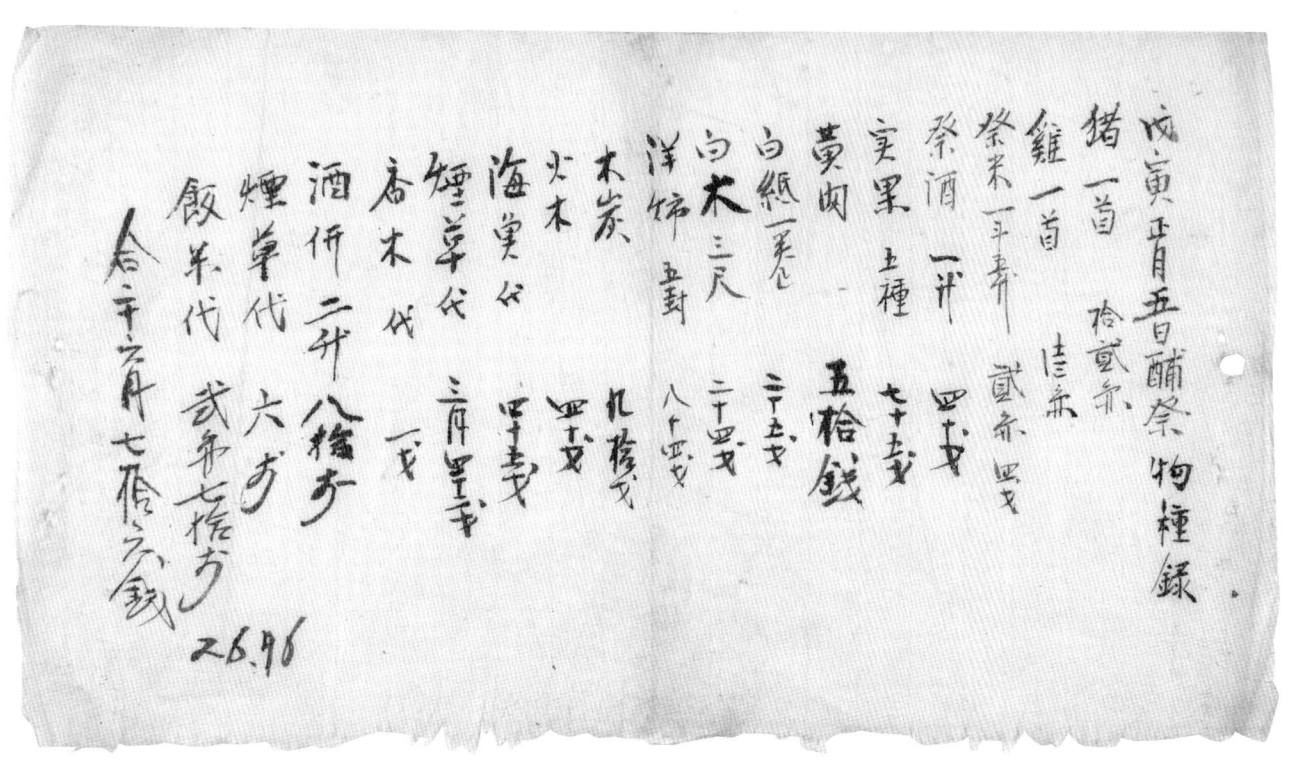

戊寅正月五日 酺祭物種錄

猪 一首 拾貳圓

鷄 一首 壹圓

祭米 一斗五升 貳圓四戔

祭酒 一升 四十戔

實果 五種 七十五戔

黃肉 五拾錢

白紙 一卷 二十五戔

白木 三尺 二十四戔

洋燭 五封 八十四戔

木炭 九拾戔

火木 四十戔

海魚代 四十五戔

煙草代 三円四十二戔

香木代 一戔

酒(価) 二升 八拾戔

煙草代 六戔

飯米代 貳圓七拾戔

合 二十六円七拾六錢

무인년(1938) 정월 5일 포제물종록

돼지 1마리 12원

닭 1마리 1원

젯메쌀 1말 5되 2원 4전

제주 1되 40전

실과 5종 75전

쇠고기 50전

백지 1권 25전

베 3척 24전

양초 5봉 84전

숯 90전

땔나무 40전

생선 45전

연초 3원 42전

향목 1전

술 2되 80전

연초 6전

쌀(식사용) 2원 70전

합계 26원 76전

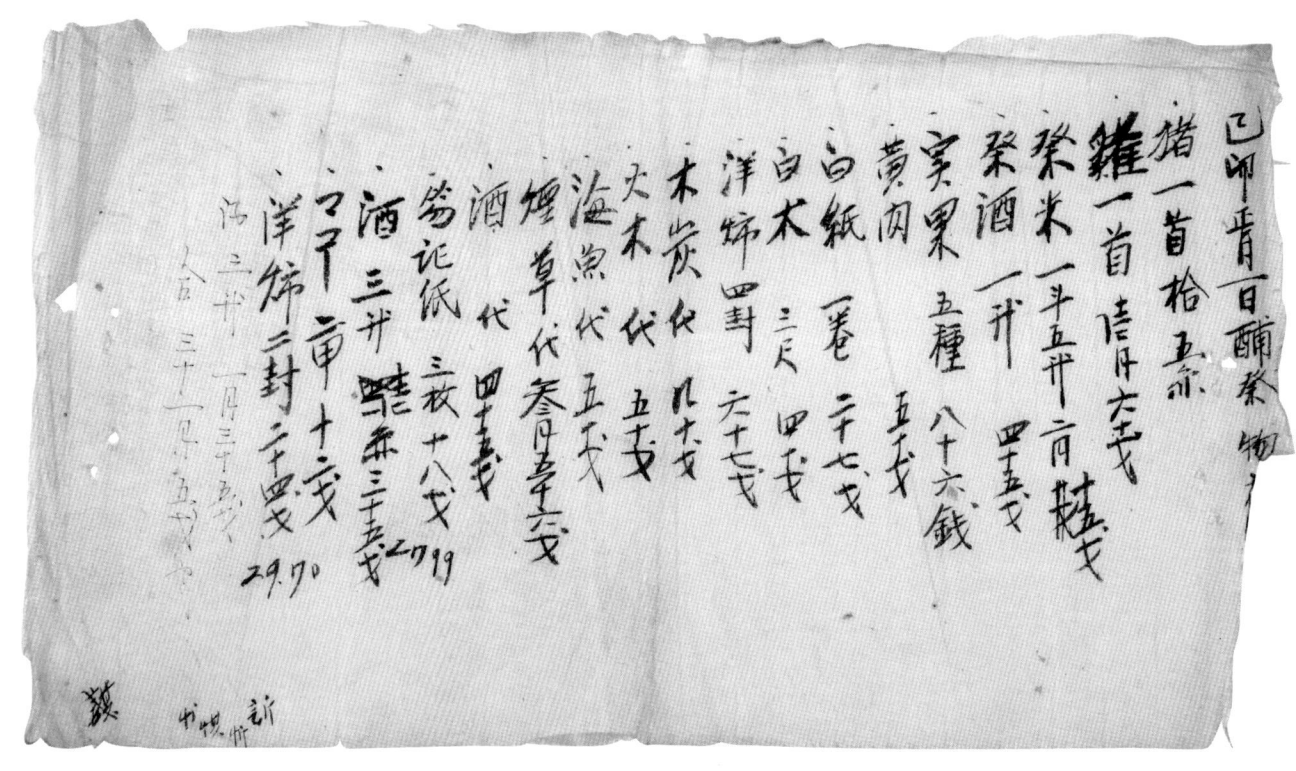

己卯正月一日 酺祭物(種錄)

猪 一首 拾五圓
鷄 一首 壹円六十戋
祭米 一斗五升 二円十五戋
祭酒 一升 四十五戋
實果 五種 八十六錢
黃肉 五十戋
白紙 一卷 二十七戋
白木 三尺 四十戋
洋燭 四封 六十七戋
木炭代 九十戋
火木代 五十戋
海魚代 五十戋
煙草代 參円五十六戋
酒代 四十五戋
笏記紙 三枚 十八戋
酒 三升 壹圓三十五戋
マテ 二甲 十二戋
洋燭 二封 二十四戋
酒 三升 一円三十五戋
合 三十一円五戋也

기묘년(1939) 정월 1일 포제물종록

돼지 1마리 15원
닭 1마리 1원 60전
젯메쌀 1말 5되 2원 15전
제주 1되 45전
실과 5종 86전
쇠고기 50전
백지 1권 27전
베 3척 40전
양초 4봉 67전
숯 90전
땔나무 50전
생선 50전
연초 3원 56전
술 45전
홀기지 3장 18전
술 3되 1원 35전
마테 2갑 12전
양초 2봉 24전
술 3되 1원 35전
합계 31원 5전

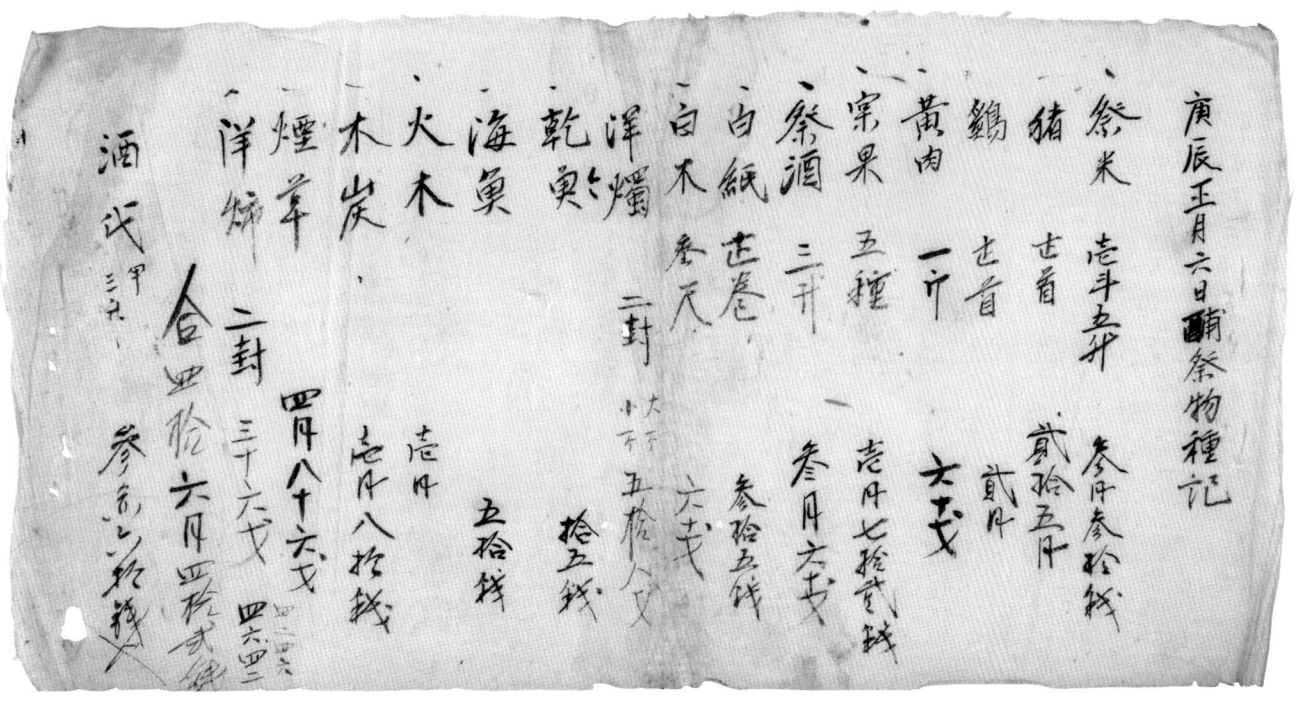

庚辰正月六日 酺祭物種記

祭米 壹斗五升 參円參拾錢

猪 壹首 貳拾五円

鷄 壹首 貳円

黃肉 一斤 六十戔

實果 五種 壹円七拾貳錢

祭酒 三升 參円六十戔

白紙 壹卷 參拾五錢

白木 參尺 六十戔

洋燭 二封[大一个 小一个] 五拾八戔

乾魚 拾五錢

海魚 五拾錢

火木 壹円

木炭 壹円八拾錢

煙草 四円八十六戔

洋燭 二封 三十六戔

合 四拾六円四拾貳錢

酒代[甲 三升] 參圓六拾錢也

경진년(1940) 정월 6일 포제물종기

젯메쌀 1말 5되 3원 30전

돼지 1마리 25원

닭 1마리 2원

쇠고기 1근 60전

실과 5종 1원 72전

제주 3되 3원 60전

백지 1권 35전

베 3척 60전

양초 2봉(대 1개, 소 1개) 58전

건어 15전

생선 50전

땔나무 1원

숯 1원 80전

연초 4원 86전

양초 2봉 36전

합계 46원 42전

술(갑 3되) 3원 60전

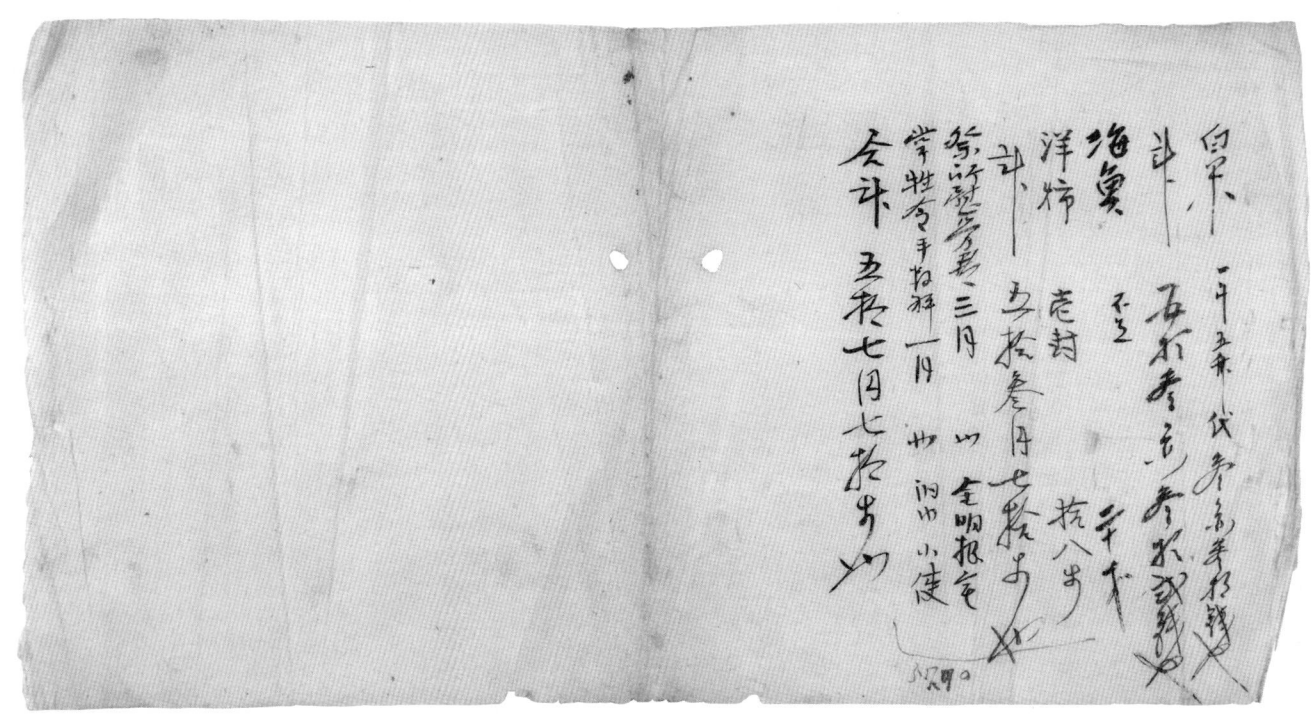

白米 一斗五升代 參圓參拾錢也　　　　　쌀 1말 5되 3원 30전
計 五拾參圓參拾貳錢也　　　　　　　　　계 53원 32전

海魚 不足 二十戔　　　　　　　　　　　생선 부족 20전
洋燭 壹封 拾八戔　　　　　　　　　　　양초 1봉 18전
計 五拾參円七拾戔也　　　　　　　　　　계 53원 70전

祭所慰勞費 三円也 金明根宅　　　　　　제소 위로비 3원 김명근 댁
掌牲令手數料 一円也 洞內 小使　　　　　장생령 수수료 1원 동네 소사
合計 五拾七円七拾戔也　　　　　　　　　합계 57원 70전

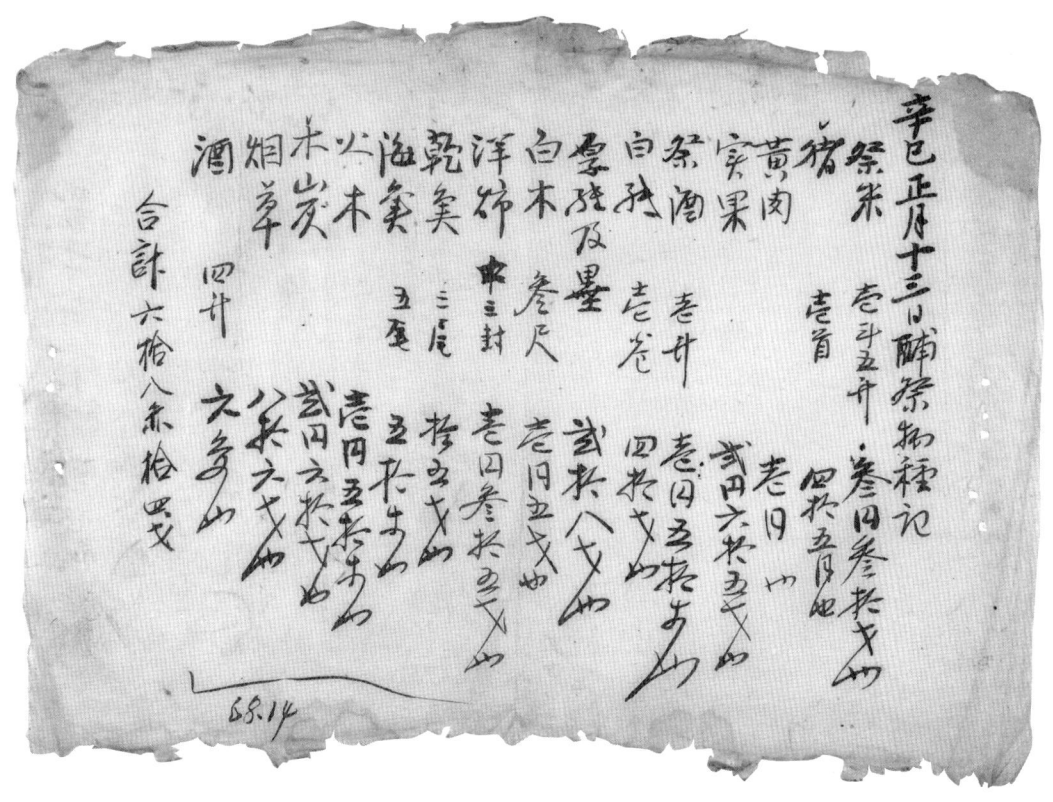

辛巳正月十三日 酺祭物種記

祭米 壹斗五升 參円參拾戔也
猪 壹首 四拾五円也
黃肉 壹円也
實果 貳円六拾五戔也
祭酒 壹升 壹円五拾戔也
白紙 壹卷 四拾戔也
厚紙及墨 貳拾八戔也
白木 參尺 壹円五戔也
洋燭 大三封 壹円參拾五戔也
乾魚 三尾 拾五戔也
海魚 五尾 五拾戔也
火木 壹円五拾戔也
木炭 貳円六拾戔也
烟草 八拾六戔也
酒 四升 六圓也
合計 六拾八圓拾四戔

신사년(1941) 정월 13일 포제물종기

젯메쌀 1말 5되 3원 30전
돼지 1마리 45원
쇠고기 1원
실과 2원 65전
제주 1되 1원 50전
백지 1권 40전
후지와 먹 28전
베 3척 1원 5전
양초 대 3봉 1원 35전
건어 3마리 15전
생선 5마리 50전
땔나무 1원 50전
숯 2원 60전
연초 86전
술 4되 6원
합계 68원 14전

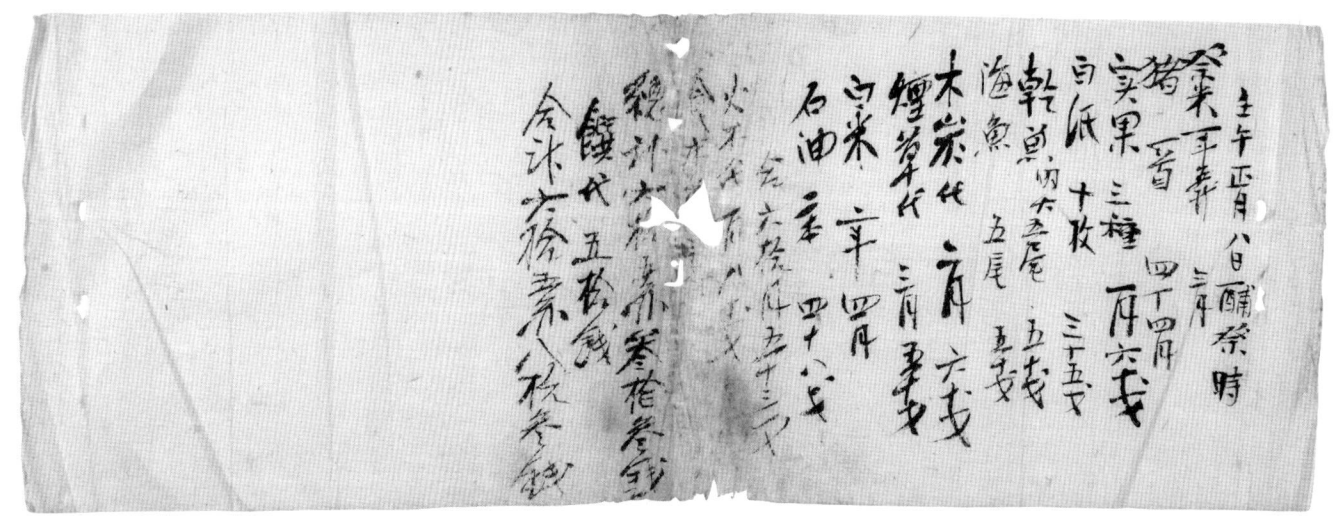

壬午正月八日 酺祭時

祭米 一斗五升 三円
猪 一首 四十四円
實果 三種 一円六十戔
白紙 十枚 三十五戔
乾魚[明大] 五尾 五十戔
海魚 五尾 五十戔
木炭代 二円六十戔
煙草代 三円五十戔
白米 二斗 四円
石油 二本 四十八戔
合 六拾円五十三戔

火木代 一円八十戔
食床(代) ××戔
總計 六拾五圓參拾參錢

饌代 五拾錢
合計 六拾五圓八拾參錢

임오년(1942) 정월 8일 포제시

젯메쌀 1말 5되 3원
돼지 1마리 44원
실과 3종 1원 60전
백지 10장 35전
건어(명태) 5마리 50전
생선 5마리 50전
숯 2원 60전
연초 3원 50전
쌀 2말 4원
석유 2본 48전
합계 60원 53전

땔나무 1원 80전
밥상 ××전
총계 65원 33전

반찬 50전
합계 65원 83전

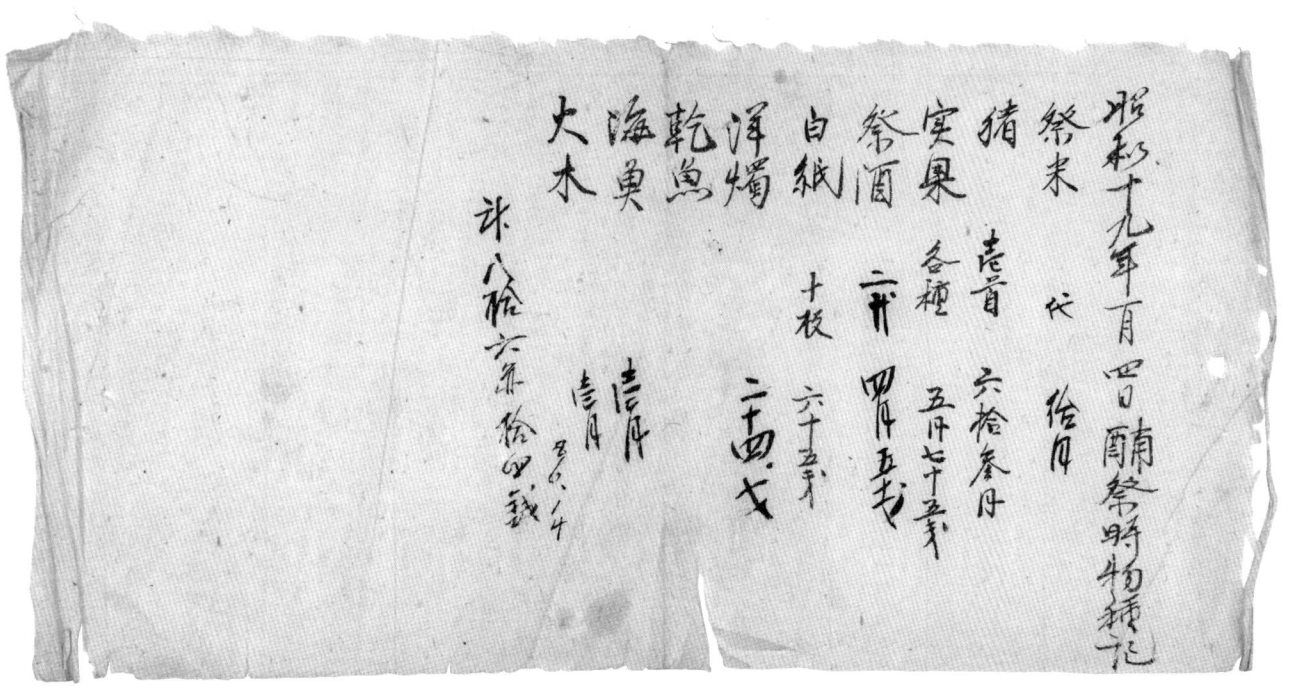

昭和十九年一月四日 酺祭時 物種記

祭米代 拾円
猪 壹首 六拾參円
實果 各種 五円七十五戔
祭酒 二升 四円五十戔
白紙 十枚 六十五戔
洋燭 二十四戔
乾魚
海魚 壹円
火木 壹円
計 八拾六圓拾四錢

소화19년(1944) 1월 4일 포제시 물종기

젯메쌀 10원
돼지 1마리 63원
실과 각종 5원 75전
제주 2되 4원 50전
백지 10장 65전
양초 24전
건어
생선 1원
땔나무 1원
계 86원 14전

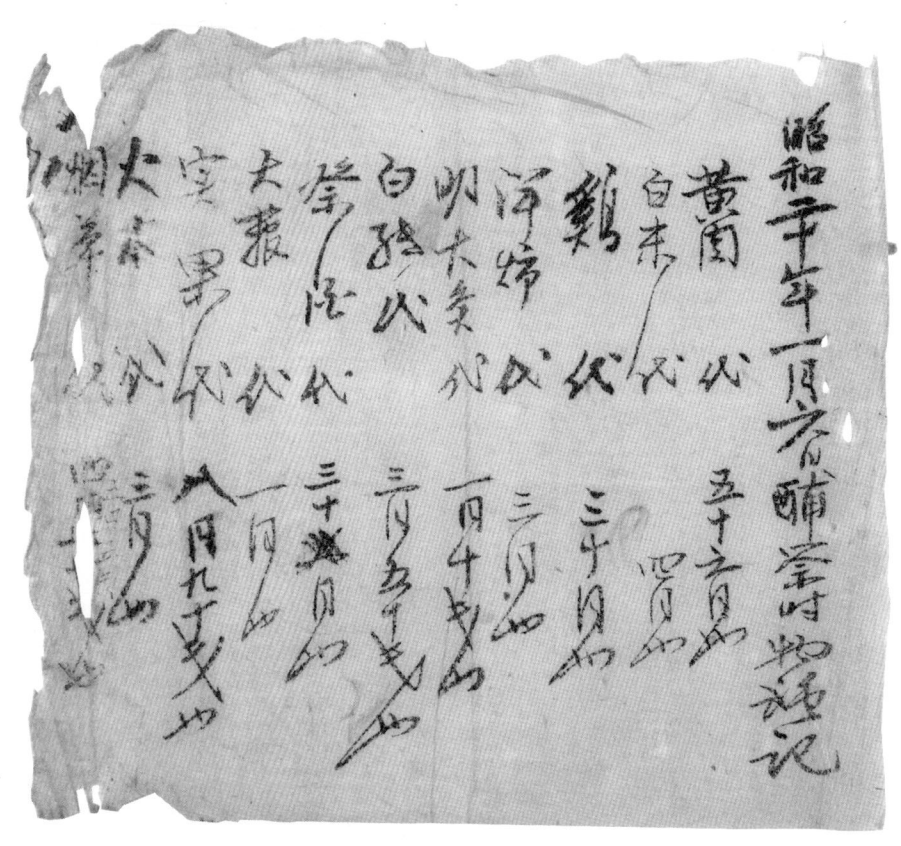

昭和二十年一月六日 酺祭時 物種記

黃肉代 五十六円也
白米代 四円也
鷄代 三十円也
洋燭代 三円也
明大魚代 一円十戔也
白紙代 三円五十戔也
祭酒代 三十円也
大根代 一円也
實果代 八円九十戔也
火木代 三円也
烟草代 五円五戔也

소화20년(1945) 1월 6일 포제시 물종기

쇠고기 56원
쌀 4원
닭 30원
양초 3원
명태 1원 10전
백지 3원 50전
제주 30원
무 1원
실과 8원 90전
땔나무 3원
연초 5원 5전

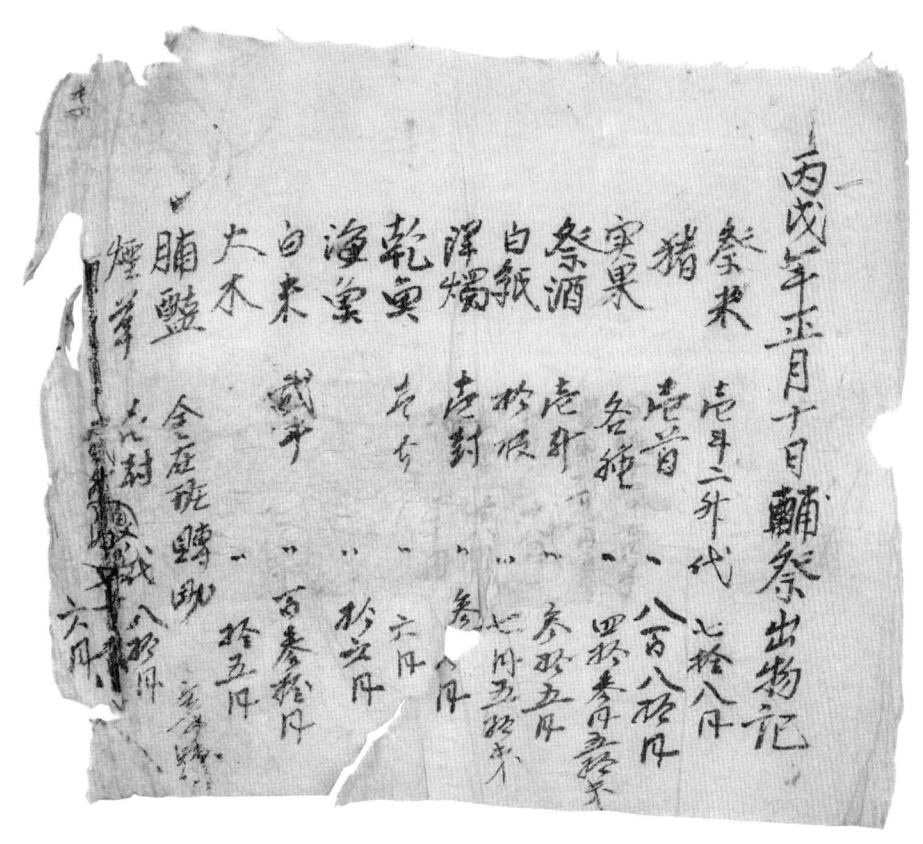

丙戌年正月十日 酺祭出物記

祭米 壹斗二升代 七拾八円
猪 壹首 〃 八百八拾円
實果 各種 〃 四拾參円五拾戋
祭酒 壹升 〃 參拾五円
白紙 拾枚 〃 七円五拾戋
洋燭 壹封 〃 參(十)円
乾魚 壹首 〃 六円
海魚 〃 拾六円
白米 貳(斗) 〃 百參拾円
火木 〃 拾五円
脯醢 金在班賻助 ××錢
煙草 (壹)封代 八拾円
××× 六円

병술년(1946) 정월 10일 포제 출물기

젯메쌀 1말 2되 78원
돼지 1마리 880원
실과 각종 43원 50전
제주 1되 35원
백지 10장 7원 50전
양초 1봉 30원
건어 1마리 6원
생선 16원
쌀 2말 130원
땔나무 15원
포혜 김재반 부조 ××전
연초 1봉 80원
××× 6원

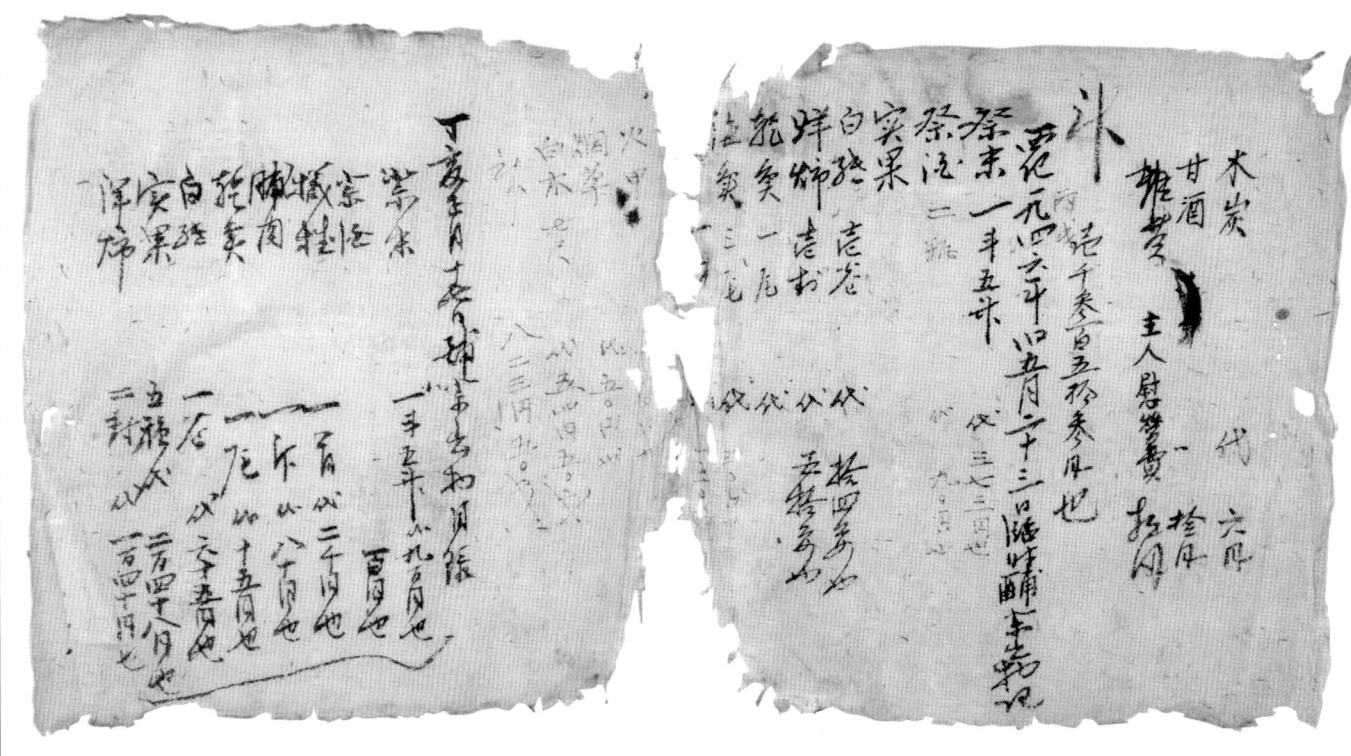

木炭代 六円	숯 6원
甘酒 〃 拾円	감주 10원
雜費 主人慰勞費 拾円	잡비 주인위로비 10원
計 壹千參百五拾參円也	계 1,353원

西紀一九四六年旧五月二十三日 臨時酺祭 出物記 / 서기 1946년 음력 5월 23일 임시포제 출물기

祭米 一斗五升代 三七三円也	젯메쌀 1말 5되 373원
祭酒 二瓶代 九0円也	제주 2병 90원
實果	실과
白紙 壹卷代 拾四圓也	백지 1권 14원
洋燭 壹封代 五拾圓也	양초 1봉 50원
乾魚 一尾代	건어 1마리
海魚 三尾代 三0円也	생선 3마리 30원
×××(代) 一五0(円)	××× 150원
火甲(代) ×0円也	성냥 ×0원
烟草代 五0円也	연초 50원
白木 (七)尺代 五四円五0戔	베 7척 54원 50전
計 八二三円五0戔	계 823원 50전

丁亥正月十七日 酺祭出物目錄 / 정해년(1947) 정월 17일 포제출물목록

祭米 一斗五升代 九百円也	젯메쌀 1말 5되 900원
祭酒 百円也	제주 100원
犧牲 一首代 二千円也	희생 1마리 2,000원
脯肉 一斤代 八十円也	포육 1근 80원
乾魚 一尾代 十五円也	건어 1마리 15원
白紙 一卷代 六十五円也	백지 1권 65원
實果 五種代 二百四十八円也	실과 5종 248원
洋燭 二封代 一百四十円也	양초 2봉 140원

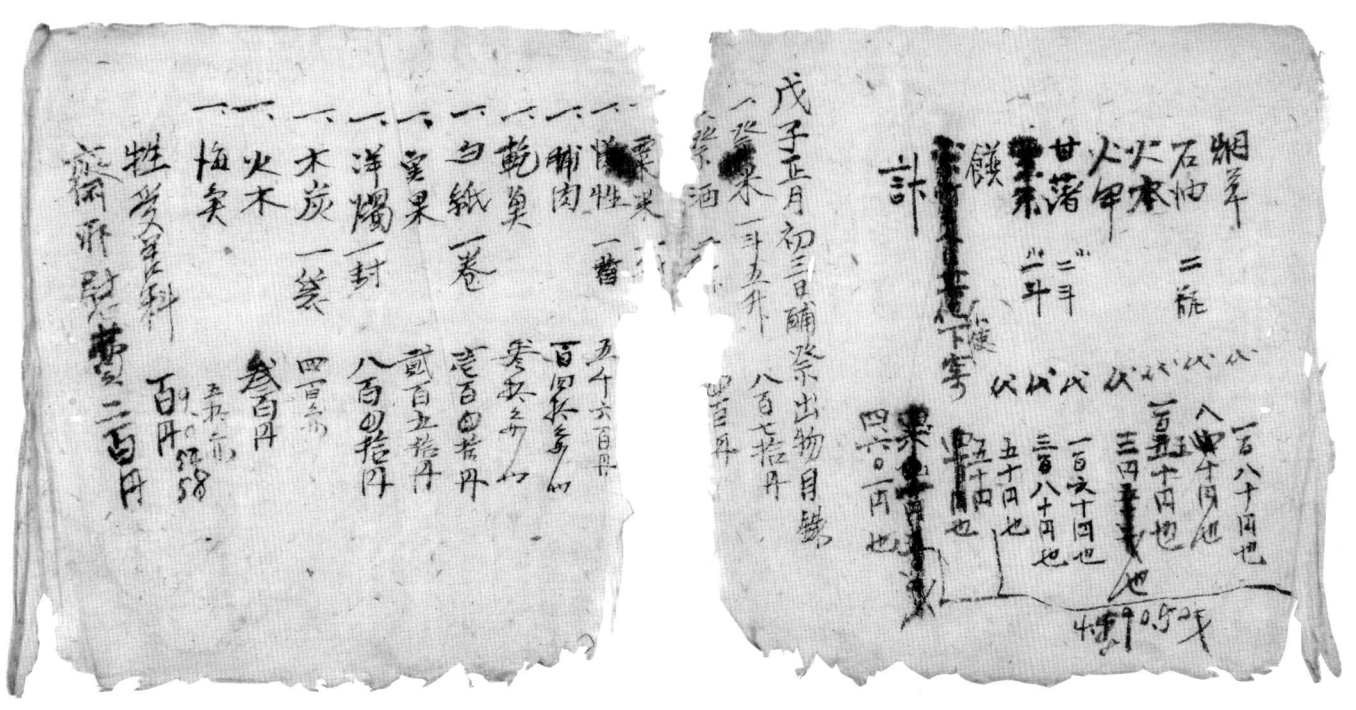

烟草代 一百八十円也
石油 二甁代 八十円也
火木代 一百五十円也
火甲代 三円也
甘藷 小二斗代 一百六十円也
粟米 小一斗代 三百八十円也
饌代 五十円也
小使下寄 五十円也
計 四,六○一円也

戊子正月初三日 酺祭出物目錄

一. 祭米 一斗五升 八百七拾円
一. 祭酒 ×升 四百円
一. 粟米 一斗 ×
一. 犧牲 一首 五千六百円
一. 脯肉 百四拾圓也
一. 乾魚 參拾圓也
一. 白紙 一卷 壹百四拾円
一. 實果 貳百五拾円
一. 洋燭 一封 八百四拾円
一. 木炭 一袋 四百圓
一. 火木 參百円
一. 海魚 五拾圓
　　牲受苦料 百円
　　齋所慰費 二百円

연초 180원
석유 2병 80원
땔나무 150원
성냥 3원
고구마 소 2말 160원
좁쌀 소 1말 380원
반찬 50원
소사 하기 50원
계 4,601원

무자년(1948) 정월 초3일 포제출물목록

젯메쌀 1말 5되 870원
제주 ×되 400원
좁쌀 1말 ×
희생 1마리 5,600원
포육 140원
건어 30원
백지 1권 140원
실과 250원
양초 1봉 840원
숯 1포대 400원
땔나무 300원
생선 50원
희생 수고료 100원
재소위로비 200원

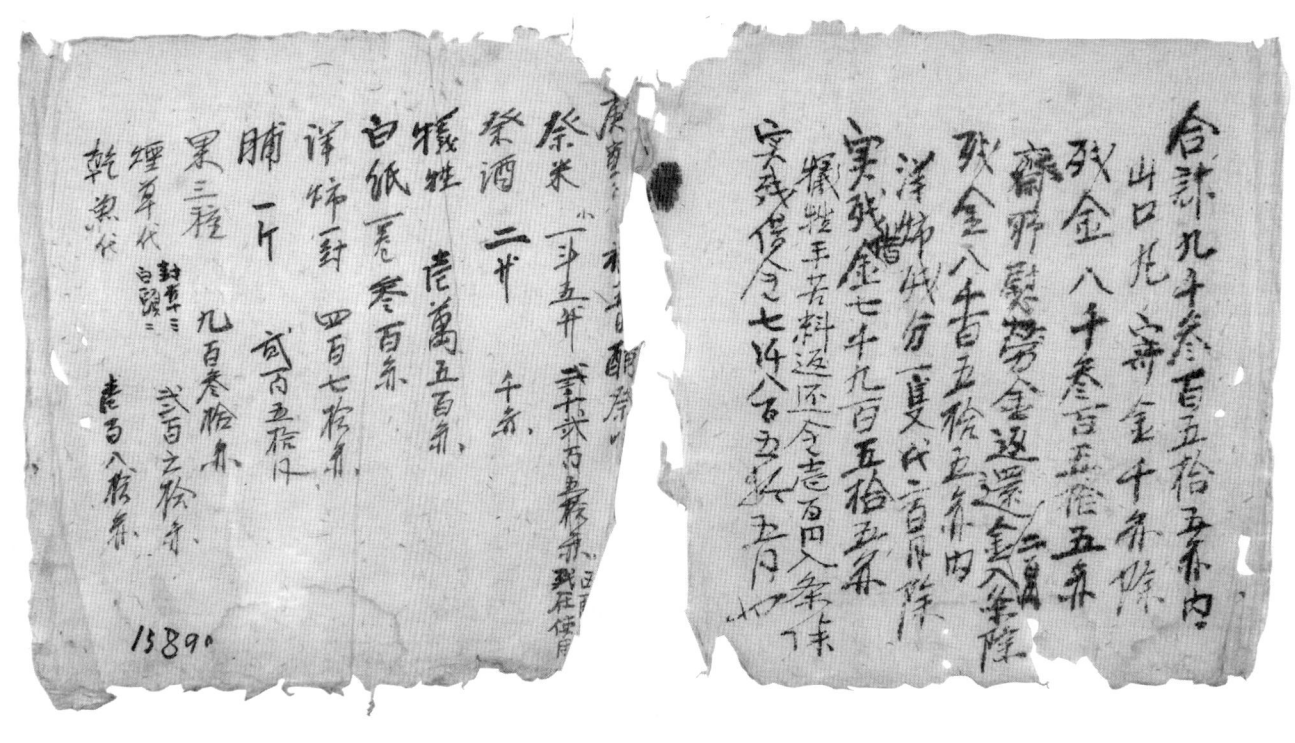

合計 九千參百五拾五圓內 山口丸寄金千圓除 殘金八千參百五拾五圓 齋所慰勞金返還金二百円入條除 殘金八千百五拾五圓內 洋燭殘分一隻代二百円除 實殘借<置>金七千九百五拾五圓 犧牲手苦料返還金壹百円入條除 實殘借<置>金七阡八百五拾五円也

합계 9,355원에서 산구환(山口丸) 기금 1,000원을 제하면 잔금은 8,355원이다. (여기에서) 재소 위로금 반환금 200원이 들어간 것을 제하면 잔금은 8,155원이고, (여기에서) 양초 잔여분 1개 대금 200원을 제하면, 실제 잔금은 7,955원이며, (여기에서) 희생수고료 반환금 100원이 들어간 것을 제하면 실제 잔금은 7,855원이다.

庚寅××初(五)日 酺祭(出物目錄)

祭米 小一斗五升 (再)× 殘在使用
祭酒 二升 千圓
犧牲 壹萬五百圓
白紙 一卷 參百圓
洋燭 一封 四百七拾圓
脯 一斤 貳百五拾円
果 三種 九百參拾圓
煙草代[封草三 白頭二] 貳百六拾圓
乾魚代 壹百八拾圓

경인년(1950) 초5일 포제출물목록

젯메쌀 소 1말 5되 (재)× 남은 것이 있어 사용
제주 2되 1,000원
희생 10,500원
백지 1권 300원
양초 1봉 470원
포 1근 250원
실과 3종 930원
연초(봉초 3, 백두 2) 260원
건어 180원

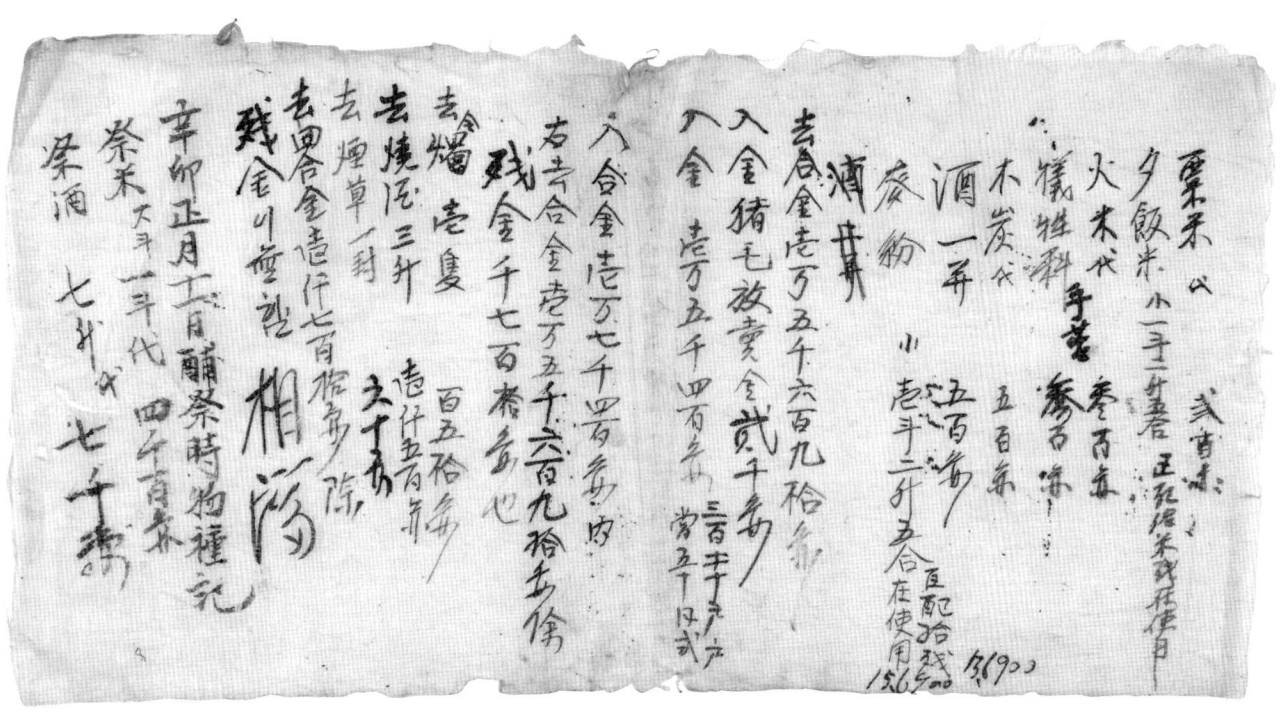

粟米代 貳百圓
夕飯米 小一斗二升五合 (再)配給米 殘在使用
火木代 參百圓
犧牲料 手苦 參百圓
木炭代 五百圓
酒 一幷 五百圓
麥粉 小壹斗二升五合 再配給殘在使用
去合金壹万五千六百九拾圓

入金猪毛放賣金 貳千圓
入金壹万五千四百圓[三百(卄)十戶 戶當五十円式]
入合金壹万七千四百圓內
右去合金壹万五千六百九拾圓除 殘金千七百拾圓也

去金燭 壹隻 百五拾圓
去燒酒 三升 壹仟五百圓
去煙草 一封 六十圓
去回合金壹仟七百拾圓除 殘金이 無함 相(濟)

辛卯正月十一日 酺祭時物種記

祭米 大斗一斗代 四千百圓
祭酒 七升代 七千圓

좁쌀 200원
석식용 쌀 소 1말 2되 5홉 (재)배급미 남은 것이 있어 사용
땔나무 300원
희생 수고료 300원
숯 500원
술 1병 500원
보릿가루 소 1말 2되 5홉 재배급으로 남은 것이 있어 사용
출금 합계 15,690원

입금 돼지털 판매금 2,000원
입금 15,400원[320호 호당 50원씩]
입금 합계 17,400원 내에
상기 출금 합 15,690원을 제하면 잔금은 1,710원임.

출금 초 1개 150원
출금 소주 3되 1,500원
출금 연초 1봉 60원
출금 합계 1,710원에서 제하면 잔금이 없음. 상(제)

신묘년(1951) 정월 11일 포제시 물종기

젯메쌀 대두 1말 4,100원
제주 7되 7,000원

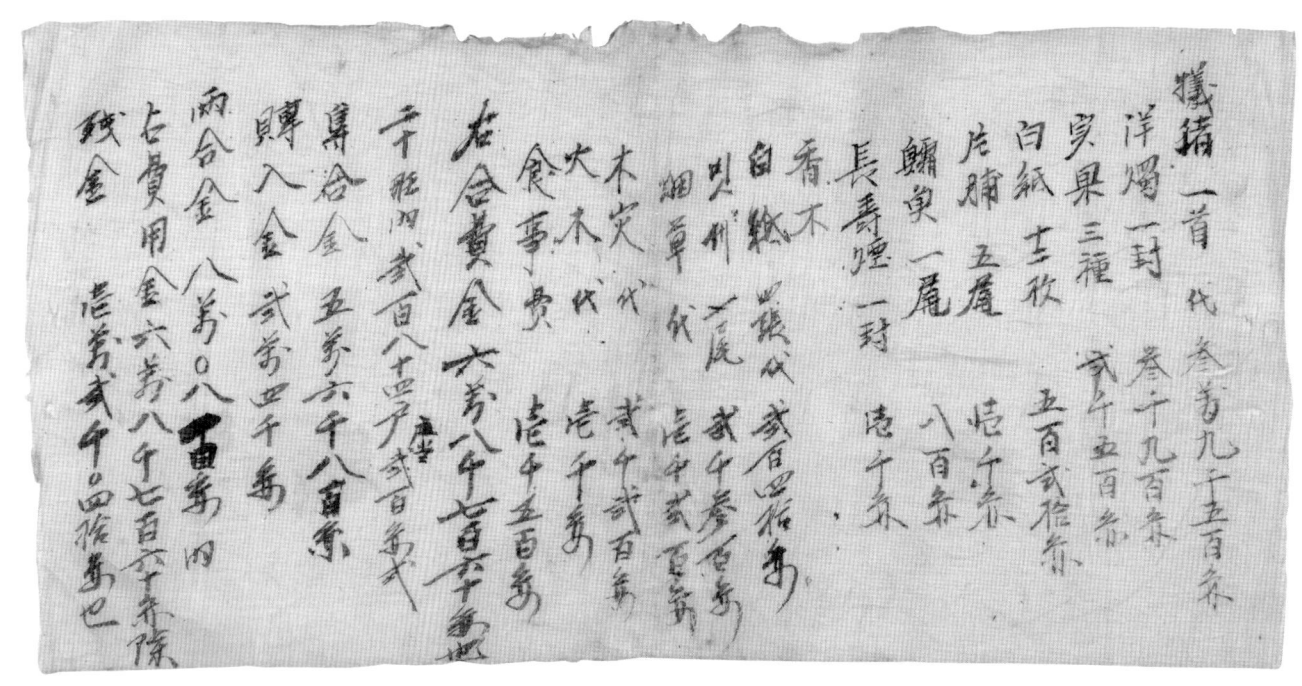

牲猪 一首代 參萬九千五百圓　　　돼지 1마리 39,500원

洋燭 一封 參千九百圓　　　양초 1봉 3,900원

實果 三種 貳千五百圓　　　실과 3종 2,500원

白紙 十二枚 五百貳拾圓　　　백지 12장 520원

片脯 五尾 壹千圓　　　편포 5마리 1,000원

鯔魚 一尾 八百圓　　　상어 1마리 800원

長壽煙 一封 壹千圓　　　장수연 1봉 1,000원

香木　　　향목

白紙 四張代 貳百四拾圓　　　백지 4장 240원

빗세 一尾 貳千參百圓　　　빗세 1마리 2,300원

煙草代 壹千貳百圓　　　연초 1,200원

木炭代 貳千貳百圓　　　숯 2,200원

火木代 壹千圓　　　땔나무 1,000원

食事費 壹千五百圓　　　식사비 1,500원

右合費金六萬八千七百六十圓也　　　상기 합계 비용 68,760원임.

二十班內 貳百八十四戶 戶當貳百圓式
集合金五萬六千八百圓　　　20반 내 284호 호당 200원씩
집합금 56,800원

贈入金貳萬四千圓　　　부조금 24,000원

兩合金八萬0八百圓內 右費用金六萬八千七百六十圓除
殘金壹萬貳千0四拾圓也　　　양합계 80,800원 내에서 상기의 비용 68,760원 제하면
잔금은 12,040원임.

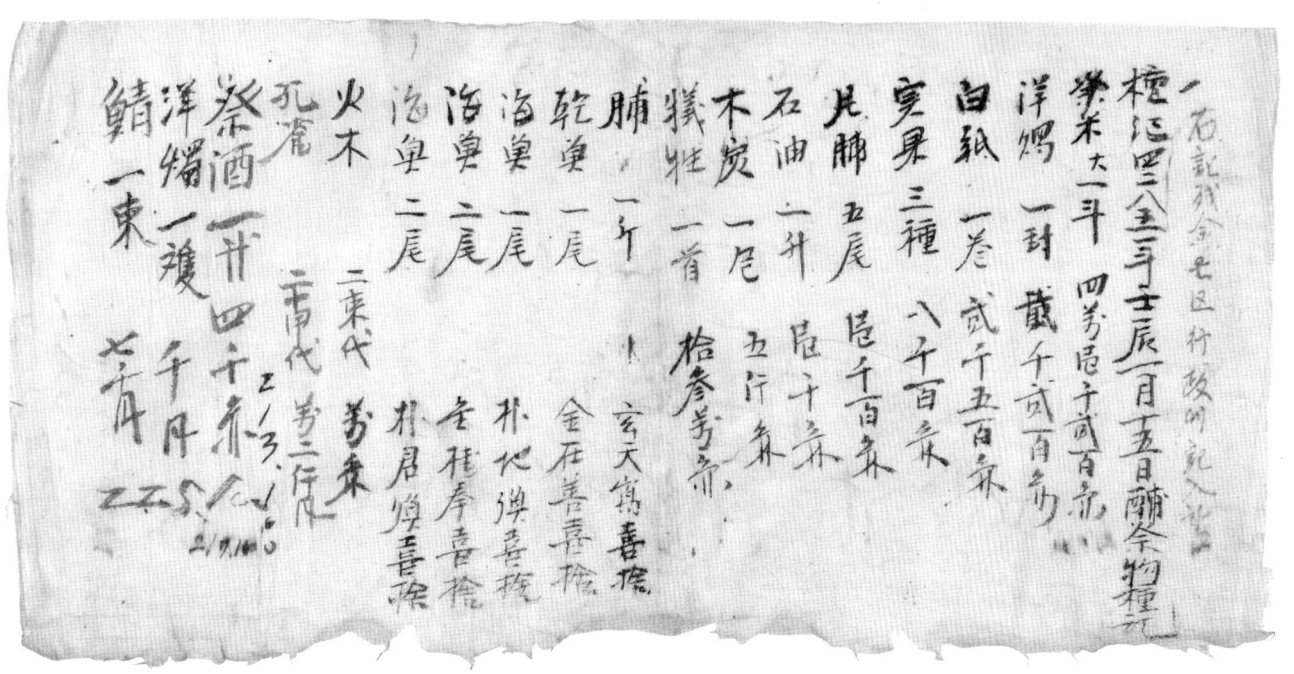

右記殘金은 區行政에 記入함

檀紀四二八五年 壬辰一月十五日 酺祭物種記

祭米 大一斗 四萬壹千貳百圓
洋燭 一封 貳千貳百圓
白紙 一卷 貳千五百圓
實果 三種 八千百圓
片脯 五尾 壹千百圓
石油 一升 壹千圓
木炭 一包 五仟圓
犧牲 一首 拾參萬圓
脯 一斤 玄天篤 喜捨
乾魚 一尾 金在善 喜捨
海魚 一尾 朴地煥 喜捨
海魚 二尾 金桂奉 喜捨
海魚 二尾 朴君煥 喜捨
火木 二束代 萬圓
孔雀 二十甲代 萬二仟円
祭酒 一升 四千圓
洋燭 一雙 千円
鯖 一束 七千円

상기에 기록된 잔금은 구행정에 기입함.

단기 4285년(1952) 임진 1월 15일 포제 물종기

젯메쌀 대 1말 41,200원
양초 1봉 2,200원
백지 1권 2,500원
실과 3종 8,100원
편포 5마리 1,100원
석유 1되 1,000원
숯 1포 5,000원
희생 1마리 130,000원
포 1근 현천도 희사
건어 1마리 김재선 희사
생선 1마리 박지환 희사
생선 2마리 김계봉 희사
생선 2마리 박군환 희사
땔나무 2묶음 10,000원
공작 20갑 12,000원
제주 1되 4,000원
양초 1쌍 1,000원
청어 1묶음 7,000원

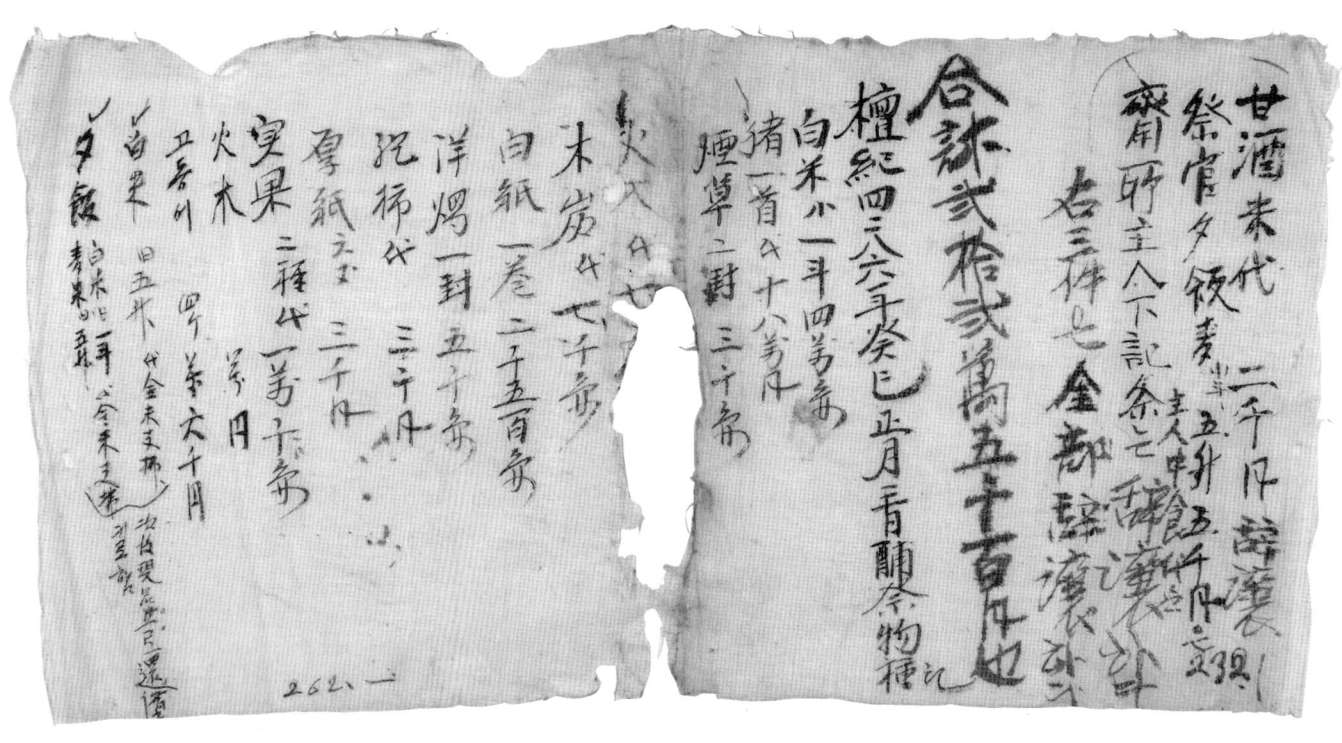

甘酒米代 二千円 辭讓
祭官夕飯麥 小斗五升 五千円은 主人中食代○
齋所主人下記條는 辭讓하다
右三件은 全部辭讓하다
合計 貳拾貳萬五千百円也

감주미 2,000원 사양
제관 저녁식사용 보리 소두 5되 5,000원은 주인 중식대○
재소주인 하기조는 사양하다.
상기 3건은 전부 사양하다.
합계 225,100원임.

檀紀四二八六年 癸巳正月二十日 酺祭物種記

白米 小一斗 四萬圓
猪 一首代 十八萬円
煙草 二封 三千圓
火木代 七×…
木炭代 七千圓
白紙 一卷 二千五百圓
洋燭 一封 五千圓
乾柿代 三千円
厚紙 六丈 三千円
實果 二種代 一萬千圓
火木 萬円
고등어 四个 萬六千円
白米 旧五升代金未支拂, 夕飯 白米 旧一斗 麥米
旧五升代金未支拂 次後 現品으로 還償키로 함

단기 4286년(1953) 계사 정월 20일 포제 물종기

쌀 소 1말 40,000원
돼지 1마리 180,000원
연초 2봉 3,000원
땔나무 7×…
숯 7,000원
백지 1권 2,500원
양초 1봉 5,000원
곶감 3,000원
후지 6장 3,000원
실과 2종 11,000원
땔나무 10,000원
고등어 4마리 16,000원
쌀 구 5되 대금 미지불, 저녁식사용 쌀 구 1말과
보리쌀 구 5되 대금 미지불은 차후에 현품으로 상환키로 함.

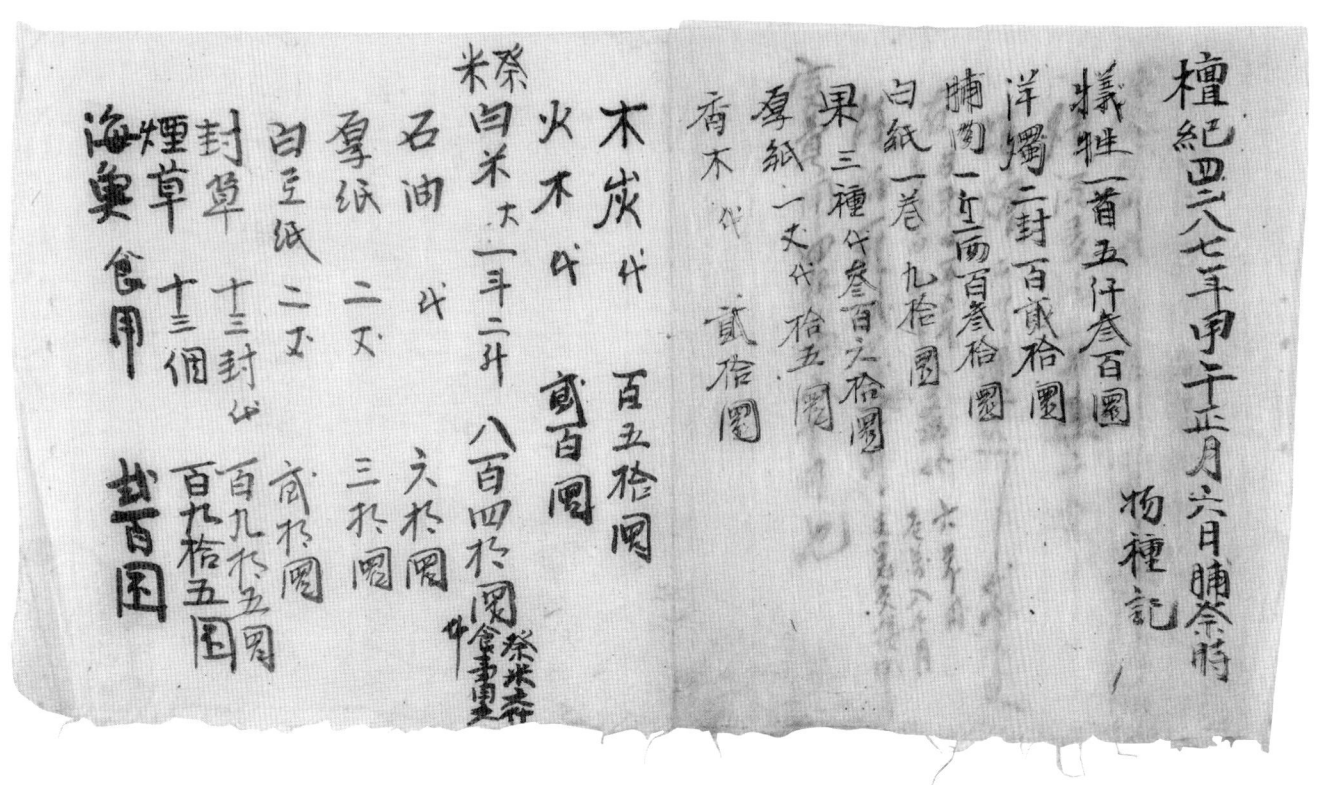

檀紀四二八七年 甲午正月六日 酺祭時物種記

犧牲 一首 五仟參百圜

洋燭 二封 百貳拾圜

脯肉 一斤二兩 百參拾圜

白紙 一卷 九拾圜

果 三種代 參百六拾圜

厚紙 一丈代 拾五圜

香木代 貳拾圜

木炭代 百五拾圜

火木代 貳百圜

祭米 白米 大一斗二升 八百四拾圜[祭米六升 食事用六升]

石油代 六拾圜

厚紙 二丈 三拾圜

白로紙 二丈 貳拾圜

封草 十三封代 百九拾五圜

煙草 十三個 百九拾五圜

海魚 食用 貳百圜

단기 4287년(1954) 갑오 정월 6일 포제시 물종기

희생 1마리 5,300환

양초 2봉 120환

포육 1근 2냥 130환

백지 1권 90환

실과 3종 360환

후지 1장 15환

향목 20환

숯 150환

땔나무 200환

젯메쌀 쌀(식사용) 대 1말 2되 840환[젯메쌀 6되, 식사용 6되]

석유 60환

후지 2장 30환

백로지 2장 20환

봉초 13봉 195환

연초 13개 195환

생선 식용 200환

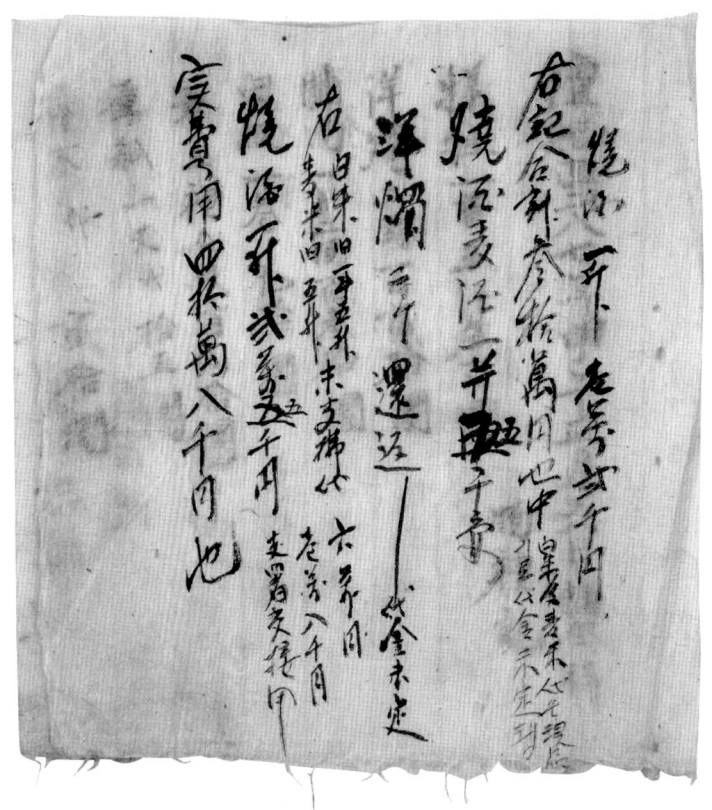

燒酒 一升 壹萬貳千円

右記合計 參拾萬円也中 白米及麥米代은
現品키로 代金未定됨

燒酒麥酒 一幷 五千圓

洋燭 二个 還返 代金未定

右白米 旧一斗五升 麥米 旧五升

未支拂代 六萬円 壹萬八千円

燒酒 一升 貳萬五千円 支署受接用

實費用四拾萬八千円也

소주 1되 12,000원

상기 기록의 합계 300,000원 중 쌀과 보리쌀은
현품으로, 대금이 아직 정해지지 않음.

소주 맥주 1병 5,000원

양초 2개 반환 대금 미정

상기 백미 구 1말 5되, 보리쌀 구 5되

미지불 대금 60,000원, 18,000원

소주 1되 25,000원은 지서 접수용

실비용 408,000원

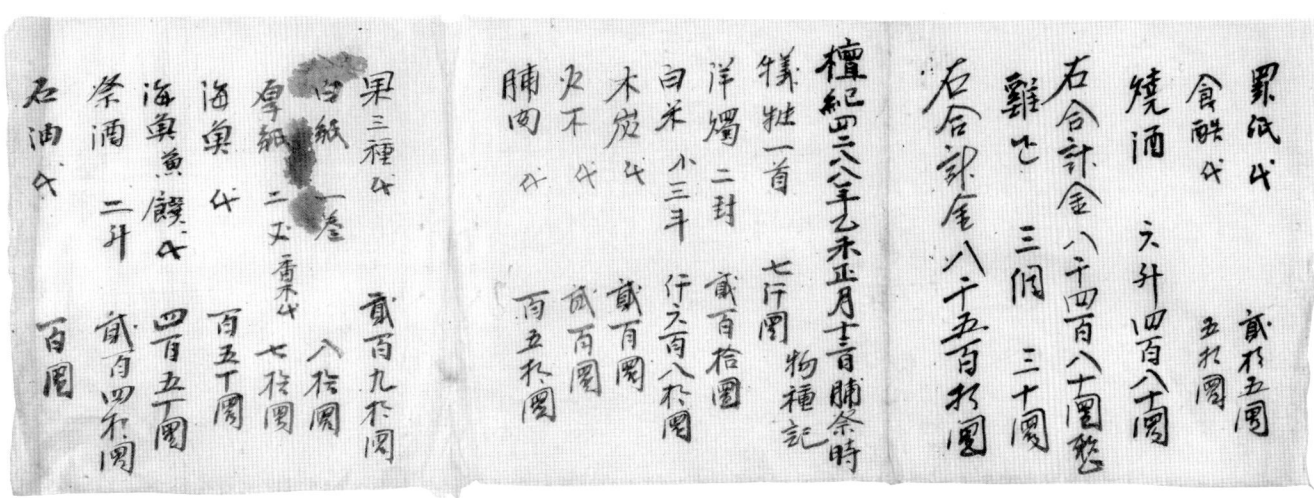

罪紙代 貳拾五圓
食酷<醋>代 五拾圓
燒酒 六升 四百八十圓
右合計金八千四百八十圓整

鷄난 三個 三十圓
右合計金八千五百拾圓

檀紀四二八八年 乙未正月十三日 酺祭時 物種記

犧牲 一首 七仟圓
洋燭 二封 貳百拾圓
白米 小三斗 仟六百八拾圓
木炭代 貳百圓
火木代 貳百圓
脯肉代 百五拾圓
果三種代 貳百九拾圓
白紙 一卷 八拾圓
厚紙 二丈 香木代 七拾圓
海魚代 百五拾圓
海魚兼饌代 四百五十圓
祭酒 二升 貳百四拾圓
石油代 百圓

괘지 25환
식초 50환
소주 6되 480환
상기 합계 8,480환정

계란 3개 30환
상기 합계 8,510환

단기 4288년(1955) 을미 정월 13일 포제시 물종기

희생 1마리 7,000환
양초 2봉 210환
쌀 소 3두 1,680환
숯 200환
땔나무 200환
포육 150환
실과 3종 290환
백지 1권 80환
후지 2장, 향목 70환
생선 150환
생선 및 반찬 450환
제주 2되 240환
석유 100환

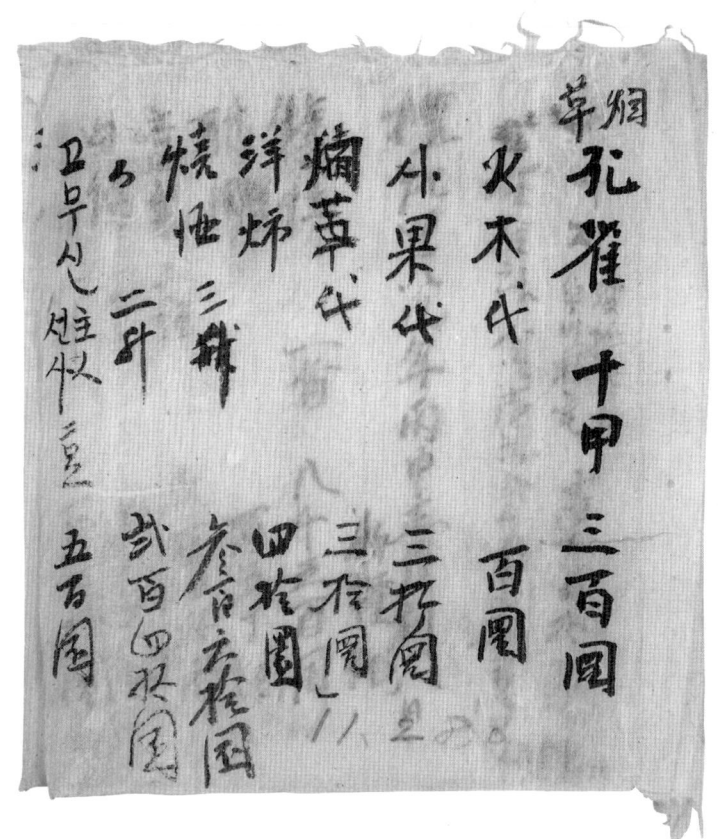

烟草 孔雀 十甲 三百圜	연초 공작 10갑 300환
火木代 百圜	땔나무 100환
사果代 三拾圜	사과 30환
烟草代 三拾圜	연초 30환
洋燭 四拾圜	양초 40환
燒酒 三升 參百六拾圜	소주 3되 360환
〃 二升 貳百四拾圜	소주 2되 240환
고무신 主人선사 二足 五百圜	고무신 주인 선사 2켤레 500환

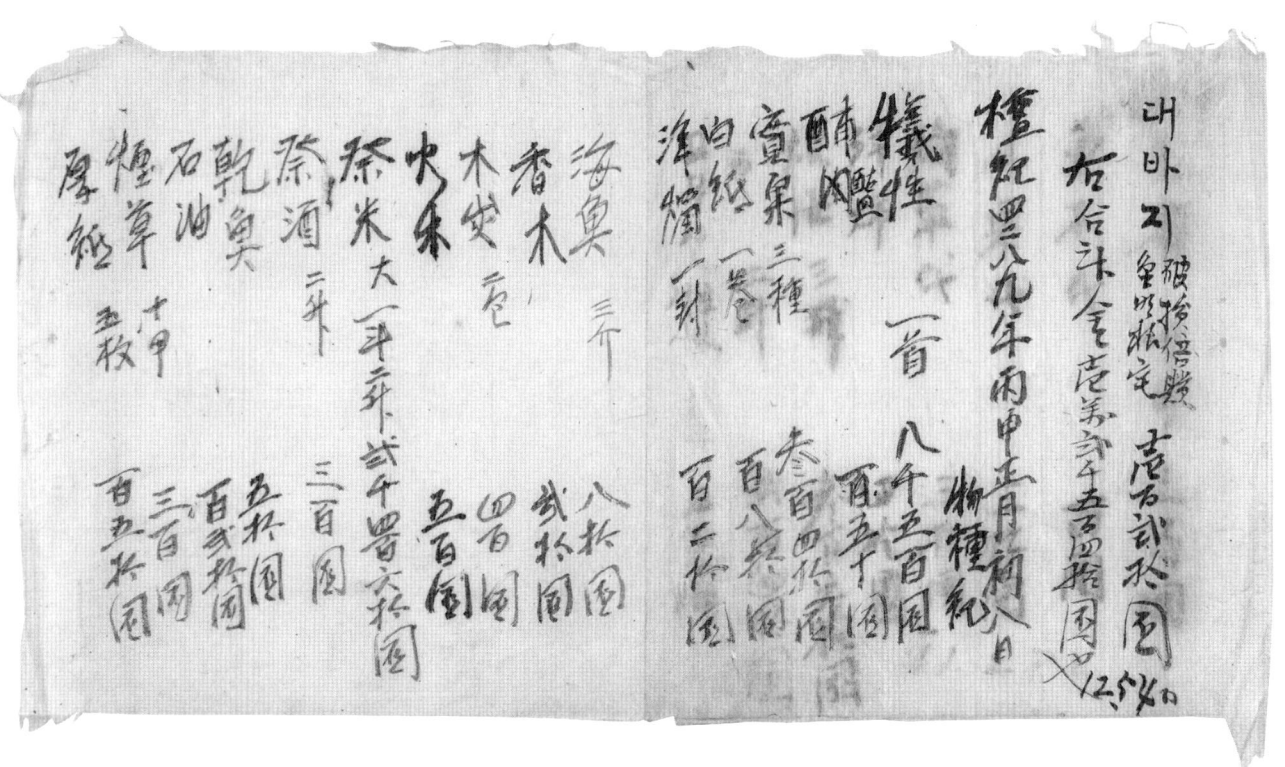

대바지[破損倍贖 金明根宅] 壹百貳拾圜
右合計金壹萬貳千五百四拾圜也

檀紀四二八九年 丙申正月初八日 物種記

犧牲 一首 八千五百圜
脯醢 百五十圜
實果 三種 參百四拾圜
白紙 一卷 百八拾圜
洋燭 一封 百二拾圜
海魚 三介 八拾圜
香木 貳拾圜
木炭 二包 四百圜
火木 五百圜
祭米 大一斗二升 貳千四百六拾圜
祭酒 二升 三百圜
乾魚 五拾圜
石油 百貳拾圜
煙草 十甲 三百圜
厚紙 五枚 百五拾圜

대바지[파손 배상 김명근 댁] 120환
상기 합계 12,540환임.

단기 4289년(1956) 병신 정월 초8일 물종기

희생 1마리 8,500환
포혜 150환
실과 3종 340환
백지 1권 180환
양초 1봉 120환
생선 3마리 80환
향목 20환
숯 2포 400환
땔나무 500환
젯메쌀 대 1말 2되 2,460환
제주 2되 300환
건어 50환
석유 120환
연초 10갑 300환
후지 5장 150환

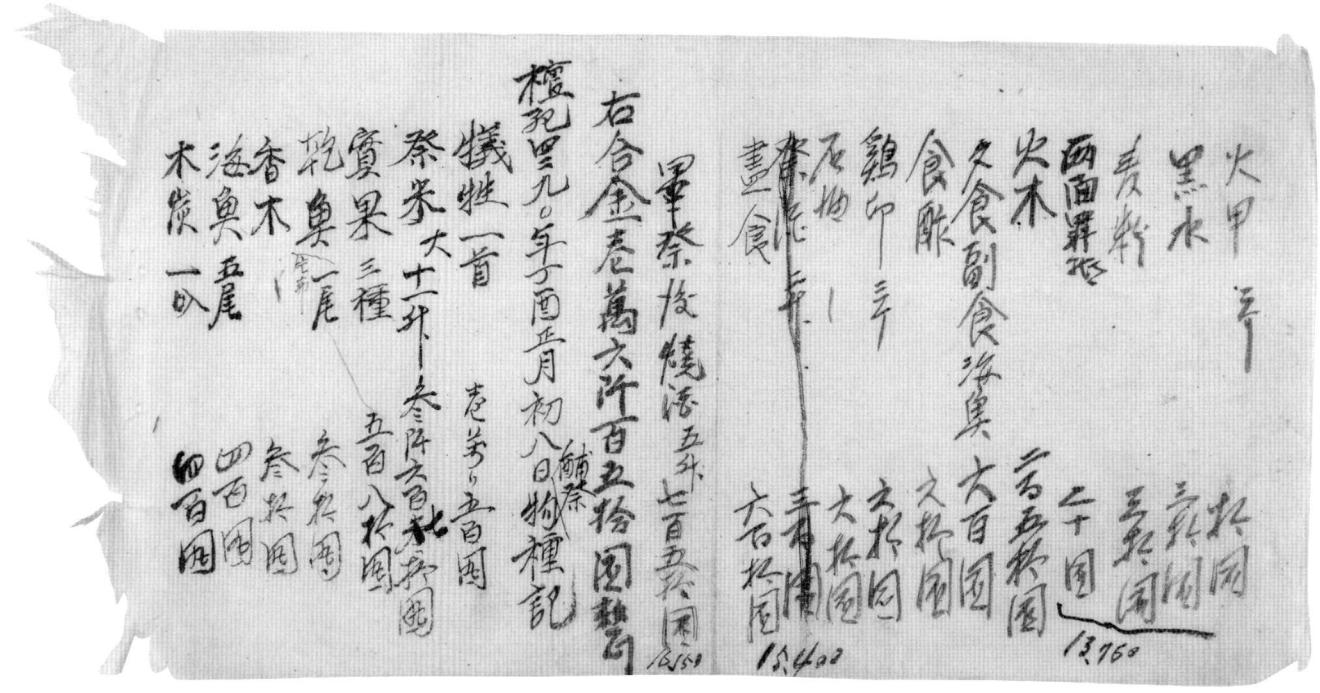

火甲 二个 拾圓　　　　　　　　　성냥 2개 10환
黑水 三拾圓　　　　　　　　　　먹물 30환
麥粉 三拾圓　　　　　　　　　　보릿가루 30환
兩面罫紙 二十圓　　　　　　　　양면괘지 20환
火木 二百五拾圓　　　　　　　　땔나무 250환
夕食副食海魚 六百圓　　　　　　석식용 부식 생선 600환
食酢 六拾圓　　　　　　　　　　식초 60환
鷄卵 三个 六拾圓　　　　　　　　계란 3개 60환
石油 六拾圓　　　　　　　　　　석유 60환
晝食 六百拾圓　　　　　　　　　점심 610환
畢祭後 燒酒五升 七百五拾圓　　　제를 마친 후 소주 5되 750환
右合金壹萬六阡百五拾圓整　　　　상기 합계 16,150환정

檀紀四二九0年 丁酉正月初八日 酺祭物種記　　　**단기 4290년(1957) 정유 정월 초8일 포제 물종기**

犧牲 一首 壹萬0五百圓　　　　　희생 1마리 10,500환
祭米 大十一升 參阡六百七拾圓　　젯메쌀 대 11되 3,670환
實果 三種 五百八拾圓　　　　　　실과 3종 580환
乾魚 一尾 參拾圓　　　　　　　　건어 1마리 30환
香木 參拾圓　　　　　　　　　　향목 30환
海魚 五尾 四百圓　　　　　　　　생선 5마리 400환
木炭 一叺 四百圓　　　　　　　　숯 1가마니 400환

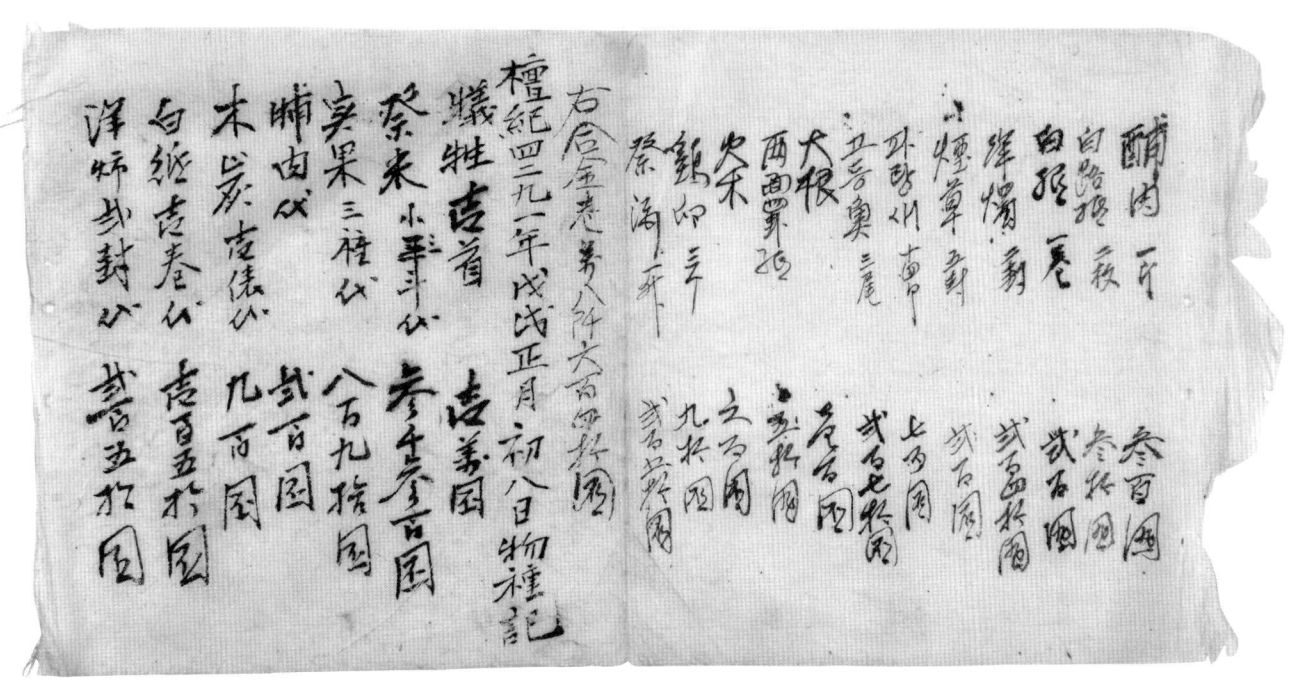

脯肉 一斤 參百圜 포육 1근 300환
白路紙 二枚 參拾圜 백로지 2장 30환
白紙 一卷 貳百圜 백지 1권 200환
洋燭 二封 貳百四拾圜 양초 2봉 240환
煙草 五封 貳百圜 연초 5봉 200환
파랑새 十四甲 七百圜 파랑새 14갑 700환
고등魚 三尾 貳百七拾圜 고등어 3마리 270환
大根 壹百圜 무 100환
兩面罫紙 五拾圜 양면괘지 50환
火木 六百圜 땔나무 600환
鷄卵 三个 九拾圜 계란 3개 90환
祭酒 一升 貳百五拾圜 제주 1되 250환
右合金壹萬八阡六百四拾圜 상기 합계 18,640환

檀紀四二九一年 戊戌正月初八日 物種記 **단기 4291년(1958) 무술 정월 초8일 물종기**

犧牲 壹首 壹萬圜 희생 1마리 10,000환
祭米 小三斗代 參千參百圜 젯메쌀 소 3말 3,300환
實果 三種代 八百九拾圜 실과 3종 890환
脯肉代 貳百圜 포육 200환
木炭 壹俵代 九百圜 숯 1포대 900환
白紙 壹卷代 壹百五拾圜 백지 1권 150환
洋燭 貳封代 貳百五拾圜 양초 2봉 250환

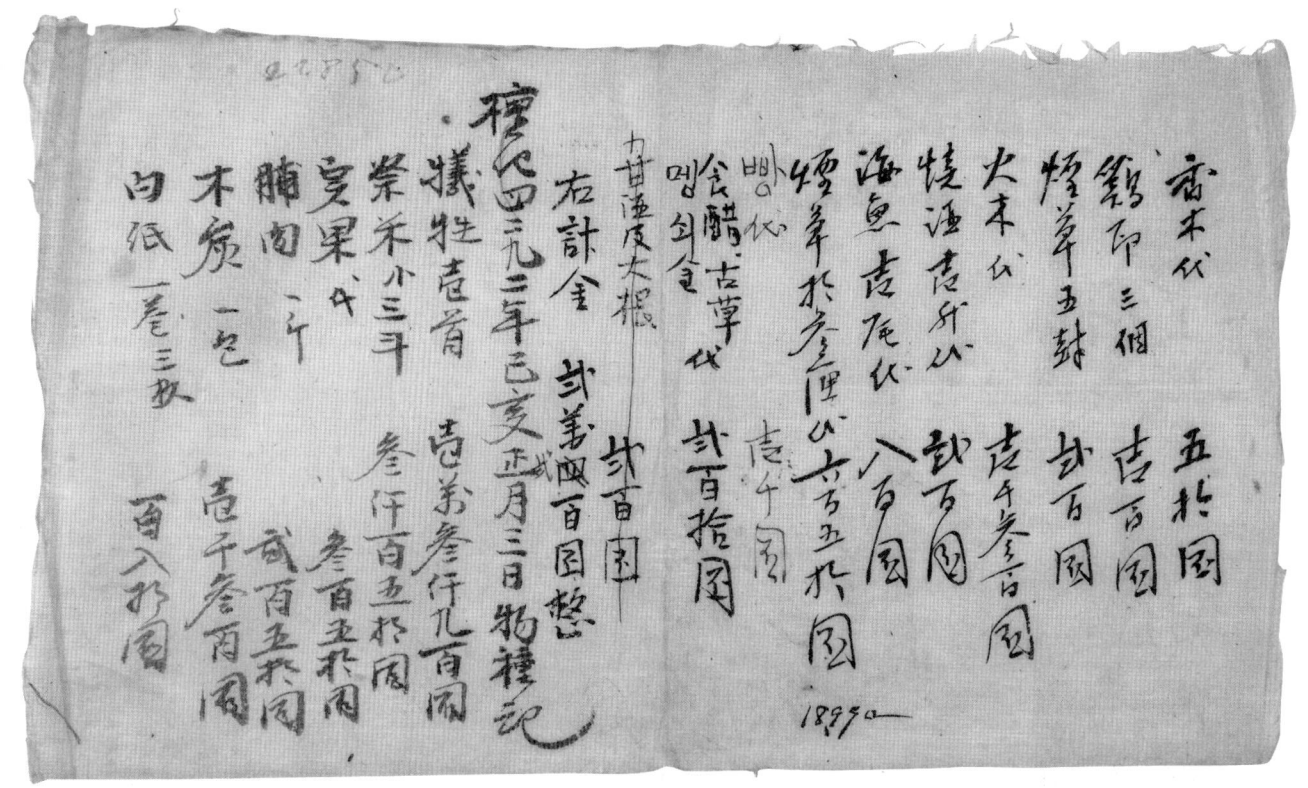

香木代 五拾圜 향목 50환
鷄卵 三個 壹百圜 계란 3개 100환
煙草 五封 貳百圜 연초 5봉 200환
火木代 壹千參百圜 땔나무 1,300환
燒酒 壹升代 貳百圜 소주 1되 200환
海魚 壹尾代 八百圜 생선 1마리 800환
煙草 拾參匣代 六百五拾圜 연초 13갑 650환
빵代 壹千圜 빵 1,000환
食醋 古草 멩쇠金代 貳百拾圜 식초 고추 멩쇠금 210환
右計金 貳萬貳百圜整 상기 계 20,200환정

檀紀四二九二年 己亥正月三日 物種記 단기 4292년(1959) 기해 정월 3일 물종기

犧牲 壹首 壹萬參仟九百圜 희생 1마리 13,900환
祭米 小三斗 參仟百五拾圜 젯메쌀 소 3말 3,150환
實果代 參百五拾圜 실과 350환
脯肉 一斤 貳百五拾圜 포육 1근 250환
木炭 一包 壹千參百圜 숯 1포 1,300환
白紙 一卷 三枚 百八拾圜 백지 1권 3장 180환

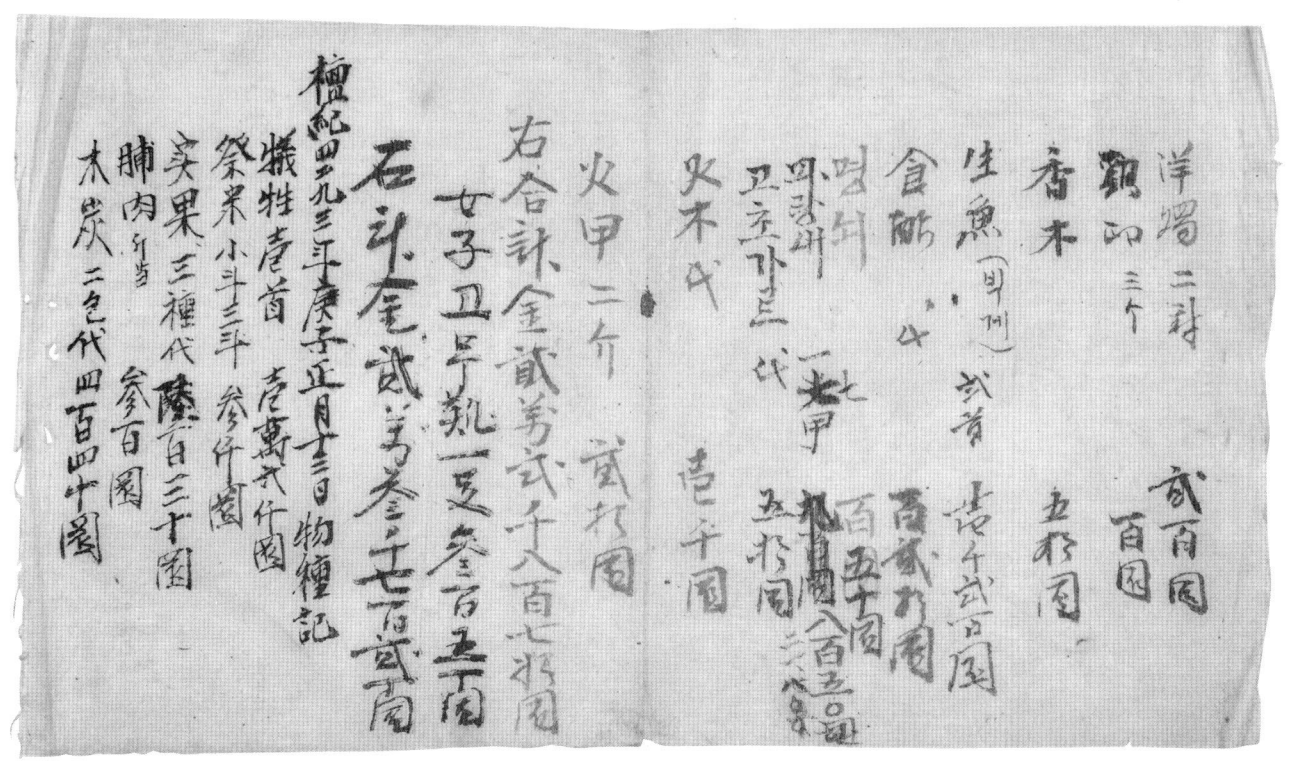

洋燭 二封 貳百圓
鷄卵 三个 百圓
香木 五拾圓
生魚(빅게) 貳首 壹千貳百圓
食酢代 百貳拾圓
명쇠 百五十圓
파랑새 一七甲 八百五0圓
고초가르代 五拾圓
火木代 壹千圓
火甲 二介 貳拾圓
右合計金貳萬貳千八百七拾圓

女子고무靴 一足 參百五十圓
右計金貳萬參千七百貳十圓

檀紀四二九三年 庚子正月十三日 物種記

犧牲 壹首 壹萬貳仟圓
祭米 小斗三斗 參仟圓
實果 三種代 陸百三十圓
脯肉 斤當 參百圓
木炭 二包代 四百四十圓

양초 2봉 200환
계란 3개 100환
향목 50환
생선(빅게) 2마리 1,200환
식초 120환
명쇠 150환
파랑새 17갑 850환
고춧가루 50환
땔나무 1,000환
성냥 2개 20환
상기 합계 22,870환

여자고무화 1켤레 350환
상기 계 23,720환

단기 4293년(1960) 경자 정월 13일 물종기

희생 1마리 12,000환
젯메쌀 소두 3말 3,000환
실과 3종 630환
포육 근당 300환
숯 2포 440환

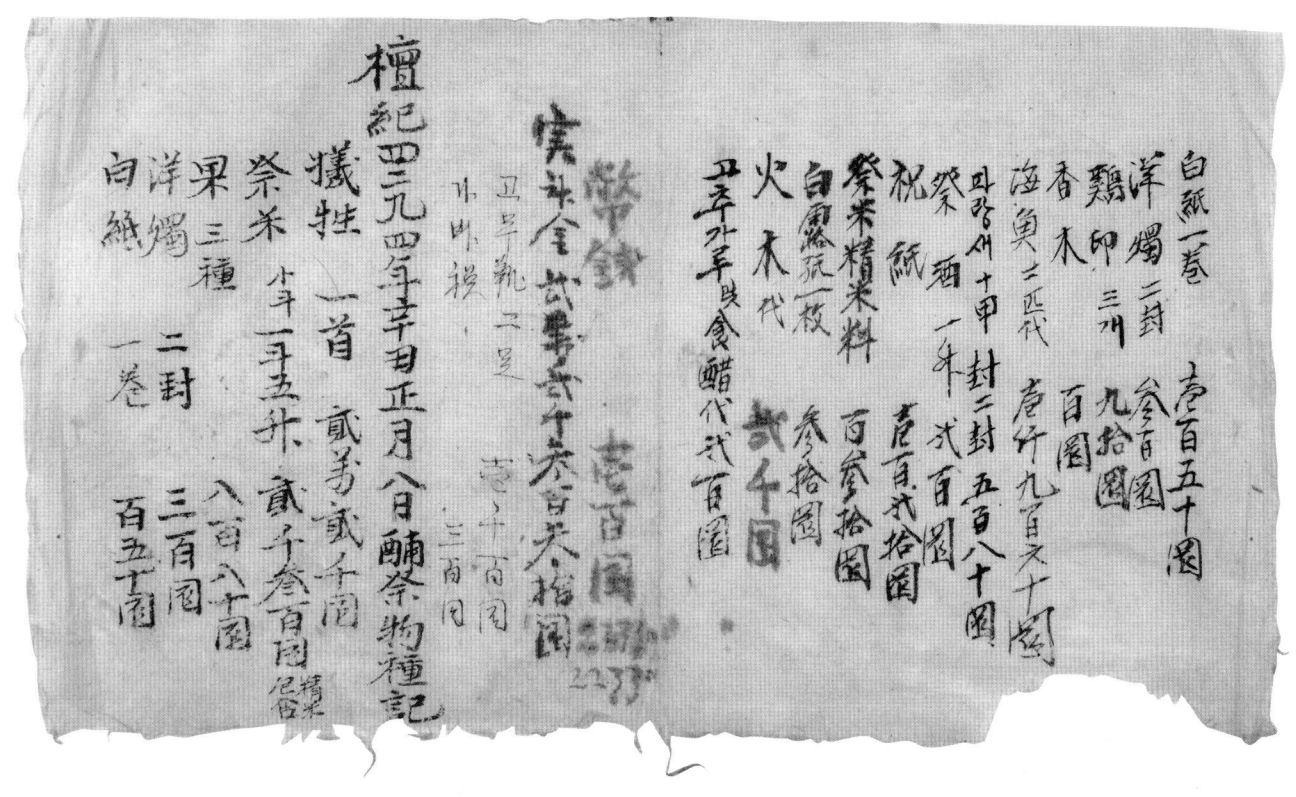

白紙 一卷 壹百五十圜 　　　백지 1권 150환
洋燭 二封 參百圜 　　　양초 2봉 300환
鷄卵 三개 九拾圜 　　　계란 3개 90환
香木 百圜 　　　향목 100환
海魚 二匹代 壹仟九百六十圜 　　　생선 2필 1,960환
파랑새 十甲 封 二封 五百八十圜 　　　파랑새 10갑 봉초 2봉 580환
祭酒 一升 貳百圜 　　　제주 1되 200환
祝紙 壹百貳拾圜 　　　축지 120환
祭米 精米料 百參拾圜 　　　젯메쌀 정미료 130환
白露紙 一枚 參拾圜 　　　백로지 1장 30환
火木代 貳千圜 　　　땔나무 2,000환
고추가루 및 食醋代 貳百圜 　　　고춧가루 및 식초 200환
幣錢 壹百圜 　　　폐전 100환
實計金貳萬貳千參百參拾圜 　　　실계 22,330환

고무靴 二足 壹千百圜 　　　고무화 2켤레 1,100환
가바稅 三百圜 　　　천막세 300환

檀紀四二九四年 辛丑正月八日 酺祭物種記 　　　**단기 4294년(1961) 신축 정월 8일 포제 물종기**

犧牲 一首 貳萬貳千圜 　　　희생 1마리 22,000환
祭米 小斗一斗五升 貳千參百圜[精米包含] 　　　젯메쌀 소두 1말 5되 2,300환[정미 포함]
果 三種 八百八十圜 　　　실과 3종 880환
洋燭 二封 三百圜 　　　양초 2봉 300환
白紙 一卷 百五十圜 　　　백지 1권 150환

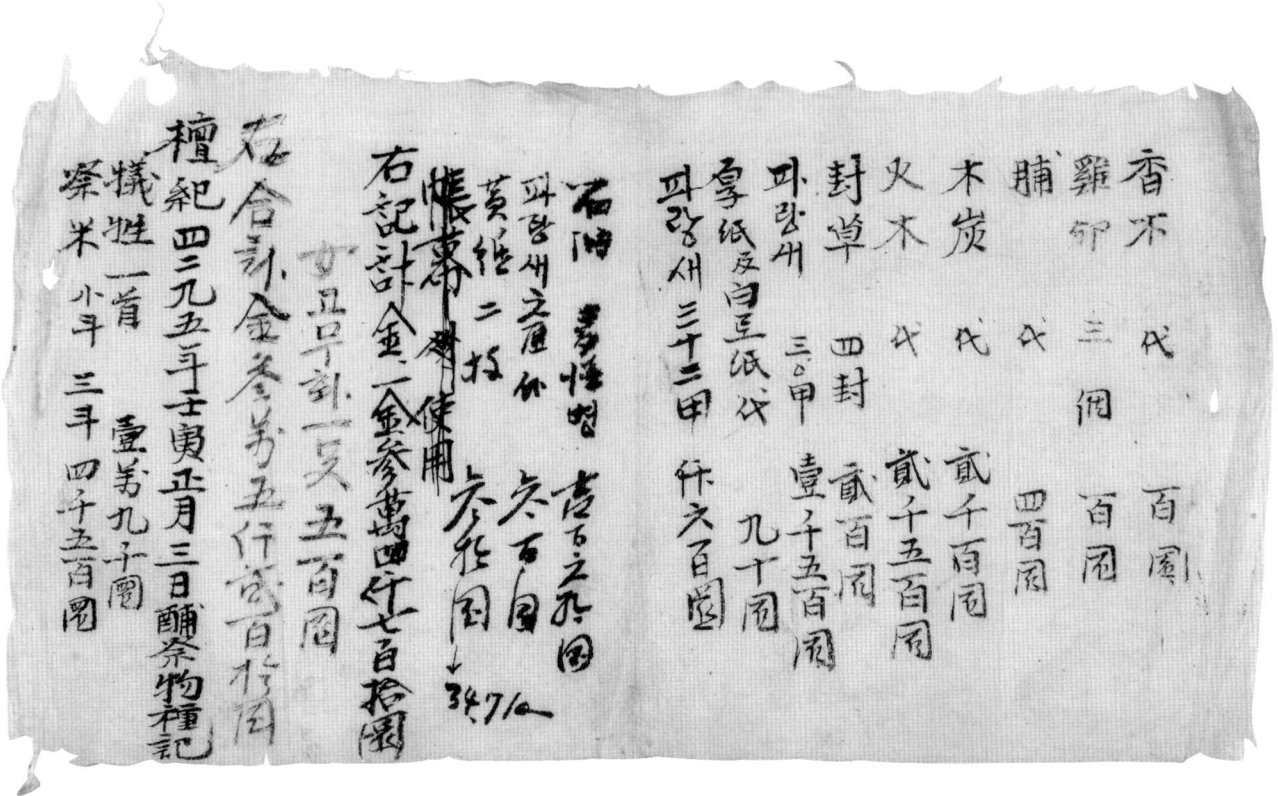

香木代 百圓
鷄卵 三個 百圓
脯代 四百圓
木炭代 貳千百圓
火木代 貳千五百圓
封草 四封 貳百圓
파랑새 三0甲 壹千五百圓
厚紙及白로紙代 九十圓
파랑새 三十二甲 仟六百圓
石油 麥酒병 壹百六拾圓
파랑새 六匣代 參百圓
黃紙 二枚 參拾圓
右記計金, 一金參萬四仟七百拾圓

女고무화 一足 五百圓
右合計金參萬五仟貳百拾圓

檀紀四二九五年 壬寅正月三日 酺祭物種記

犧牲 一首 壹萬九千圓
祭米 小斗三斗 四千五百圓

茶酒 一㼜　叁百圜
雞卵 三個　代百圜
石油 一升
煙草 三○甲　邑行五百圜
白紙三枚 曰露紙一枚　兩面非紙　壹百五拾圜
精末料　肆百圜
女靴一足　肆百五拾圜
計　三,一三○圜

檀紀四二九六年癸卯正月九日醮祭物種記
犧牲一首　叁十○五拾圜

祭酒 一甁 參百圜
鷄卵 三個代 百圜
石油 一升
煙草 三0甲 壹仟五百圜
白紙 三枚 白露紙 一枚 兩面罫紙 壹百五拾圜
精米料 壹百圜
女靴 一足 四百五拾圜
計 三三,一二0圜

제주 1병 300환
계란 3개 100환
석유 1되
연초 30갑 1,500환
백지 3장, 백로지 1장, 양면괘지 150환
정미료 100환
여자신발 1켤레 450환
계 33,120환

檀紀四二九六年 癸卯正月十九日 酺祭物種記

단기 4296년(1963) 계묘 정월 19일 포제 물종기

犧牲 一首 參千0五拾圜
實果 유ㅈ七介 능금十个 乾柿一本 三種代 千百圜
脯代 七百圜
乾魚 一尾 百五拾圜
海魚 五尾 八百五拾圜
香木代 百圜
洋燭 二封 參百圜
白紙 一卷 百五拾圜
火甲 一封 七拾圜
火木 二束 千八百圜
木炭 一叺 千八百圜

희생 1마리 3,050환
실과 유자 7개 능금 10개 곶감 1본 3종 1,100환
포 700환
건어 1마리 150환
생선 5마리 850환
향목 100환
양초 2봉 300환
백지 1권 150환
성냥 1봉 70환
땔나무 2묶음 1,800환
숯 1가마니 1,800환

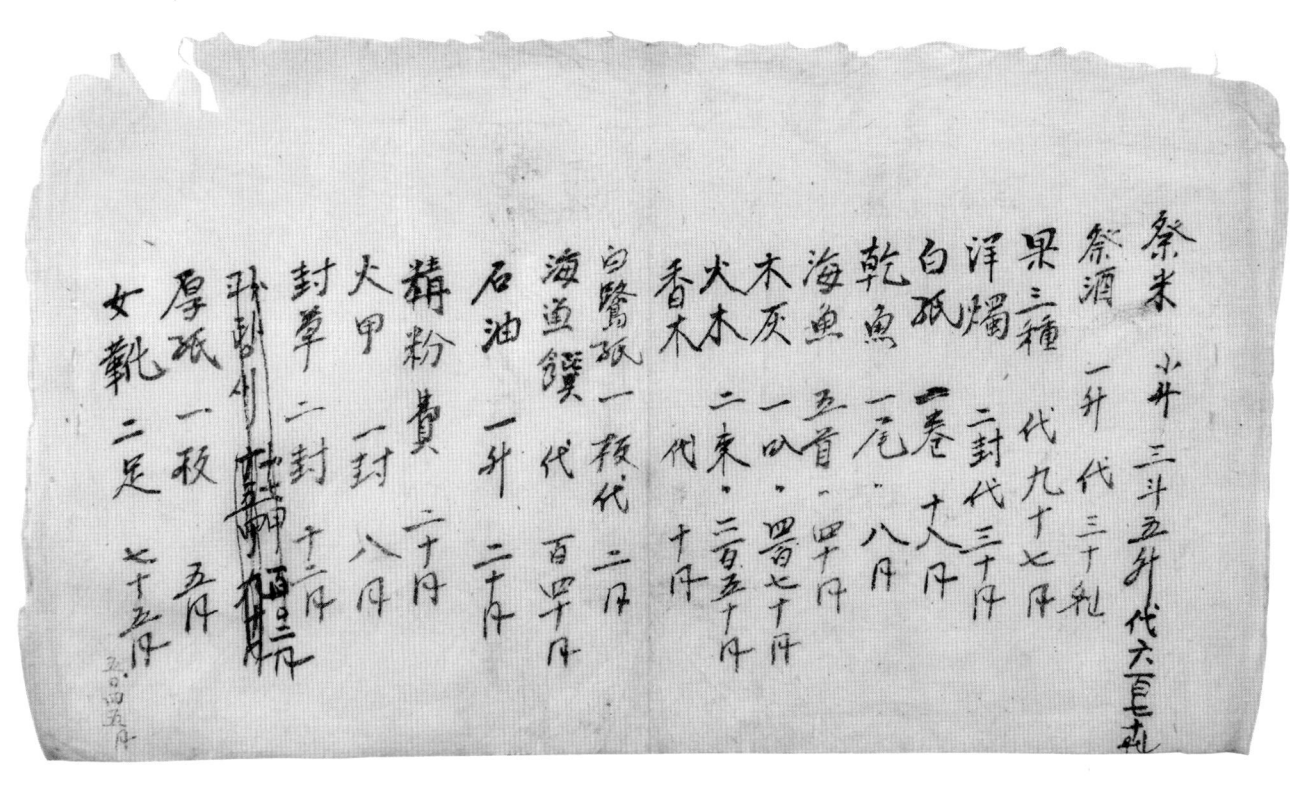

祭米 小升 三斗五升代 六百七十원

祭酒 一升代 三十원

果 三種代 九十七円

洋燭 二封代 三十円

白紙 一卷 十八円

乾魚 一尾 〃 八円

海魚 五首 〃 四十円

木灰<炭> 一叺 〃 四百七十円

火木 二束 〃 二百五十円

香木代 十円

白鷺紙 一枚代 二円

海魚饌代 百四十円

石油 一升 二十円

精粉費 二十円

火甲 一封 八円

封草 二封 十二円

厚紙 一枚 五円

女靴 二足 七十五円

젯메쌀 소승 3말 5되 670원

제주 1되 30원

실과 3종 97원

양초 2봉 30원

백지 1권 18원

건어 1마리 8원

생선 5마리 40원

숯 1가마니 470원

땔나무 2묶음 250원

향목 10원

백로지 1장 2원

생선 반찬용 140원

석유 1되 20원

정분비 20원

성냥 1봉 8원

봉초 2봉 12원

후지 1장 5원

여자신발 2켤레 75원

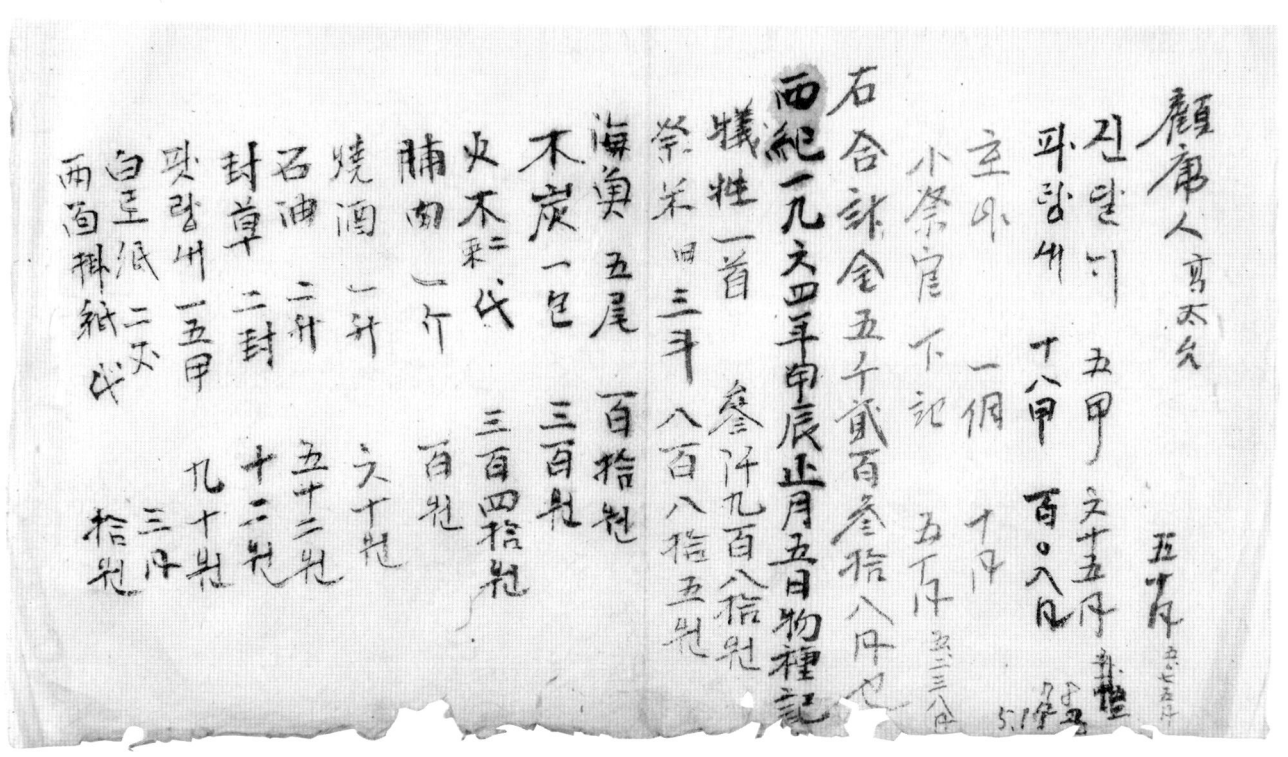

顧庸人 高太允 五十円
진달니 五甲 六十五円
파랑새 十八甲 百〇八円
호야 一個 十円
小祭官下記 五十円
右合計金五千貳百參拾八円也

西紀一九六四年 甲辰正月五日 物種記

犧牲 一首 參阡九百八拾원
祭米 旧三斗 八百八拾五원
海魚 五尾 百拾원
木炭 一包 三百원
火木 二束代 三百四拾원
脯肉 一斤 百원
燒酒 一升 六十원
石油 二升 五十二원
封草 二封 十二원
팟랑새 一五甲 九十원
白로紙 二丈 三円
兩面掛紙代 拾원

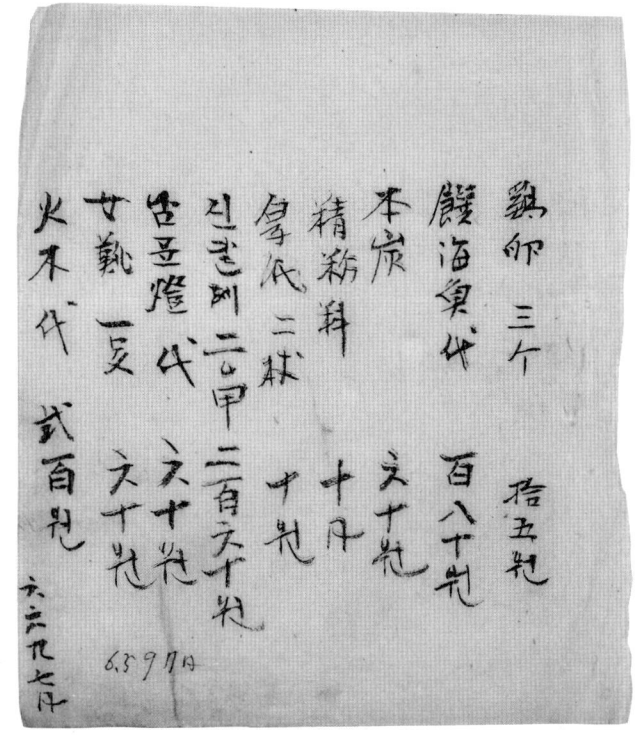

鷄卵 三个 拾五원
饌海魚代 百八十원
本<木>炭 六十원
精粉料 十円
厚紙 二杖 十원
진달레 二0甲 二百六十원
남표燈代 六十원
女靴 一足 六十원
火木代 貳百원
小祭官夜直費 壹百원
帳幕料 壹百원
右合計金六阡九百九拾七원也

西紀一九六五年 乙巳正月十日 物種記

犧牲 一首 四阡貳百원
白米 旧斗 三斗五升 阡0參拾원
脯肉代 百원
海魚 五尾 百원
木炭 一包 六百원

계란 3개 15원
반찬용 생선 180원
숯 60원
정분료 10원
후지 2장 10원
진달래 20갑 260원
남포등 60원
여자신발 1켤레 60원
땔나무 200원
소제관 야직비 100원
장막료 100원
상기 합계 6,997원임.

서기 1965년 을사 정월 10일 물종기

희생 1마리 4,200원
쌀 구두 3말 5되 1,030원
포육 100원
생선 5마리 100원
숯 1포 600원

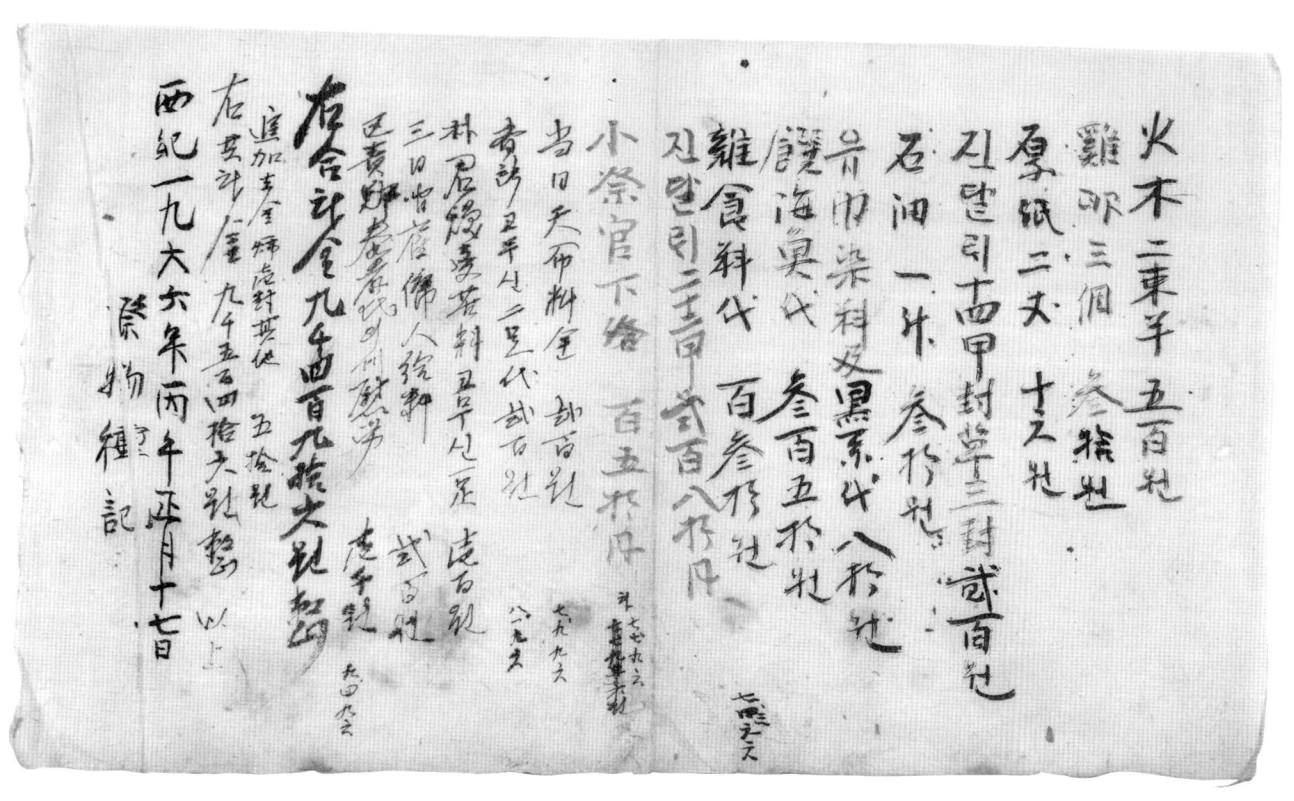

火木 二束半 五百원

鷄卵 三個 參拾원

厚紙 二丈 十六원

진달릭 十四甲 封草 三封 貳百원

石油 一升 參拾원

유巾染料及黑系代 八拾원

饌海魚代 參百五拾원

雜食料代 百參拾원

진달릭 二十二甲 貳百八拾円

小祭官下記 百五拾円

當日天幕料金 貳百원

齊所고무신 二足代 貳百원

朴君煥受苦料 고무신 一足 壹百원

三日間 雇傭人 給料 貳百원

區責 鄭泰孝氏의게 慰勞 壹千원

右合計金 九千四百九拾六원整

追加去金 燭壹封 其他 五拾원

右共計金 九千五百四拾六원整 以上

西紀一九六六年 丙午正月十七日 祭物種記

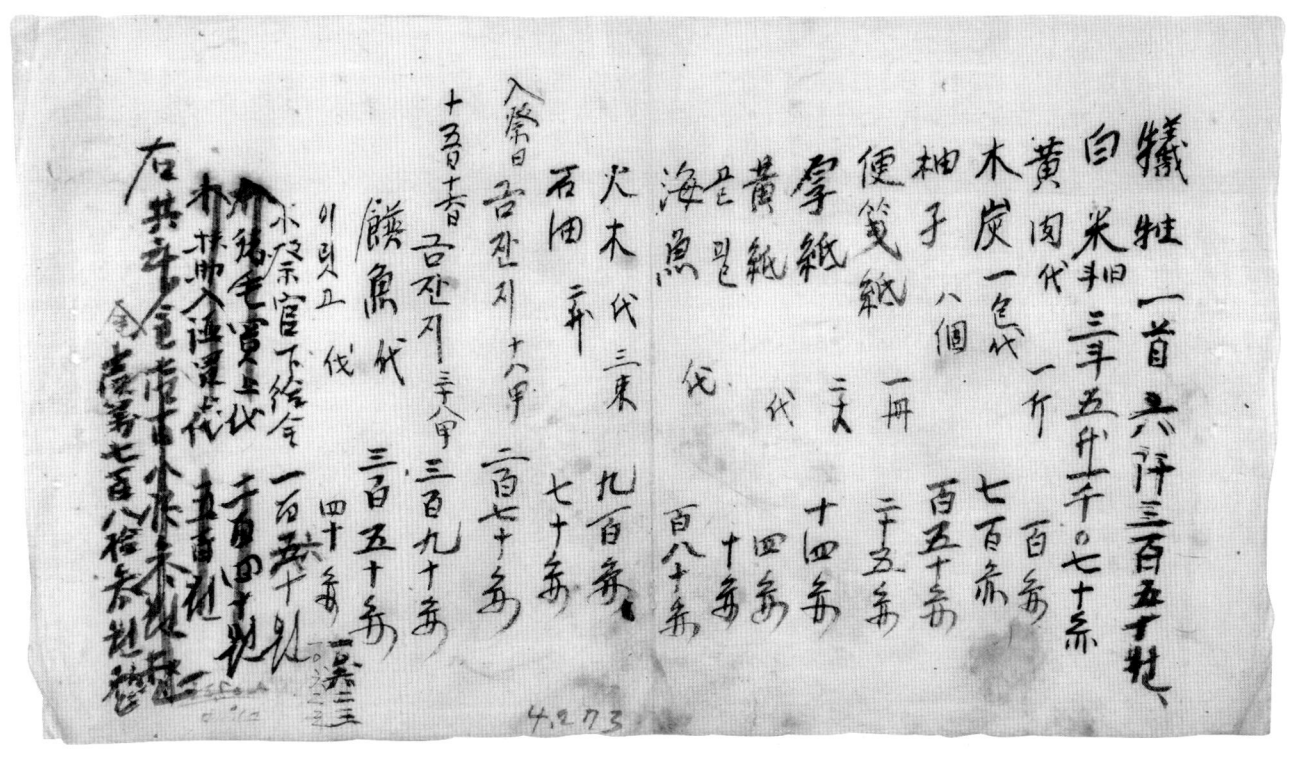

犧牲 一首 六阡三百五十원
白米 旧斗 三斗五升 一千〇七十圓
黃肉代 一斤 百圓
木炭 一包代 七百圓
柚子 八個 百五十圓
便箋紙 一冊 二十五圓
厚紙 二丈 十四圓
黃紙代 四圓
골필代 十圓
海魚 百八十圓
火木代 三束 九百圓
石油 二升 七十圓
入祭日 금잔지<디> 十八甲 二百七十圓
十五日 十六日 금잔지<디> 三十八甲 三百九十圓
饌魚代 三百五十圓
이릿고代 四十圓
小祭官下給金 一百六十원
右共計金壹萬七百八拾參원整

희생 1마리 6,350원
쌀 구두 3말 5되 1,070원
쇠고기 1근 100원
숯 1포 700원
유자 8개 150원
편전지 1책 25원
후지 2장 14원
황지 4원
볼펜 10원
생선 180원
땔나무 3묶음 900원
석유 2되 70원
입제일 금잔디 18갑 270원
15일 16일 금잔디 38갑 390원
반찬용 생선 350원
멸치 40원
소제관 하급금 160원
상기 합계 10,783원정

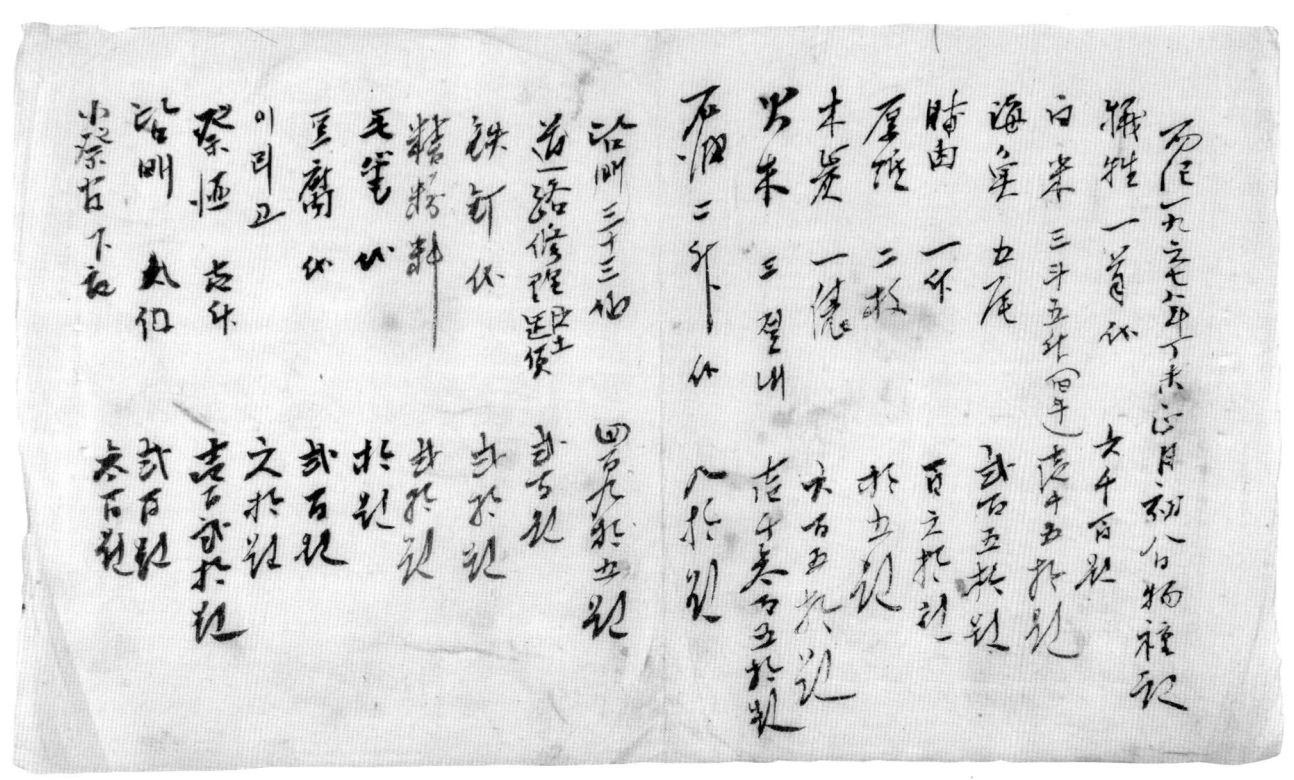

西紀一九六七年 丁未正月初八日 物種記

犧牲 一首代 六千百원
白米 三斗五升(旧斗) 壹千五拾원
海魚 五尾 貳百五拾원
脯肉 一斤 百六拾원
厚紙 二枚 拾五원
木炭 一俵 六百五拾원
火木 三절내 壹千參百五拾원
石油 二升代 八拾원
담배 三十三(個) 四百九拾五원
道路修理沙土運價 貳百원
鐵釘代 貳拾원
精粉料 貳拾원
毛筆代 拾원
豆腐代 貳百원
이리고 六拾원
祭酒 壹升 壹百貳拾원
담배 八(個) 貳百원
小祭官下記 參百원

서기 1967년 정미 정월 초8일 물종기

희생 1마리 6,100원
쌀 3말 5되(구두) 1,050원
생선 5마리 250원
포육 1근 160원
후지 2장 15원
숯 1포대 650원
땔나무 3절내 1,350원
석유 2되 80원
담배 33개 495원
도로 수리용 모래운반비 200원
쇠못 20원
정분료 20원
붓 10원
두부 200원
멸치 60원
제주 1되 120원
담배 8개 200원
소제관 하기 300원

啓平女　壹百关於記

金塩　　　擾配
雪雁　一疫　拔肌　一
아리랑　二甲　五松알乙
右合湶金壹萬千四百八彩乨憨
西紀一九六八年丙申正月八日物種記

織胜一首七千兒
白米三斗부千百七拾兒
海藻壹展二百兒

람푸代 壹百參拾원
食鹽 拾원
厚紙 一枚 拾원
아리랑 二甲 五拾원
右合計金壹萬千四百八拾원整

西紀一九六八年 戊申正月八日 物種記

犧牲 一首 七千원
白米 三斗[旧斗] 千百七拾원
海魚 五尾 二百원
海魚 饌代 壹千百원
脯 一斤 二百원
火木 三束 千四百五十원
石油 一升 四拾원
煙草 十甲 三百六十원
白조 一甲 二十원
볼펜 二十원
싸인펜 九十원
兩面紙 十五원

램프 130원
식염 10원
후지 1장 10원
아리랑 2갑 50원
상기 합계 11,480원정

서기 1968년 무신 정월 8일 물종기

희생 1마리 7,000원
쌀 3말[구두] 1,170원
생선 5마리 200원
생선 반찬용 1,100원
포 1근 200원
땔나무 3묶음 1,450원
석유 1되 40원
연초 10갑 360원
백조 1갑 20원
볼펜 20원
사인펜 90원
양면지 15원

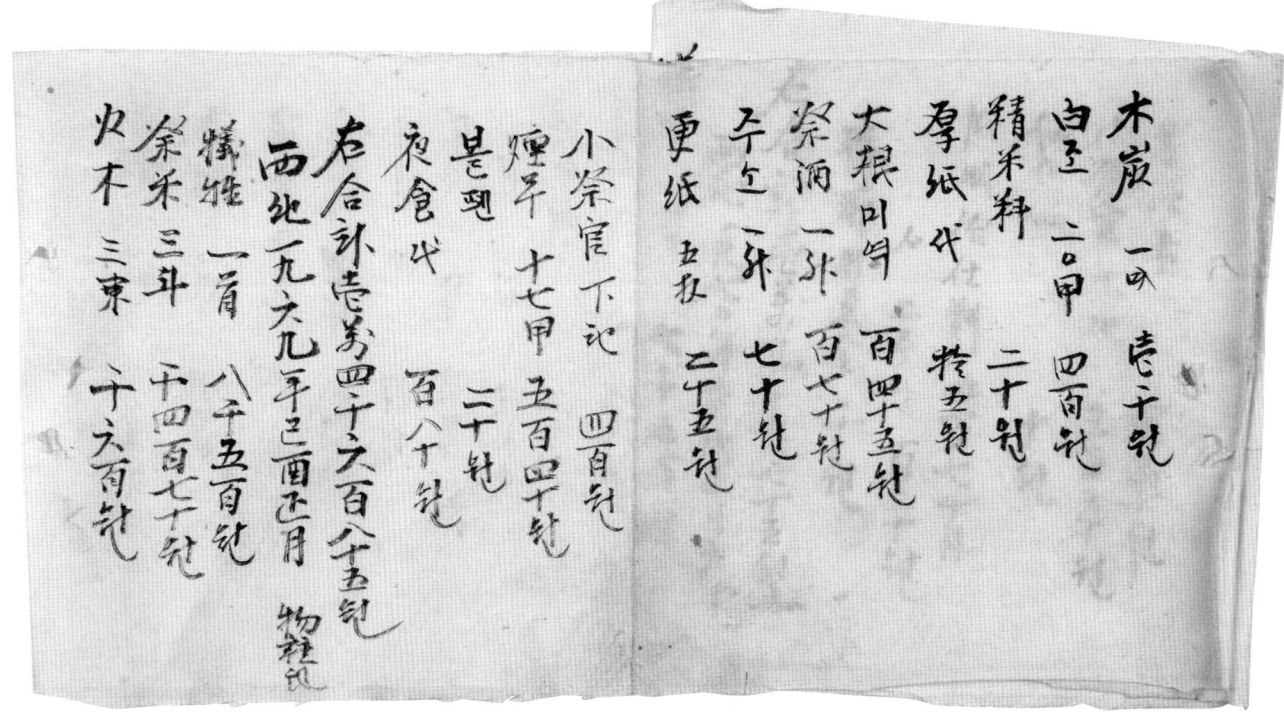

木炭 一叺 壹千원
白조 二0甲 四百원
精米料 二十원
厚紙代 拾五원
大根미역 百四十五원
祭酒 一升 百七十원
주소 一升 七十원
更紙 五枚 二十五원
小祭官下記 四百원
煙草 十七甲 五百四十원
볼펜 二十원
夜食代 百八十원
右合計 壹萬四千六百八十五원

西紀一九六九年 己酉正月 物種記

犧牲 一首 八千五百원
祭米 三斗 千四百七十원
火木 三束 千六百원

숯 1가마니 1,000원
백조 20갑 400원
정미료 20원
후지 15원
무, 미역 145원
제주 1되 170원
소주 1되 70원
갱지 5장 25원
소제관 하기 400원
연초 17갑 540원
볼펜 20원
야식대 180원
상기 합계 14,685원

서기 1969년 기유 정월 물종기

희생 1마리 8,500원
젯메쌀 3말 1,470원
땔나무 3묶음 1,600원

木炭 一叺 千二百원
石油 一升 四十원
海魚 五尾 四百원
금진<잔>디 四十甲 六百원
미역代 百원
祭酒 一升 百七十원
火甲 一封 十五원
精米料 二十원
大根 二十원
兩面紙代 五十원
更紙代 拾원
脯肉代 三百원
空冊代 十원
饌代 千二百원
車費 百원
문방풀 十원
소금 十원
味元 十원
탁酒 一斗 五百원
목浴費 四百四十원
小祭官下記 三百六十원
仙化紙 十원
臨時給仕料 四百七十円
고무신 百二十원
齋所위로金 千원
右合計 壹萬九千百七十五원

숯 1가마니 1,200원
석유 1되 40원
생선 5마리 400원
금잔디 40갑 600원
미역 100원
제주 1되 170원
성냥 1봉 15원
정미료 20원
무 20원
양면지 50원
갱지 10원
포육 300원
공책 10원
반찬대 1,200원
차비 100원
문방풀 10원
소금 10원
미원 10원
탁주 1말 500원
목욕비 440원
소제관 하기 360원
선화지 10원
임시급사료 470원
고무신 120원
재소 위로금 1,000원
상기 합계 19,175원

西紀一九七0年 庚戌正月六日　　　　　　　　　　**서기 1970년 경술 정월 6일**

白米 二斗五升[小] 千三百원
祭酒 一升 百七十원
木炭 一包 千二百원
火木 三束 千五百원
脯肉 一斤 三百五十원
石油 一升 四十원
小筆 一本 二十원
호야 一介 四十원
골펜 二介 四十원
兩面(掛)紙 一卷 五十원
更紙 二枚 十원
海魚 五尾 二百원
싸이페 五十원
白粂 四五甲代 九百원
모욕비 九百五十원
糊代 五원
小祭官下記料

西紀一九七一年 辛亥正月十二日 酺祭物種記

犧牲 一首 壹萬貳仟五百원
祭米 三斗五升 貳仟貳百四十원

쌀 2말 5되[소] 1,300원
제주 1되 170원
숯 1포 1,200원
땔나무 3묶음 1,500원
포육 1근 350원
석유 1되 40원
작은 붓 1본 20원
호야 1개 40원
볼펜 2개 40원
양면괘지 1권 50원
갱지 2장 10원
생선 5마리 200원
사인펜 50원
백조 45갑 900원
목욕비 950원
풀 5원
소제관 하기료

서기 1971년 신해 정월 12일 포제 물종기

희생 1마리 12,500원
젯메쌀 3말 5되 2,240원

祭酒 一升 貳百원
脯醯 四百원
木炭 壹仟百원
火木 壹仟三百원
烟草 四十七甲 貳仟四百五十원
海魚 四百貳十원
市車費 百十원
풀 十원
전기다마 三十五원
香木 五十원
미원 七十원
전기약 八十원
감주골 五十원
祭官부식 千六百三十원
用紙 百원
臨時給料 五百원
고문신 四百원
소제관下記料 四百원
제소위로비 八百원
電氣使用料 四百원
右記合計 一,金貳萬五阡貳百四五원

제주 1되 200원
포혜 400원
숯 1,100원
땔나무 1,300원
연초 47갑 2,450원
생선 420원
제주시 왕복 차비 110원
풀 10원
전구 35원
향목 50원
미원 70원
전기약 80원
감주골 50원
제관 부식 1,630원
용지 100원
임시급료 500원
고무신 400원
소제관 하기료 400원
재소 위로비 800원
전기사용료 400원
상기 합계 25,245원

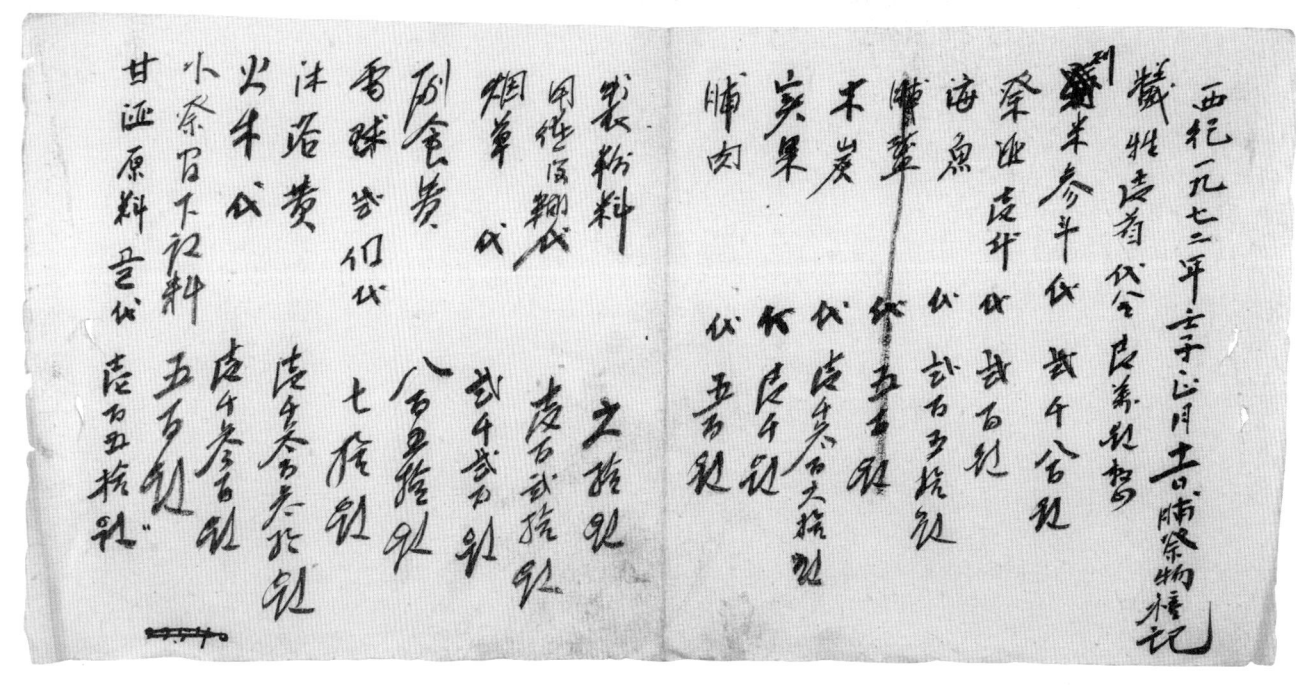

西紀一九七二年 壬子正月十一日 酺祭物種記

犧牲 壹首代金 壹萬원整
제米 參斗代 貳千八百원
祭酒 壹升代 貳百원
海魚代 貳百五拾원
木炭代 壹千參百六拾원
實果代 壹千원
脯肉代 五百원
製粉料 六拾원
用紙及糊代 壹百貳拾원
烟草代 貳千貳百원
副食費 八百五拾원
電球 貳個代 七拾원
沐浴費 壹千參百參拾원
火木代 壹千參百원
小祭官下記料 五百원
甘酒原料골代 壹百五拾원

서기 1972년 임자 정월 11일 포제 물종기

희생 1마리 10,000원정
젯메쌀 3말 2,800원
제주 1되 200원
생선 250원
숯 1,360원
실과 1,000원
포육 500원
제분료 60원
용지 및 풀 120원
연초 2,200원
부식비 850원
전구 2개 70원
목욕비 1,330원
땔나무 1,300원
소제관 하기료 500원
감주원료 골 150원

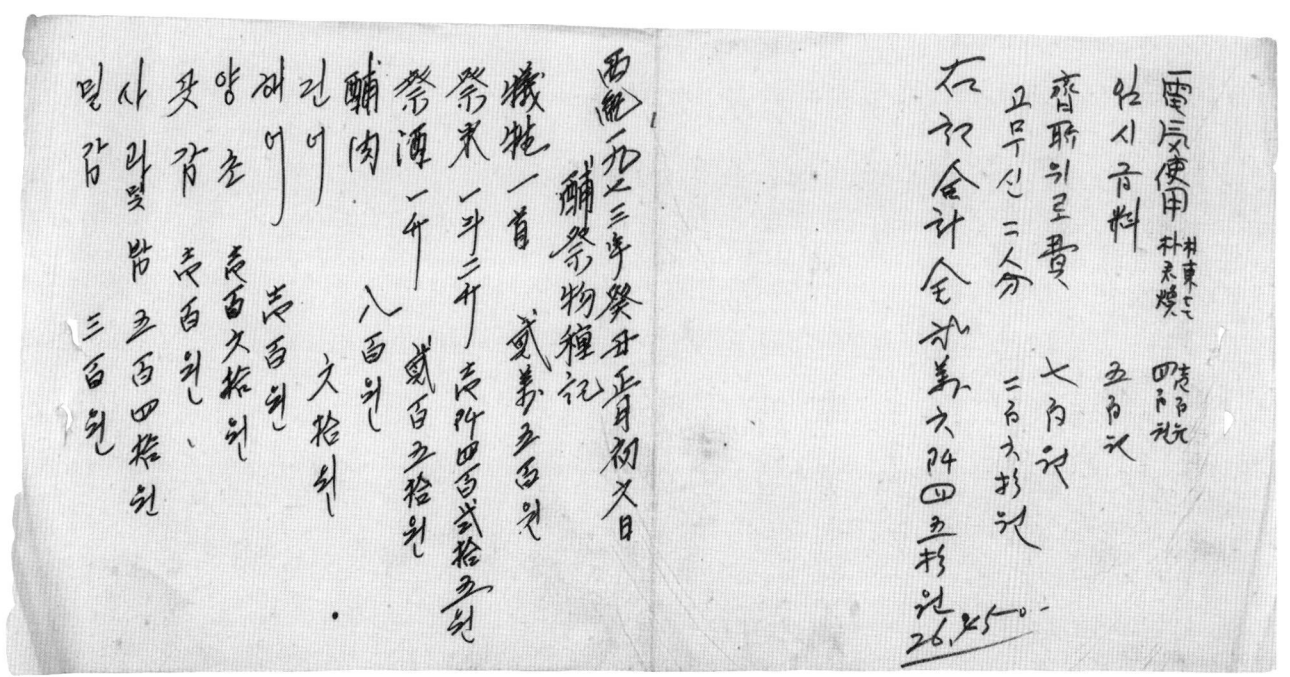

電氣使用 朴東圭 壹百원 朴君煥 四百원
임시급료 五百원
齊所위로費 七百원
고무신 二人分 二百六拾원
右記合計金貳萬六阡四五拾원

西紀一九七三年 癸丑正月初六日 酺祭物種記

犧牲 一首 貳萬五百원
祭米 一斗二升 壹阡四百貳拾五원
祭酒 一升 貳百五拾원
脯肉 八百원
건어 六拾원
해어 壹百원
양초 壹百六拾원
곶감 壹百원
사과 및 밤 五百四拾원
밀감 三百원

전기사용 박동규 100원, 박군환 400원
임시급료 500원
재소 위로비 700원
고무신 2인분 260원
상기 합계 26,450원

서기 1973년 계축 정월 초6일 포제 물종기

희생 1마리 20,500원
젯메쌀 1말 2되 1,425원
제주 1되 250원
포육 800원
건어 60원
생선 100원
양초 160원
곶감 100원
사과 및 밤 540원
밀감 300원

백지 壹百九拾원
양료 五拾원
골(제주) 壹百원
祝紙 拾五원
火木 八百四拾원
木炭 및 運費 貳阡五拾
電球 및 줄다마소겟드 壹阡參百원
계란 五拾원
담배 貳阡五百貳拾원
모욕비 壹阡壹百九拾원
當務 貳百五拾원
小祭官下記料 六百원
電氣使用料[南相澤 二百원 金致煥 五百원] 七百원
臨時給料 壹阡원整
齋所慰勞費 壹阡원
고무신 四人分 五百貳拾원整
電池藥 二百원

백지 190원
양료 50원
골(제주) 100원
축지 15원
땔나무 840원
숯 및 운반비 2,050원
전구 및 전구소켓 1,300원
계란 50원
담배 2,520원
목욕비 1,190원
당무자 (하기) 250원
소제관 하기료 600원
전기사용료[남상택 200원, 김치환 500원] 700원
임시급료 1,000원정
재소 위로비 1,000원
고무신 4인분 520원정
건전지 200원

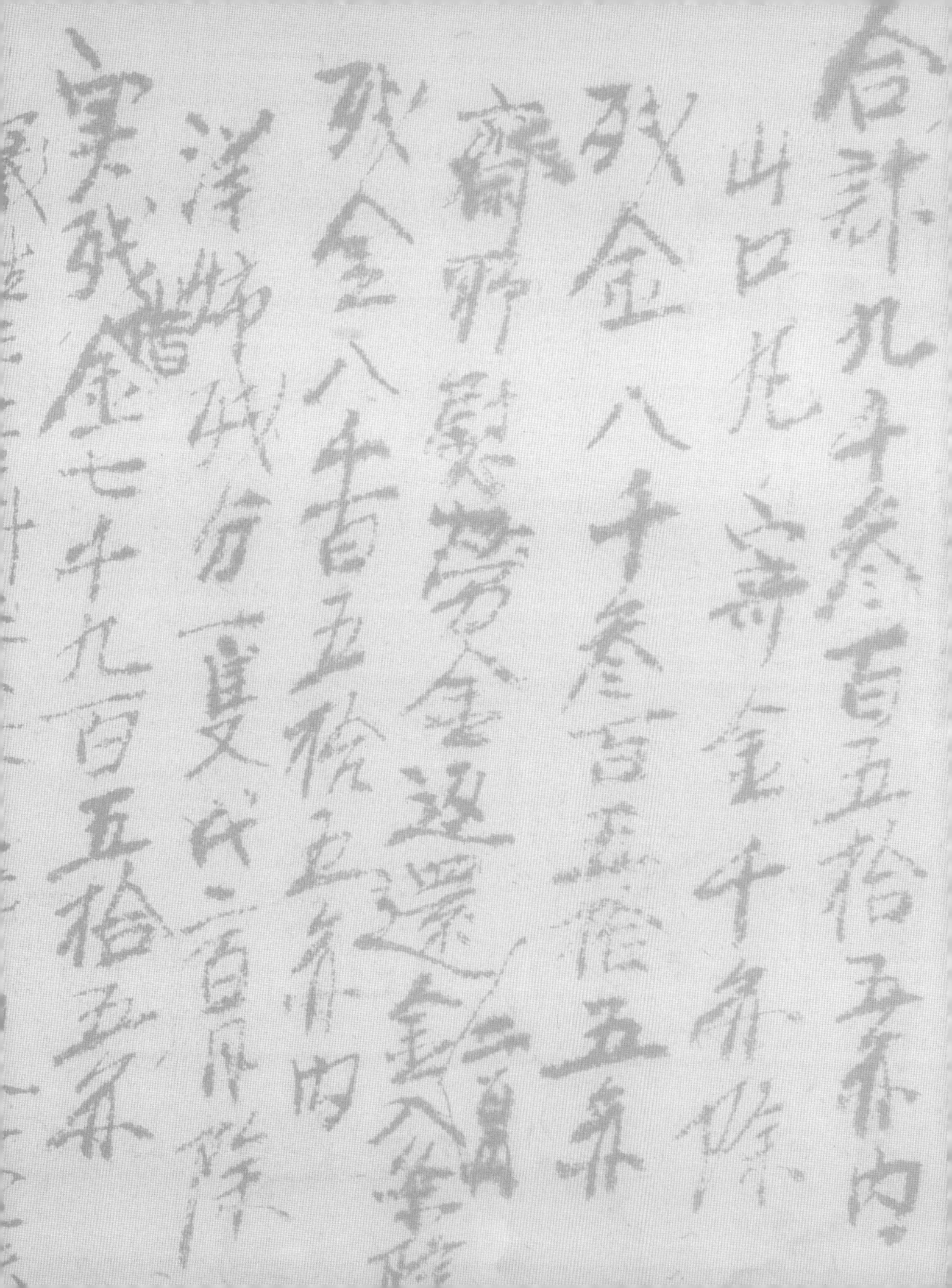

축문·홀기 등본
祝文·笏記 謄本

乙亥二月七日酺祭時以起 祝文及笏記 改謄本
家盖順序 記入

을해년(1935) 2월 7일 포제 때부터의 축문 및 홀기 개등본
가개(家盖) 순서 기입

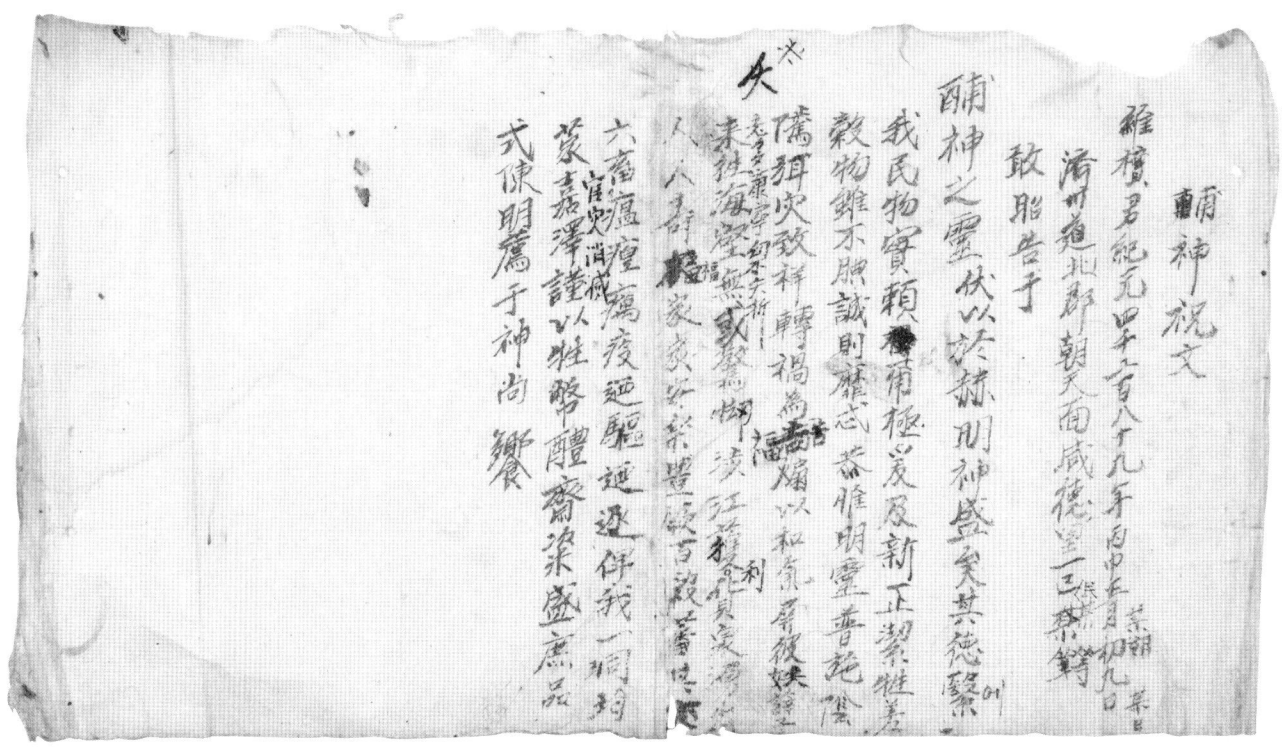

酺神祝文

維檀君紀元四千二百八十九年丙申正月[某朔]初九日[某日] 濟州道北郡朝天面咸德里一區民某等 敢昭告于
酺神之靈 伏以 於赫明神 盛矣其德 繄我民物 實賴爾極 爰及新正 潔牲差穀* 物雖不腆 誠則靡忒 恭惟明靈 普施陰騭 弭灾致祥 轉禍
爲福 煽以和氣 屛彼妖孼 老多康寧 幼不夭折 來往海壑 無或驚怯 涉江獲利 貨泉湧出 人人壽福 家家安樂 豊厥百穀 蕃其六畜 瘟瘴
癘疫 迺驅迺逐 俾我一洞 均蒙嘉澤 謹以牲幣 醴齋粢盛 庶品式陳 明薦于神 尙饗

포신에게 올리는 축문

단기 4,289년 병신(1956) 정월[모삭] 초9일[모일] 제주도 북군 조천면 함덕리 1구민 아무개 등이 감히 포신酺神의 영靈에게 고합니다. 생각건대, 아, 밝으신 신명은 그 덕이 성대하시니 아, 우리 구민들은 실로 이에 의뢰함이 지극합니다. 이에 신정新正에 이르러 희생을 정결히 하고 길일을 택하여 올립니다. 제물이 비록 넉넉하지는 않지만 정성은 어긋나지 않으니, 공경히 생각건대 밝으신 신령께서는 널리 음덕을 베푸시어 재앙을 없애어 상서로움을 이루게 하시고, 재화를 돌려 복이 되게 하시며, 화애로운 기운을 왕성하게 하여 저 요사스러운 귀신을 물리쳐 주십시오. 늙은이는 다분히 몸 건강히 편안하게 하시고, 어린아이는 요절하지 않게 하시며, 바다 골짜기에서 혹시나 놀라서 겁을 내지 않게 하시어 바다를 이롭게 건너 재화의 샘이 용출하게 해 주십시오. 사람마다 장수하며 길이 복을 누리어 집집마다 안락하게 하시고, 온갖 곡물이 풍년이 들게 하고 육축六畜이 번성하게 해 주십시오. 역병을 물리쳐 쫓아내어 우리 한 마을로 하여금 골고루 아름다운 은택을 받을 수 있게 해 주십시오. 삼가 희생과 폐백과 맑은 술醴齋과 정결한 곡식粢盛을 진열하여 신께 밝게 올리오니 흠향하소서.

* 差穀(차곡): '차(差)'는 '선택'의 뜻이고, '곡(穀)'은 '선(善)'의 의미이다. 출전: 『詩經』 小雅 吉日, 黃鳥.

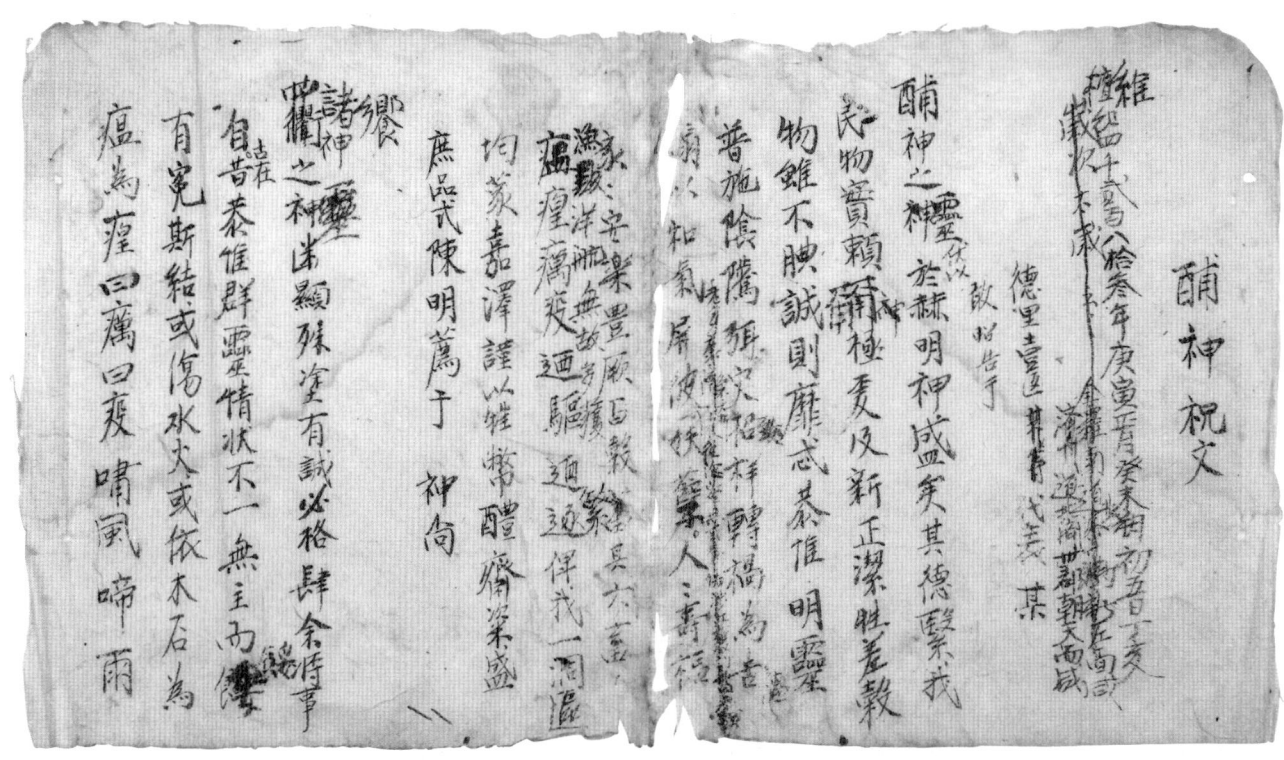

酺神祝文

維
歲次戊寅八拾叁年庚寅晉卒未朔初五日壬亥
金海金公潾州道順而居朝天面城
德里壹井青衣某 敢昭告于
酺神之櫨祇於赫明神盛矣其德繫我
民物資賴蕃極麥及新正潔牲羞穀
物雖不腆誠則廉志恭惟 明靈
普施陰騭雍文紹祥福為壽
廟父知氣屛內妖孼人三壽福
饗
均紊嘉澤謹以雉幣醴齋梁盛
庶品式陳明薦于 神尙
漁獵洋瀲無故多憂長六畜
痘瘴瘡疫過驅迎伴我一洞壺
恭惟
諸神理靈
靇之神米顯殊塋有識必格肆余侍事
自苦恭惟群靈要情狀不一無主丙為
㾮為癉曰爲曰疫嘯風啼雨
有竞斯結或傷水灾或依木石為

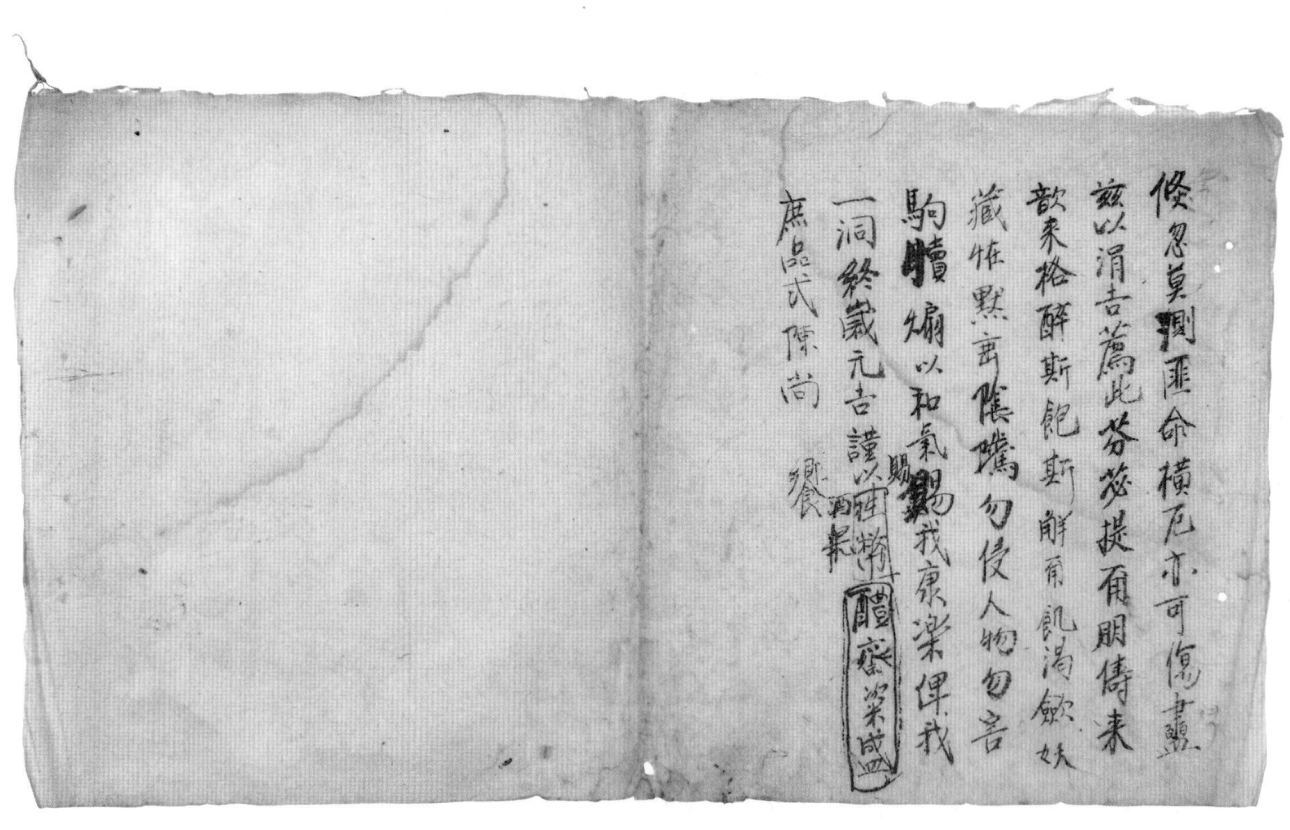

俊忽莫測罪命橫厄亦可傷哉
茲以涓吉薦茲芬芯摸角朋儔來
歆來格醉斯飽斯解厥飢渴飮妖
藏悚默离陰騭勿侵人物包言
駒犢煽以和氣錫我康樂俾我
一洞終歲元吉 謹以酒果
醴齋梁盛
庶品式陳尙 饗

酺神祝文

維檀紀四千貳百八拾參年庚寅正月癸未朔初五日丁亥 濟州道北濟州郡朝天面咸德里壹區代表某 敢昭告于
酺神之靈 伏以 於赫明神 盛矣其德 繄我民物 實賴爾極 爰及新正 潔牲差穀 物雖不腆 誠則靡忒 恭惟明靈 普施陰騭 弭灾招祥 轉禍
爲吉 煽以和氣 屛彼妖孼 人〃壽福 家〃安樂 豊厥百穀 繁其六畜 漁(獲)洋航 無故多獲 瘟瘴癘疫 迺驅迺逐 俾我一區 均蒙嘉澤 謹
以牲幣 醴齋粢盛 庶品式陳 明薦于 神 尙
饗

포신에게 올리는 축문

단기 4283년 경인(1950) 정월 계미가 초하루인 초5일 정해에 제주도 북제주군 조천면 함덕리 1구 대표 아무개가 감히 포신酺神의 영靈에게 고합니다.

생각건대, 아, 밝으신 신명은 그 덕이 성대하시니 아, 우리 구민들은 실로 이에 의뢰함이 지극합니다. 이에 신정新正에 이르러 희생을 정결히 하고 길일을 택하여 올립니다. 제물이 비록 넉넉하지는 않지만 정성은 어긋나지 않으니, 공경히 생각건대 밝으신 신령께서는 널리 음덕을 베푸시어 재앙을 없애어 상서로움을 불러들여, 재화를 돌려 복이 되게 하시며, 화애로운 기운을 왕성하게 하여 저 요사스러운 귀신을 물리쳐 주십시오. 사람마다 장수하며 길이 복을 누리어 집집마다 안락하게 하시고, 온갖 곡물이 풍년이 들게 하고 육축六畜이 번성하게 해 주십시오. 고기잡이 배는 바다에 나가서 사고 없이 많이 어획하게 하시고, 역병을 물리쳐 쫓아내어 우리 한 구역으로 하여금 골고루 아름다운 은택을 받을 수 있게 해 주십시오. 삼가 희생과 폐백과 맑은 술醴齋과 정결한 곡식粢盛을 진열하여 신께 밝게 올리오니 흠향하소서.

諸神之靈 幽顯殊塗 有誠必格 肆余將事 自古在昔 恭惟群靈 情狀不一 無主而餒 有寃斯結 或傷水火 或依木石 爲瘟爲瘴 曰癘曰疫
嘯風啼雨 倏忽莫測 匪命橫厄 亦可傷盡 兹以涓吉 薦此芬苾 提爾朋儔 來歆來格 醉斯飽斯 解爾飢渴 斂妖藏怪 黙垂陰騭 勿侵人物
勿害駒犢 煽以和氣 賜我康樂 俾我一洞 終歲元吉 謹以牲幣 醴齋粢盛 庶品式陳 尙 饗

제신諸神의 영靈은 저승과 이승으로 길은 달라도, 정성이 있으면 반드시 이르기에, 저희에게 일어나는 일들을 늘어놓는 것이 옛날부터 있었습니다.

삼가 공경히 생각건대, 군령群靈께서는 정상情狀이 한결같지 않기에 모셔줄 사람이 없어서 굶주리니, 원통함이 이에 맺혀 있습니다. 혹은 물과 불에 상하여 혹은 나무와 돌에 의지하며, 염병에 걸리고 황달에 걸려 여귀癘鬼가 되고 역귀疫鬼가 되었으며, 바람과 비는 갑작스러워서 예측할 수 없어 비명非命에 액厄을 당하셨으니 또한 가히 불쌍하고 애통할 만합니다.

이에 길일을 택하여 향기로운 제물을 올리오니, 벗들을 이끌고 와서 흠향하시어 취하고 배불리 잡수시어 굶주림과 목마름을 푸시어, 요사스러움을 거두고 괴이함을 감추어 음덕을 조용히 드리워서 사람들을 침범하지 못하게 하고, 망아지와 송아지를 해롭게 하지 않게 해 주십시오. 화애로운 기운을 왕성하게 하여 저희에게 편안한 즐거움을 주시고, 저희 한 동洞으로 하여금 한 해가 끝날 때까지 크게 길하게 해 주십시오. 삼가 희생과 폐백과 맑은 술과 정결한 곡식을 진열하여 신께 밝게 올리오니 흠향하소서.

笏記

謁者引祝及諸執事入就位。祝以下皆四拜鞠躬拜。興平身引詣盥洗位。東向立。盥手。西向立。各就位。謁者引獻官入就位。謁者進初獻官之左白有司謹具請行事。謁者引獻官及在位者皆四拜鞠躬拜。興。平身。行奠幣禮―謁者引初獻官詣盥洗位。東向立。盥手。西向立。引詣神位前。北向立。跪。三上香。執幣。獻幣。俯伏。興。平身。引降復位。行酌獻禮―謁者引初獻官詣樽所。東向立。執樽者舉羃洗酌。酌酒。引詣神位前。北向立。跪。獻酌俯伏。興。中身。讀祝。小退。跪。平身。俯伏。興。平身。

引降復位。行亞獻禮―謁者引亞獻官詣盥洗位。東向立。盥手。西向立。引詣樽所。東向立。執樽者酌酒。引詣神位前。北向立。跪。獻酌。俯伏。興。平身。引降復位。

行終獻禮―謁者引終獻官詣盥洗位。東向立。盥手。西向立。引詣樽所。東向立。執樽者酌酒。引詣神位前。北向立。跪。獻酌。俯伏。興。平身。引降復位。獻官皆四拜鞠躬拜。興。平身。引降復位。謁者引初獻官詣飮服受胙位。北向立。跪。執事者以酌授獻官―獻官

笏記	**홀기**
○ 謁者引祝及諸執事 入就位	알자는 축관 및 여러 집사를 인도하여 들어가 자리로 나아가시오.
○ 祝以下皆四拜 鞠躬拜	축관 이하 모두 네 번 절하시오. 몸을 굽히고 절하시오.
○ 興	일어나시오.
○ 平身	몸을 편안케 하여 서시오.
○ 引詣盥洗位	(알자는 축관과 여러 집사를) 인도하여 손 씻는 자리로 나아가시오.
○ 東向立	(축관과 여러 집사는) 동쪽을 향하여 서시오.
○ 盥手	(축관과 여러 집사는) 손을 씻으시오.
○ 西向立	(축관과 여러 집사는) 서쪽을 향해 서시오.
○ 各就位	(축관과 여러 집사는) 제 각기 제자리로 나아가시오.
○ 謁者引獻官入就位	알자는 헌관을 인도하여 들어가 자리로 나아가시오.
○ 謁者進初獻官之左 白有事謹具 請行事	알자는 초헌관의 왼쪽으로 나아가 "유사有司들이 삼가 갖추어 제사를 봉행하려 합니다."라고 아뢰시오.
○ 獻官及在位者 皆四拜 鞠躬拜	헌관 및 자리에 있는 자는 모두 네 번 절하시오. 몸을 굽히고 절하시오.
○ 興	일어나시오.
○ 平身	몸을 편안케 하여 서시오.
○ 行奠幣禮 謁者引初獻官 詣盥洗位	폐백을 올리는 예를 행하겠습니다. 알자는 초헌관을 인도하여 손 씻는 자리로 나가시오.
○ 東向立	(초헌관은) 동쪽을 향하여 서시오.
○ 盥手	(초헌관은) 손을 씻으시오.
○ 西向立	(초헌관은) 서쪽을 향해 서시오.
○ 引詣神位前	(알자는 초헌관을) 다시 인도하여 신위전으로 나아가시오.
○ 北向立	(초헌관은) 북쪽을 향해 서시오.
○ 跪	(초헌관은) 무릎을 꿇어 앉으시오.
○ 三上香	(초헌관은) 세 번 향을 사르시오.
○ 執幣	(초헌관은) 폐백을 잡으시오.
○ 獻幣	(초헌관은) 폐백을 드리시오.
○ 俯伏	(초헌관은) 허리를 굽혀 엎드리시오.
○ 興	(초헌관은) 일어나시오.
○ 平身	(초헌관은) 몸을 편안케 하여 서시오.
○ 引降復位	(초헌관은) 다시 제자리로 돌아가시오.
○ 行酌獻禮 謁者引初獻官 詣尊所	작헌례를 행합니다. 알자는 초헌관을 인도하여 준소로 나아가시오.
○ 東向立	(초헌관은) 동쪽을 향해 서시오.
○ 執樽者 擧羃洗酌	집준은 술동이 뚜껑을 들고 잔을 씻으시오.
○ 酌酒	(집준은) 술을 따르시오.
○ 引詣神位前	(알자는 초헌관을) 다시 인도하여 신위전으로 나아가시오.
○ 北向立	(초헌관은) 북쪽을 향해 서시오.
○ 跪	(초헌관은) 무릎을 꿇어 앉으시오.
○ 獻酌	(초헌관은) 잔을 드리시오.
○ 俯伏	(초헌관은) 허리를 굽혀 엎드리시오.
○ 興	(초헌관은) 일어나시오.
○ 小退	(초헌관은) 조금 뒤로 물러나시오.
○ 跪	(초헌관은) 무릎을 꿇어 앉으시오.
○ 獻祝	(초헌관은) 축문을 드리시오.
○ 俯伏	(초헌관은) 허리를 굽혀 엎드리시오.

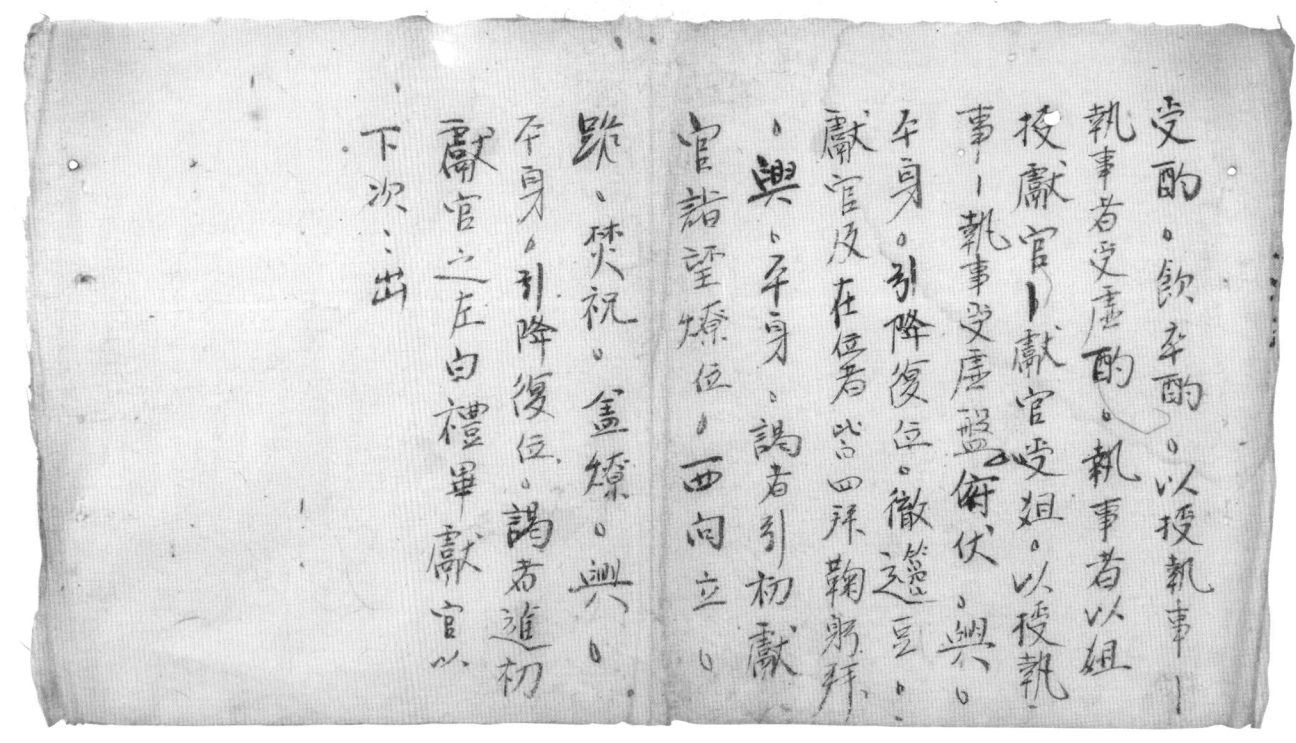

- ○ 讀祝　　　　　　　　　　　　(축관은) 축문을 읽으시오.
- ○ 興　　　　　　　　　　　　　(초헌관은) 일어나시오.
- ○ 平身　　　　　　　　　　　　(초헌관은) 몸을 편안케 하여 서시오.
- ○ 引降復位　　　　　　　　　　(초헌관은) 다시 제자리로 돌아가시오.
- ○ 行亞獻禮, 謁者引亞獻官 詣盥洗位　　아헌례를 행합니다. 알자는 아헌관을 인도하여 손을 씻는 자리로 나아가시오.
- ○ 東向立　　　　　　　　　　　(아헌관은) 동쪽을 향해 서시오.
- ○ 盥手　　　　　　　　　　　　(아헌관은) 손을 씻으시오
- ○ 西向立　　　　　　　　　　　(아헌관은) 서쪽을 향해 서시오.
- ○ 引詣樽所　　　　　　　　　　(알자는 아헌관을) 인도하여 준소로 나아가시오.
- ○ 東向立　　　　　　　　　　　(아헌관은) 동쪽을 향해 서시오.
- ○ 執樽者 酌酒　　　　　　　　　집준은 술을 따르시오.
- ○ 引詣神位前　　　　　　　　　(알자는 아헌관을) 다시 인도하여 신위전으로 나아가시오.
- ○ 北向立　　　　　　　　　　　(아헌관은) 북쪽을 향해 서시오.
- ○ 跪　　　　　　　　　　　　　(아헌관은) 무릎을 꿇어 앉으시오.
- ○ 獻酌　　　　　　　　　　　　(아헌관은) 술잔을 드리시오.
- ○ 俯伏　　　　　　　　　　　　(아헌관은) 허리를 굽혀 엎드리시오.
- ○ 興　　　　　　　　　　　　　(이헌관은) 일어나시오.
- ○ 平身　　　　　　　　　　　　(아헌관은) 몸을 편안케 하여 서시오.
- ○ 引降復位　　　　　　　　　　(아헌관은) 다시 제자리로 돌아가시오.
- ○ 行終獻禮, 謁者引終獻官 詣盥洗位　　종헌례를 행합니다. 알자는 종헌관을 인도하여 손을 씻는 자리로 나아가시오.
- ○ 東向立　　　　　　　　　　　(종헌관은) 동쪽을 향해 서시오.
- ○ 盥手　　　　　　　　　　　　(종헌관은) 손을 씻으시오
- ○ 西向立　　　　　　　　　　　(종헌관은) 서쪽을 향해 서시오.

○ 引詣樽所	(알자는 종헌관을) 인도하여 준소로 나아가시오.
○ 東向立	(종헌관은) 동쪽을 향해 서시오.
○ 執樽者 酌酒	집준은 술을 따르시오.
○ 引詣神位前	(알자는 종헌관을) 인도하여 신위전으로 나아가시오.
○ 北向立	(종헌관은) 북쪽을 향해 서시오.
○ 跪	(종헌관은) 무릎을 꿇어 앉으시오.
○ 獻酌	(종헌관은) 술잔을 올리시오.
○ 俯伏	(종헌관은) 허리를 굽혀 엎드리시오.
○ 興	(종헌관은) 일어나시오.
○ 平身	(종헌관은) 몸을 편안케 하여 서시오.
○ 引降復位	(종헌관은) 다시 제자리로 돌아가시오.
○ 獻官皆四拜 鞠躬拜	헌관은 모두 네 번 절하시오. 몸을 굽히고 절을 하시오.
○ 興	(헌관은) 일어나시오.
○ 平身	(헌관은) 몸을 편안케 하여 서시오.
○ 飮服受俎 謁者引初獻官 詣飮服位	음복수조를 하겠습니다. 알자는 초헌관을 인도하여 음복위로 나아가시오.
○ 北向立	(초헌관은) 북쪽을 향해 서시오.
○ 跪	(초헌관은) 무릎을 꿇어 앉으시오.
○ 執事者以酌授獻官 獻官受酌	집사는 술잔을 헌관에게 주시오. 헌관은 술잔을 받으시오
○ 飮卒酌	(헌관은) 술잔을 받아 마시오.
○ 以授執事 執事者受虛酌	(헌관은 빈 술잔을) 집사에게 주고, 집사는 빈 술잔을 받으시오.
○ 執事者以俎授獻官 獻官受俎	집사는 조육俎肉을 헌관에게 주고, 헌관은 조육을 받으시오.
○ 以授執事 執事受虛盤	(헌관은 빈 쟁반을) 집사에게 주고, 집사는 빈 쟁반을 받으시오.
○ 俯伏	(헌관은) 허리를 굽혀 엎드리시오.
○ 興	(헌관은) 일어나시오.
○ 平身	(헌관은) 몸을 편안케 하여 서시오.
○ 引降復位	(헌관은) 다시 제자리로 돌아가시오.
○ 徹籩豆	변과 두를 거두시오.
○ 獻官及在位者皆四拜 鞠躬拜	헌관 및 자리에 있는 자는 네 번 절하시오. 몸을 굽히고 절을 하시오.
○ 興	(헌관은) 일어나시오.
○ 平身	(헌관은) 몸을 편안케 하여 서시오.
○ 謁者引初獻官 詣望燎位	알자는 초헌관을 인도하여 망료위로 나아가시오.
○ 西向立	(초헌관은) 서쪽을 향하여 서시오.
○ 跪	(초헌관은) 무릎을 꿇어 앉으시오.
○ 焚祝	축을 사르시오.
○ 盖燎	망료위의 뚜껑을 덮으시오.
○ 興	(초헌관은) 일어나시오.
○ 平身	(초헌관은) 몸을 편안케 하여 서시오.
○ 引降復位	(초헌관은) 다시 제자리로 돌아가시오.
○ 謁者進初獻官之左 白禮畢 獻官以下次〃出	알자는 초헌관의 왼쪽으로 나아가 제례가 끝났음을 고하시오. 헌관 이하는 차례차례 나가시오.

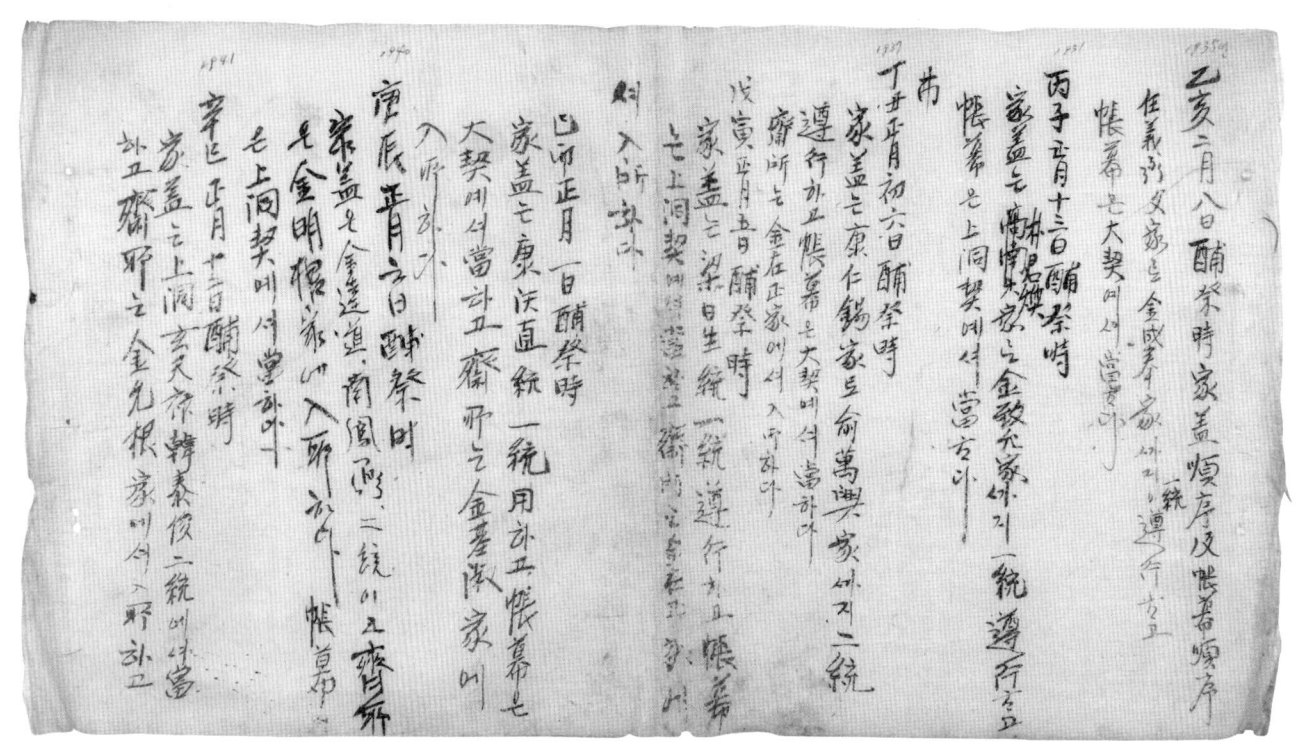

乙亥二月八日酺祭時 家盖順序及帳幕順序
任義弼父家로 金成奉家까지 一統遵行ᄒᆞ고 帳幕은 大契에셔 當ᄒᆞ다

丙子正月十三日酺祭時
家盖는 朴君煥家로 金致允家까지 一統遵行ᄒᆞ고 帳幕은 上洞契에셔 當ᄒᆞ다

丁丑正月初六日酺祭時
家盖는 康仁錫家로 兪萬興家까지 二統遵行하고 帳幕은 大契에셔 當하다
齋所는 金在正家에셔 入所하다

戊寅正月五日酺祭時
家盖는 梁日生 統一統遵行하고 帳幕는 上洞契에서 當하고 齋所는 金在正家에셔 入所하다

己卯正月一日酺祭時
家盖는 康沃直 統一統用하고 帳幕은 大契에셔 當하고 齋所는 金基淑家에 入所하다

庚辰正月六日酺祭時
家盖은 金達道南鳳弼 二統이고 齋所은 金明根家에 入所하다
帳幕은 上洞契에셔 當하다

辛巳正月十二日酺祭時
家盖는 上洞 玄天祚韓泰俊二統에서 當하고 齋所는 金允根家에서 入所하고 帳幕은 大契에셔 當하다

을해년(1935) 2월 8일 포제시 가개家盖 순서 및 장막 순서
임의필任義弼 부父의 집에서 김성봉金成奉의 집까지 1통이 준행하고 장막은 대계大契에서 당하다.

병자년(1936) 정월 13일 포제시
가개家盖는 박군환朴君煥 집에서 김치윤金致允 집까지 1통이 준행하고 장막은 상동계上洞契에서 당하다.

정축년(1937) 정월 초6일 포제시
가개家盖는 강인석康仁錫 집에서 유만흥兪萬興 집까지 2통이 준행하고 장막은 대계大契에서 당하다.
재소齋所는 김재정金在正 집에서 입소하다.

무인년(1938) 정월 5일 포제시
가개家盖는 양일생梁日生이 1통을 거느려서 준행하고, 장막은 상동계上洞契에서 당하고, 재소齋所는 김재정金在正의 집에서 입소하다.

기묘년(1939) 정월 1일 포제시
가개家盖는 강옥직康沃直이 1통을 거느려서 사용하고, 장막은 대계大契에서 당하고, 재소齋所는 김기숙金基淑의 집에 입소하다.

경진년(1940) 정월 6일 포제시
가개家盖는 김달도金達道 남봉필南鳳弼 2통이고, 재소齋所는 김명근金明根의 집에 입소하다. 장막은 상동계上洞契에서 당하다.

신사년(1941) 정월 12일 포제시
가개家盖는 상동上洞 현천조玄天祚 한태준韓泰俊 2통에서 당하고, 재소齋所는 김윤근金允根의 집에서 입소하고, 장막은 대계大契에서 당하다.

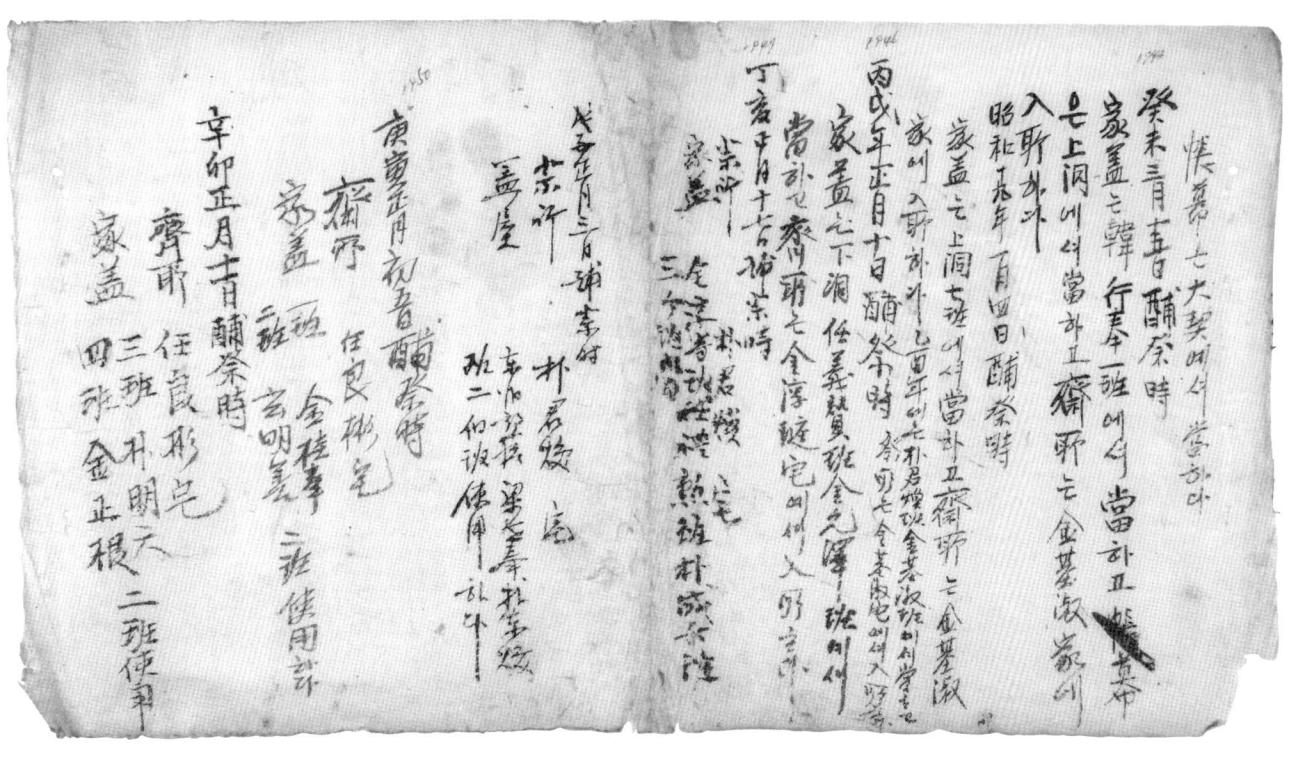

癸未三月十五日酺祭時

家盖는 韓行奉一班에서 當하고 帳幕은 上洞에서 當하고 齋所는 金基淑家에 入所하다

昭和十九年一月四日酺祭時

家盖는 上洞七班에셔 當하고 齋所는 金基淑家에 入所하다

乙酉年에은 朴君煥班金基淑班에서 當ᄒᆞ고 齋所은 金基淑宅에셔 入所하다

丙戌年正月十日酺祭時

家盖는 下洞任義贊班金允澤班에서 當하고 齋所는 金淳琔宅예셔 入所ᄒᆞ다

丁亥正月十七日酺祭時

齋所 朴君煥宅
家盖 金淳眷班任禮勳班朴成大班 三个××

戊子正月三日酺祭時

齋所 朴君煥宅
盖屋 車○○一班 梁世奉朴東煥班 二個班 使用하다

庚寅正月初五日酺祭時

齋所 任良彬宅
家盖 一班金桂奉 二班玄明善 二班 使用하다

辛卯正月十一日酺祭時

齋所 任良彬宅
家盖 三班朴明六四班金正根 二班 使用

계미년(1943) 3월 15일 포제시

가개家盖는 한행봉韓行奉 1반에서 당하고, 장막은 상동上洞에서 당하고, 재소齋所는 김기숙金基淑의 집에 입소하다.

소화 19년(1944) 1월 4일 포제시

가개家盖는 상동上洞 7반에서 당하고, 재소齋所는 김기숙金基淑의 집에 입소하다.

을유년(1945)에는 박군환朴君煥 반, 김기숙金基淑 반에서 당하고, 재소齋所는 김기숙의 집에서 입소하다.

병술년(1946) 정월 10일 포제시

가개家盖는 하동下洞 임의찬任義贊 반, 김윤택金允澤 반에서 당하고, 재소齋所는 김순정金淳琔의 집에서 입소하다.

정해년(1947) 정월 17일 포제시

재소齋所 박군환朴君煥 댁.
가개家盖는 김순권金淳眷 반, 임예훈任禮勳 반, 박성대朴成大 반 3개××

무자년(1948) 정월 3일 포제시

재소齋所 박군환朴君煥 댁.
개옥盖屋은 차○○ 1반, 양세봉梁世奉 박동환朴東煥 반으로 2개반 사용하다.

경인년(1950) 정월 초5일 포제시

재소齋所 임량빈任良彬 댁.
가개家盖는 1반 김계봉金桂奉, 2반 현명선玄明善으로 2개반 사용하다.

신묘년(1951) 정월 11일 포제시

재소齋所 임량빈任良彬 댁.
가개家盖는 3반 박명육朴明六, 4반 김정근金正根 2개반 사용.

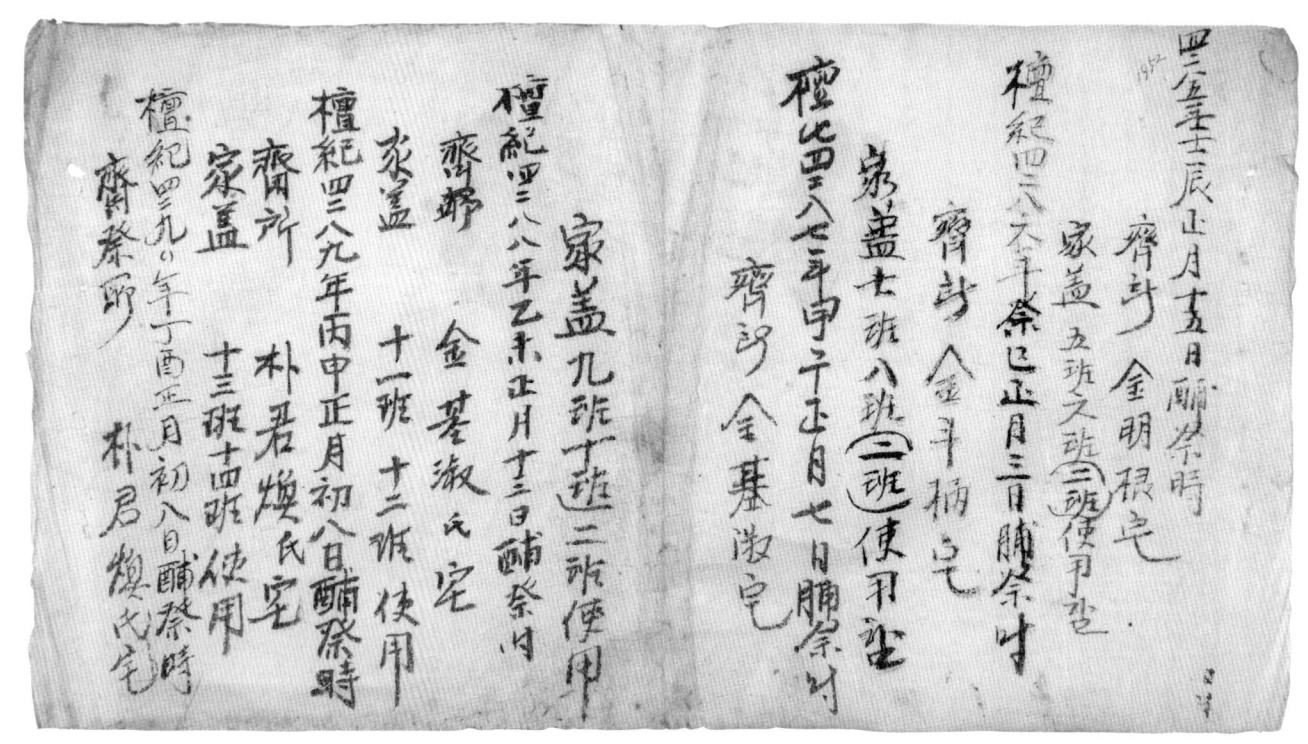

四二八五年壬辰正月十五日酺祭時

齋所 金明根宅
家盖 五班六班(二班) 使用함

檀紀四二八六年癸巳正月三日酺祭時

齋所 金斗柄宅
家盖 七班八班(二班) 使用함

檀紀四二八七年甲午正月七日酺祭時

齋所 金基淑宅
家盖 九班十班 二班 使用

檀紀四二八八年乙未正月十三日酺祭時

齋所 金基淑氏宅
家盖 十一班十二班 使用

檀紀四二八九年丙申正月初八日酺祭時

齋所 朴君煥氏宅
家盖 十三班十四班 使用

檀紀四二九0年丁酉正月初八日酺祭時

齋祭所 朴君煥氏宅
家盖 十五班十六班 使用

(단기) 4285년 임진(1952) 정월 15일 포제시

재소齋所 김명근金明根 댁.
가개家盖는 5반, 6반(2개반) 사용함.

단기 4286년 계사(1953) 정월 3일 포제시

재소齋所 김두병金斗柄 댁.
가개家盖는 7반, 8반(2개반) 사용함.

단기 4287년 갑오(1954) 정월 7일 포제시

재소齋所 김기숙金基淑 댁.
가개家盖는 9반, 10반 2개반 사용.

단기 4288년 을미(1955) 정월 13일 포제시

재소齋所 김기숙金基淑씨 댁.
가개家盖는 11반, 12반 사용.

단기 4289년 병신(1956) 정월 초8일 포제시

재소齋所 박군환朴君煥씨 댁.
가개家盖는 13반, 14반 사용.

단기 4290년 정유(1957) 정월 초8일 포제시

재제소齋祭所 박군환朴君煥씨 댁.
가개家盖는 15반, 16반 사용.

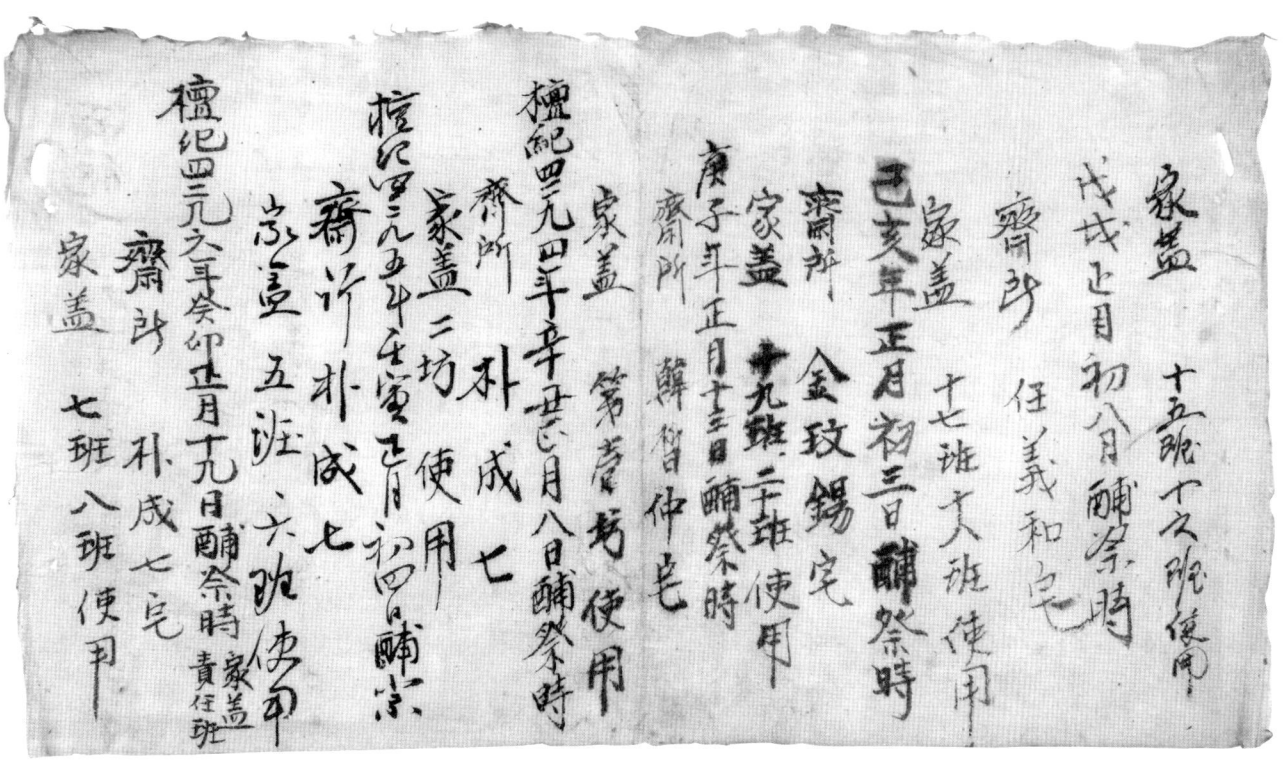

戊戌正月初八日酺祭時

齋所 任義和宅
家盖 十七班十八班 使用

己亥年正月初三日酺祭時

齋所 金玟錫宅
家盖 十九班二十班 使用

庚子年正月十三日酺祭時

齋所 韓晳仲宅
家盖 第壹坊 使用

檀紀四二九四年辛丑正月八日酺祭時

齋所 朴成七
家盖 二坊 使用

檀紀四二九五年壬寅正月初四日酺祭

齋所 朴成七
家盖 五班六班 使用

檀紀四二九六年癸卯正月十九日酺祭時 家盖責任班

齋所 朴成七宅
家盖 七班八班 使用

무술년(1958) 정월 초8일 포제시

재소齋所 임의화任義和 댁.
가개家盖는 17반, 18반 사용.

기해년(1959) 정월 초3일 포제시

재소齋所 김민석金玟錫 댁.
가개家盖는 19반, 20반 사용.

경자년(1960) 정월 13일 포제시

재소齋所 한석중韓晳仲 댁.
가개家盖는 제1방坊 사용.

단기 4294년 신축(1961) 정월 8일 포제시

재소齋所 박성칠朴成七.
가개家盖는 2방坊 사용.

단기 4295년 임인(1962) 정월 초4일 포제시

재소齋所 박성칠朴成七.
가개家盖는 5반, 6반 사용.

단기 4296년 계묘(1963) 정월 19일 포제시 가개家盖 책임반

재소齋所 박성칠朴成七 댁.
가개家盖는 7반, 8반 사용.

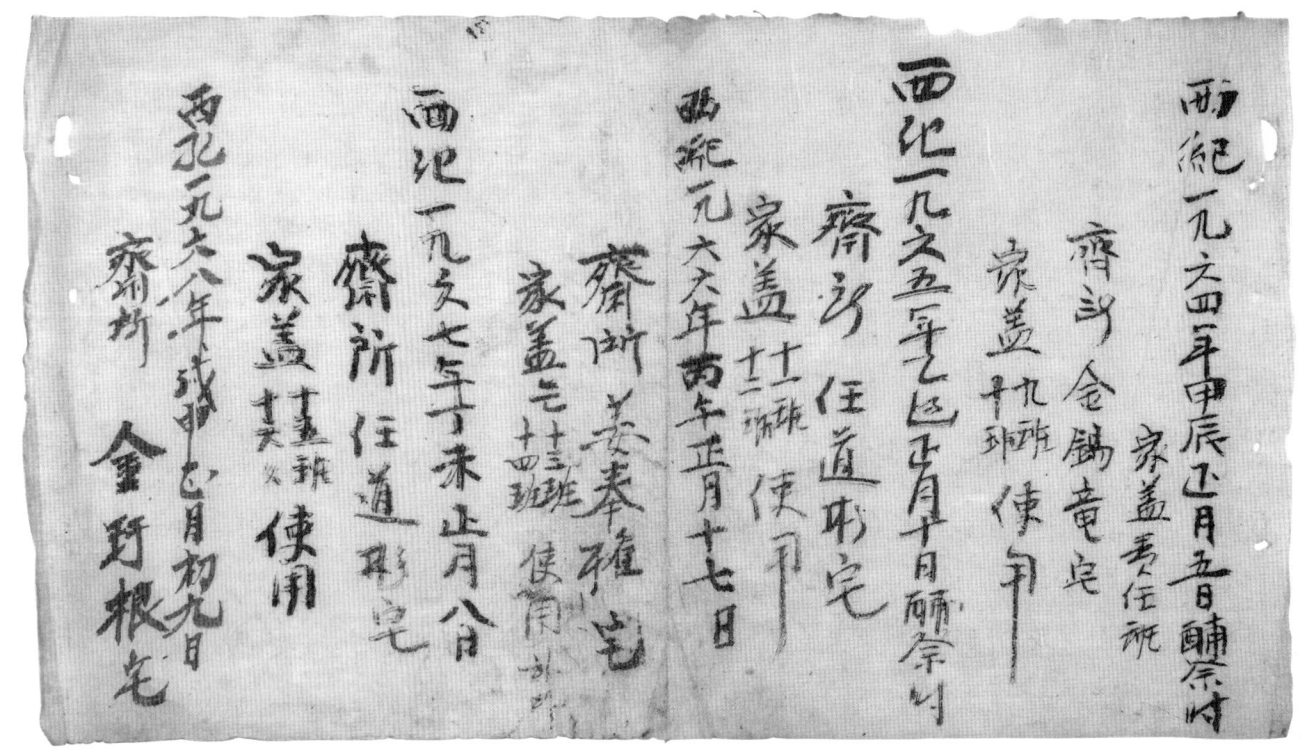

西紀一九六四年甲辰正月五日酺祭時 家盖責任班

齊所 金錫龍宅
家盖 九班十班 使用

西紀一九六五年乙巳正月十日酺祭時

齋所 任道彬宅
家盖 十一班十二班 使用

西紀一九六六年丙午正月十七日

齋所 姜奉權宅
家盖는 十三班十四班 使用하다

西紀一九六七年丁未正月八日

齋所 任道彬宅
家盖 十五班十六班 使用

西紀一九六八年戊申正月初九日

齋所 金玗根宅
家盖 壹班貳班 使用

서기 1964년 갑진 정월 5일 포제시 가개家盖 책임반

재소齊所 김석룡金錫龍 댁.
가개家盖는 9반, 10반 사용.

서기 1965년 을사 정월 10일 포제시

재소齋所 임도빈任道彬 댁.
가개家盖는 11반, 12반 사용.

서기 1966년 병오 정월 17일

재소齋所 강봉권姜奉權 댁.
가개家盖는 13반, 14반 사용하다.

서기 1967년 정미 정월 8일

재소齋所 임도빈任道彬 댁.
가개家盖 15반, 16반 사용.

서기 1968년 무신 정월 초9일

재소齋所 김우근金玗根 댁.
가개家盖 1반, 2반 사용.

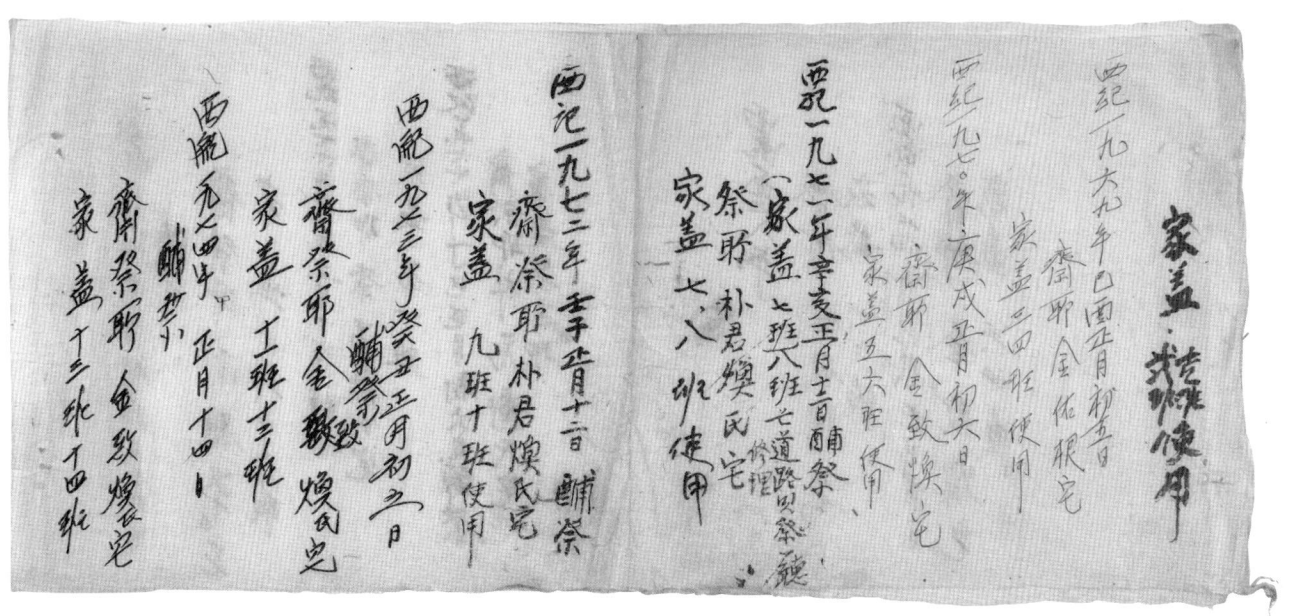

西紀一九六九年己酉正月初五日

齋所 金佑根宅
家盖 三四班 使用

西紀一九七0年庚戌正月初六日

齋所 金致煥宅
家盖 五六班 使用

西紀一九七一年辛亥正月十二日酺祭

(家盖 七班)八班은 道路 및 祭廳 修理
祭所 朴君煥氏宅
家盖 七,八班 使用

西紀一九七二年壬子正月十二日酺祭

齋祭所 朴君煥氏宅
家盖 九班十班 使用

西紀一九七三年癸丑正月初五日酺祭

齋祭所 金致煥氏宅
家盖 十一班十二班

西紀一九七四年正月十四日酺祭

齋祭所 金致煥宅
家盖 十三班十四班

서기 1969년 기유 정월 초5일

재소齋所 김우근金佑根 댁.
가개家盖 3반, 4반 사용.

서기 1970년 경술 정월 초6일

재소齋所 김치환金致煥 댁.
가개家盖 5반, 6반 사용.

서기 1971년 신해 정월 12일 포제

(가개家盖 7반) 8반은 도로 및 제청祭廳 수리.
제소祭所 박군환朴君煥씨 댁.
가개家盖는 7반, 8반 사용.

서기 1972년 임자 정월 12일 포제

재제소齋祭所 박군환朴君煥씨 댁.
가개家盖는 9반, 10반 사용.

서기 1973년 계축 정월 초5일 포제

재제소齋祭所 김치환金致煥씨 댁.
가개家盖 11반, 12반.

서기 1974년 정월 14일 포제

재제소齋祭所 김치환金致煥 댁.
가개家盖 13반, 14반.

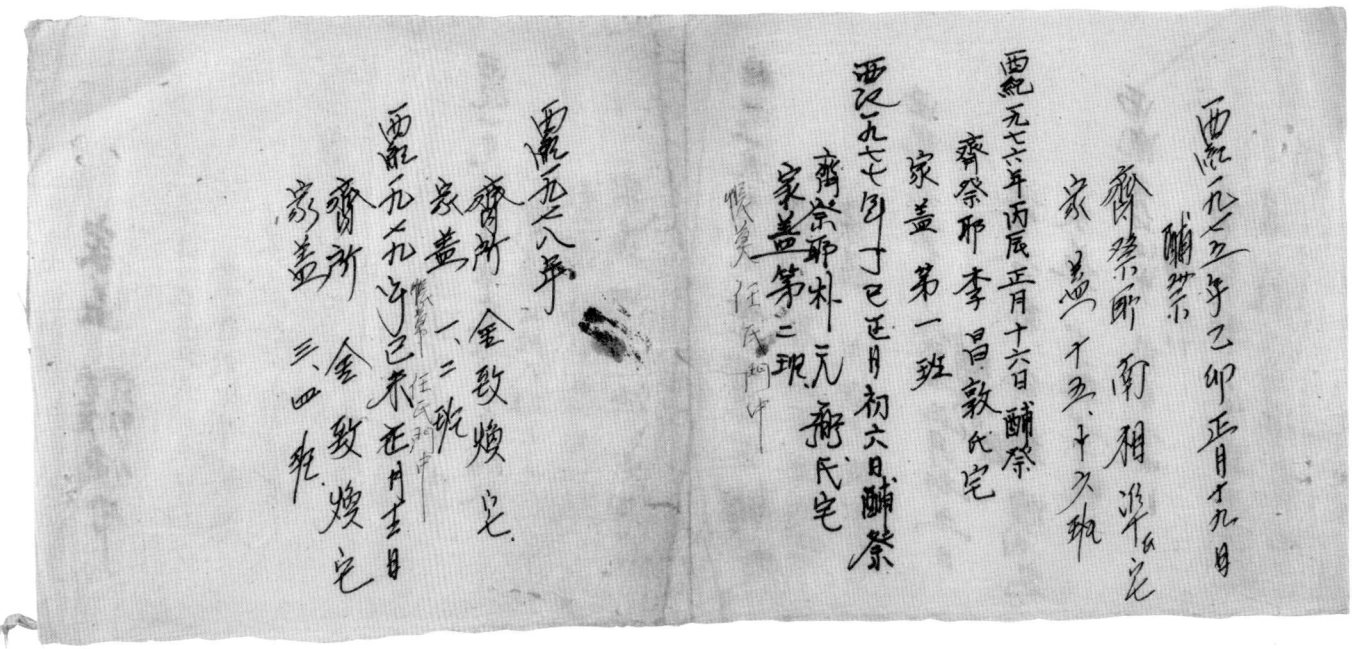

西紀一九七五年乙卯正月十九日酺祭

齋祭所 南相準氏宅
家盖 十五, 十六班

西紀一九七六年丙辰正月十六日酺祭

齊祭所 李昌敦氏宅
家盖 第一班

西紀一九七七年丁巳正月初六日酺祭

齊祭所 朴元弼氏宅
家盖 第二班
帳幕 任氏門中

西紀一九七八年

齊所 金致煥宅
家盖 一, 二班
帳幕 任氏門中

西紀一九七九年己未正月十二日

齊所 金致煥宅
家盖 三, 四班

서기 1975년 을묘 정월 19일 포제

재제소齋祭所 남상준南相準씨 댁.
가개家盖 15반, 16반.

서기 1976년 병진 정월 16일 포제

재제소齊祭所 이창돈李昌敦씨 댁.
가개家盖 제1반.

서기 1977년 정사 정월 초6일 포제

재제소齊祭所 박원필朴元弼씨 댁.
가개家盖 제2반.
장막 임씨문중任氏門中.

서기 1978년

재소齊所 김치환金致煥 댁.
가개家盖 1, 2반
장막 임씨문중任氏門中.

서기 1979년 기미 정월 12일

재소齊所 김치환金致煥 댁.
가개家盖 3, 4반.

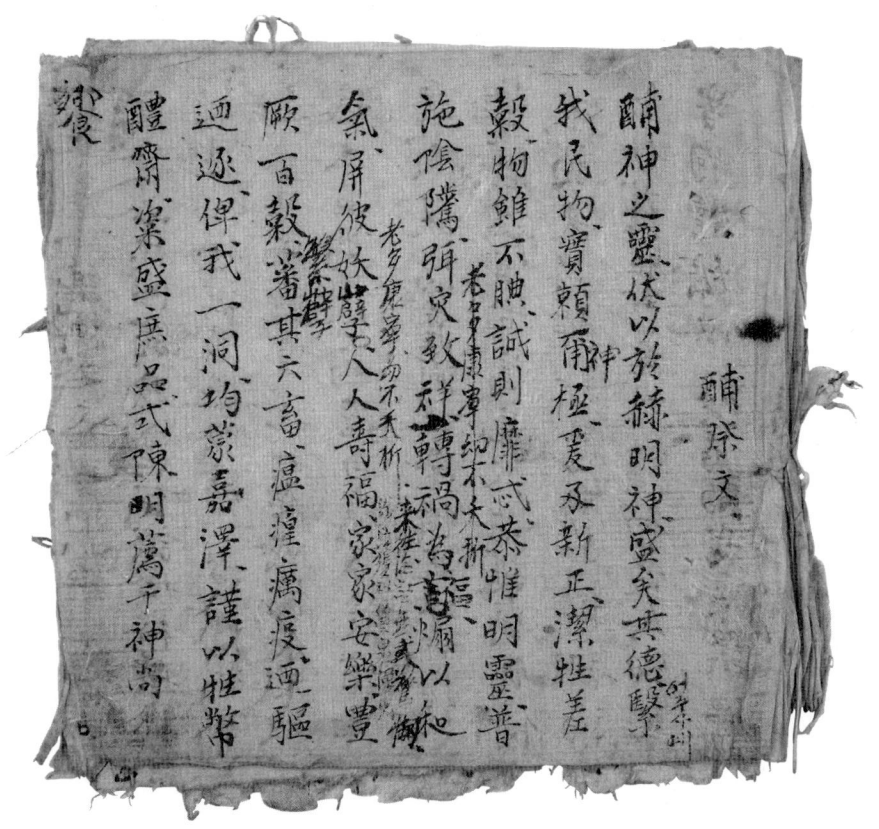

酺祭文

酺神之靈 伏以 於赫明神 盛矣其德 繫我民物 實賴神極 爰及新正 潔牲差穀 物雖不腆 誠則靡忒 恭惟明靈 普施陰騭 弭灾致祥 轉禍爲福 煽以和氣 屛彼妖孼 老多康寧 幼不夭折 來往海壑 無或驚怯 涉江獲利 貨泉湧出 人人壽福 家家安樂 豊厥百穀 繁其六畜 瘟瘴癘疫 迺驅迺逐 俾我一洞 均蒙嘉澤 謹以牲幣 醴齋粢盛 庶品式陳 明薦于神 尙
饗

포신에게 올리는 축문

포신의 영靈(에 고합니다.) 삼가 생각건대, 아, 밝으신 신명은 그 덕이 성대하시니 아, 우리 구민들은 실로 신께 의뢰함이 지극합니다. 이에 신정新正에 이르러 희생을 정결히 하고 길일을 택하여 올립니다. 제물이 비록 넉넉하지는 않지만 정성은 어긋나지 않으니, 공경히 생각건대 밝으신 신령께서는 널리 음덕을 베푸시어 재앙을 없애어 상서로움을 이루게 하시고, 재화를 돌려 복이 되게 하시며, 화애로운 기운을 왕성하게 하여 저 요사스러운 귀신을 물리쳐 주십시오. 늙은이는 다분히 몸 건강히 편안하게 하시고, 어린아이는 요절하지 않게 하시며, 바다 골짜기에서 혹시나 놀라서 겁을 내지 않게 하시어 바다를 이롭게 건너 재화의 샘이 용출하게 해 주십시오. 사람마다 장수하며 길이 복을 누리어 집집마다 안락하게 하시고, 온갖 곡물이 풍년이 들게 하고 육축六畜이 번성하게 해 주십시오. 역병을 물리쳐 쫓아내어 우리 한 마을로 하여금 골고루 아름다운 은택을 받을 수 있게 해 주십시오. 삼가 희생과 폐백과 맑은 술醴齋과 정결한 곡식粢盛을 진열하여 신께 밝게 올리오니 흠향하소서.

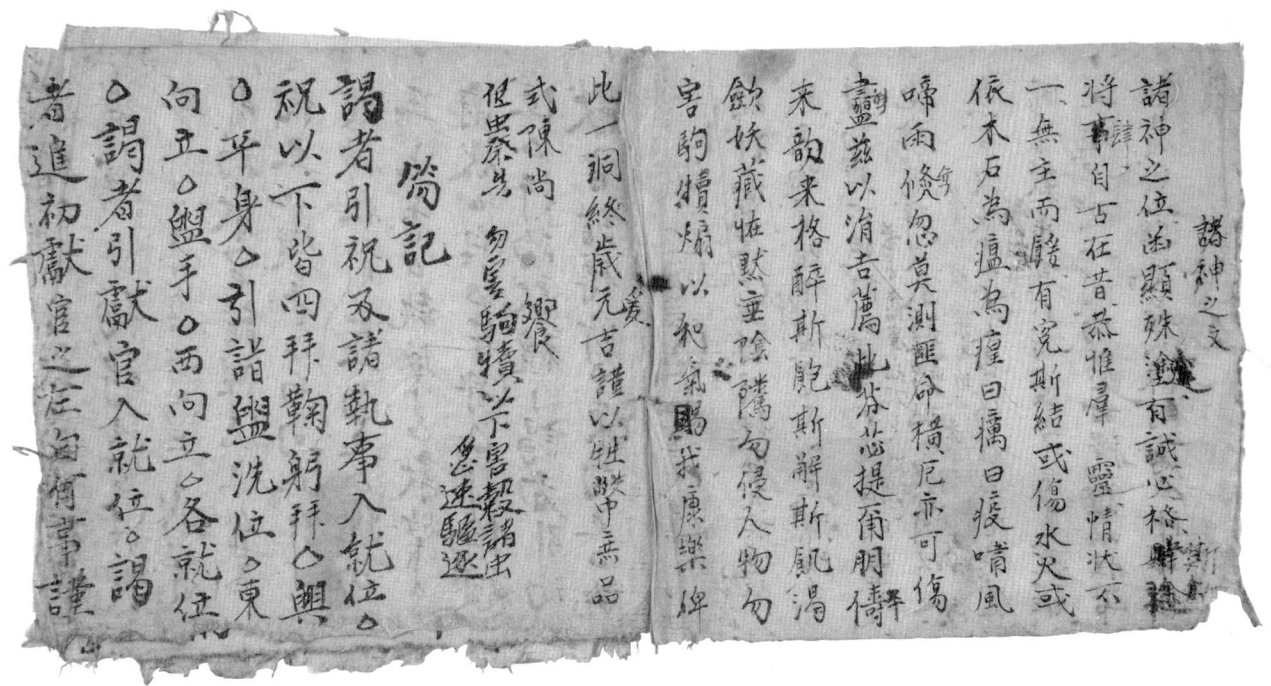

諸神之文

諸神之位 幽顯殊塗 有誠必格 斯(余)將肆 自古在昔 恭惟群靈 情狀不一 無主而餒 有寃斯結 或傷水火 或依木石 爲瘟爲瘴 曰癘曰疫 嘯風啼雨 倏忽莫測 匪命橫厄 亦可傷盡 玆以涓吉 薦此芬苾 提爾朋儔 來歆來格 醉斯飽斯 解斯飢渴 斂妖藏怪 黙垂陰騭 勿侵人物 勿害駒犢 煽以和氣 賜我康樂 俾此一洞 終歲元吉 謹以牲幣 庶品式陳 尙 饗
但虫祭告 勿害駒犢以下 害穀諸虫 急速驅逐

제신諸臣에게 올리는 축문

제신諸神의 영靈은 저승과 이승으로 길은 달라도, 정성이 있으면 반드시 이르기에, 저희에게 일어나는 일들을 늘어놓는 것이 옛날부터 있었습니다.
삼가 공경히 생각건대, 군령群靈께서는 정상情狀이 한결같지 않기에 모셔줄 사람이 없어서 굶주리니, 원통함이 이에 맺혀 있습니다. 혹은 물과 불에 상하여 혹은 나무와 돌에 의지하며, 염병에 걸리고 황달에 걸려 여귀癘鬼가 되고 역귀疫鬼가 되었으며, 바람과 비는 갑작스러워서 예측할 수 없어 비명非命에 액厄을 당하셨으니 또한 가히 불쌍하고 애통할 만합니다.
이에 길일을 택하여 향기로운 제물을 올리오니, 벗들을 이끌고 와서 흠향하시어 취하고 배불리 잡수시어 굶주림과 목마름을 푸시어, 요사스러움을 거두고 괴이함을 감추어 음덕을 조용히 드리워서 사람들을 침범하지 못하게 하고, 망아지와 송아지를 해롭게 하지 않게 해 주십시오. 화애로운 기운을 왕성하게 하여 저희에게 편안한 즐거움을 주시고, 저희 한 동洞으로 하여금 한 해가 끝날 때까지 크게 길하게 해 주십시오. 삼가 희생과 서품(庶品)을 진열하여 신께 밝게 올리오니 흠향하소서.

단, 충제虫祭에는 "망아지와 송아지를 해롭게 하지 않게 해 주십시오.勿害駒犢" 이하를 "곡식을 해치는 벌레들을 속히 몰아주십시오."라고 고한다.

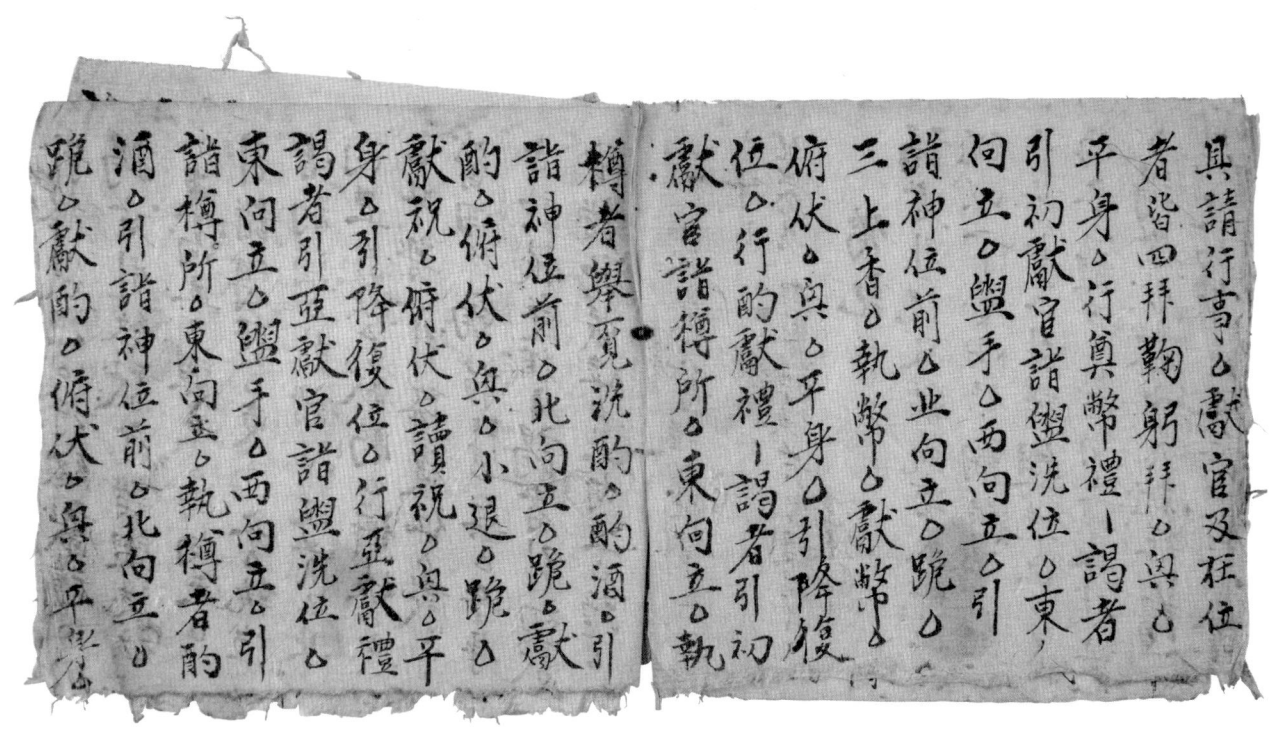

笏記

○ 謁者引祝及諸執事 入就位

○ 祝以下皆四拜 鞠躬拜

○ 興

○ 平身

○ 引詣盥洗位

○ 東向立

○ 盥手

○ 西向立

○ 各就位

○ 謁者引獻官入就位

○ 謁者進初獻官之左 白有事謹具 請行事

○ 獻官及在位者 皆四拜 鞠躬拜

○ 興

○ 平身

○ 行奠幣禮 謁者引初獻官 詣盥洗位

○ 東向立

○ 盥手

○ 西向立

○ 引詣神位前

○ 北向立

○ 跪

홀기

알자는 축관 및 여러 집사를 인도하여 들어가 자리로 나아가시오.

축관 이하 모두 네 번 절하시오. 몸을 굽히고 절하시오.

일어나시오.

몸을 편안케 하여 서시오.

(알자는 축관과 여러 집사를) 인도하여 손 씻는 자리로 나아가시오.

(축관과 여러 집사는) 동쪽을 향하여 서시오.

(축관과 여러 집사는) 손을 씻으시오.

(축관과 여러 집사는) 서쪽을 향해 서시오.

(축관과 여러 집사는) 제각기 제자리로 나아가시오.

알자는 헌관을 인도하여 들어가 자리로 나아가시오.

알자는 초헌관의 왼쪽으로 나아가 "유사有司들이 삼가 갖추어 제사를 봉행하려 합니다."라고 아뢰시오.

헌관 및 자리에 있는 자는 모두 네 번 절하시오. 몸을 굽히고 절하시오.

일어나시오.

몸을 편안케 하여 서시오.

폐백을 올리는 예를 행하겠습니다. 알자는 초헌관을 인도하여 손 씻는 자리로 나가시오.

(초헌관은) 동쪽을 향하여 서시오.

(초헌관은) 손을 씻으시오.

(초헌관은) 서쪽을 향해 서시오.

(알자는 초헌관을) 다시 인도하여 신위전으로 나아가시오.

(초헌관은) 북쪽을 향해 서시오.

(초헌관은) 무릎을 꿇어 앉으시오.

○ 三上香	(초헌관은) 세 번 향을 사르시오.
○ 執幣	(초헌관은) 폐백을 잡으시오.
○ 獻幣	(초헌관은) 폐백을 드리시오.
○ 俯伏	(초헌관은) 허리를 굽혀 엎드리시오.
○ 興	(초헌관은) 일어나시오.
○ 平身	(초헌관은) 몸을 편안케 하여 서시오.
○ 引降復位	(초헌관은) 다시 제자리로 돌아가시오.
○ 行酌獻禮 謁者引初獻官 詣樽所	작헌례를 행합니다. 알자는 초헌관을 인도하여 준소로 나아가시오.
○ 東向立	(초헌관은) 동쪽을 향해 서시오.
○ 執樽者 擧冪洗酌	집준은 술동이 뚜껑을 들고 잔을 씻으시오.
○ 酌酒	(집준은) 술을 따르시오.
○ 引詣神位前	(알자는 초헌관을) 다시 인도하여 신위전으로 나아가시오.
○ 北向立	(초헌관은) 북쪽을 향해 서시오.
○ 跪	(초헌관은) 무릎을 꿇어 앉으시오.
○ 獻酌	(초헌관은) 잔을 드리시오.
○ 俯伏	(초헌관은) 허리를 굽혀 엎드리시오.
○ 興	(초헌관은) 일어나시오.
○ 小退	(초헌관은) 조금 뒤로 물러나시오.
○ 跪	(초헌관은) 무릎을 꿇어 앉으시오.
○ 獻祝	(초헌관은) 축문을 드리시오.
○ 俯伏	(초헌관은) 허리를 굽혀 엎드리시오.
○ 讀祝	(축관은) 축문을 읽으시오.
○ 興	(초헌관은) 일어나시오.
○ 平身	(초헌관은) 몸을 편안케 하여 서시오.
○ 引降復位	(초헌관은) 다시 제자리로 돌아가시오.
○ 行亞獻禮, 謁者引亞獻官 詣盥洗位	아헌례를 행합니다. 알자는 아헌관을 인도하여 손을 씻는 자리로 나아가시오.
○ 東向立	(아헌관은) 동쪽을 향해 서시오.
○ 盥手	(아헌관은) 손을 씻으시오
○ 西向立	(아헌관은) 서쪽을 향해 서시오.
○ 引詣樽所	(알자는 아헌관을) 인도하여 준소로 나아가시오.
○ 東向立	(아헌관은) 동쪽을 향해 서시오.
○ 執樽者 酌酒	집준은 술을 따르시오.
○ 引詣神位前	(알자는 아헌관을) 다시 인도하여 신위전으로 나아가시오.
○ 北向立	(아헌관은) 북쪽을 향해 서시오.
○ 跪	(아헌관은) 무릎을 꿇어 앉으시오.
○ 獻酌	(아헌관은) 술잔을 드리시오.
○ 俯伏	(아헌관은) 허리를 굽혀 엎드리시오.
○ 興	(이헌관은) 일어나시오.
○ 平身	(아헌관은) 몸을 편안케 하여 서시오.

引降復位。待終獻禮訖
謁者引終獻官詣盥洗位
○東向立。盥手。西向立。詣樽
引詣樽所。東向立。執樽
者酌酒。引詣神位前。北
向立。跪。獻酌。俯伏。興
○平身。引降復位。獻官
皆四拜鞠躬拜興。獻官
○歠胙受胙謁者引初獻
官詣歠胙位。此向立。跪。

獻事者以酌授獻官。獻
官受酌。歠摩酌。以授執
事。執事者受虛酌。執事
者以俎授獻官。獻官受俎。
以授執事。執事者受虛盤。
俯伏。興。平身。引降復
位。撤籩豆。獻官反在
位者皆四拜鞠躬拜興。
平身。謁者引初獻官詣
望燎位。西向立。跪。焚

○ 引降復位	(아헌관은) 다시 제자리로 돌아가시오.
○ 行終獻禮, 謁者引終獻官 詣盥洗位	종헌례를 행합니다. 알자는 종헌관을 인도하여 손을 씻는 자리로 나아가시오.
○ 東向立	(종헌관은) 동쪽을 향해 서시오.
○ 盥手	(종헌관은) 손을 씻으시오
○ 西向立	(종헌관은) 서쪽을 향해 서시오.
○ 引詣樽所	(알자는 종헌관을) 인도하여 준소로 나아가시오.
○ 東向立	(종헌관은) 동쪽을 향해 서시오.
○ 執樽者 酌酒	집준은 술을 따르시오.
○ 引詣神位前	(알자는 종헌관을) 인도하여 신위전으로 나아가시오.
○ 北向立	(종헌관은) 북쪽을 향해 서시오.
○ 跪	(종헌관은) 무릎을 꿇어 앉으시오.
○ 獻酌	(종헌관은) 술잔을 올리시오.
○ 俯伏	(종헌관은) 허리를 굽혀 엎드리시오.
○ 興	(종헌관은) 일어나시오.
○ 平身	(종헌관은) 몸을 편안케 하여 서시오.
○ 引降復位	(종헌관은) 다시 제자리로 돌아가시오.
○ 獻官皆四拜 鞠躬拜	헌관은 모두 네 번 절하시오. 몸을 굽히고 절을 하시오.
○ 興	(헌관은) 일어나시오.
○ 平身	(헌관은) 몸을 편안케 하여 서시오.
○ 飮服受胙 謁者引初獻官 詣飮服位	음복수조를 하겠습니다. 알자는 초헌관을 인도하여 음복위로 나아가시오.
○ 北向立	(초헌관은) 북쪽을 향해 서시오.
○ 跪	(초헌관은) 무릎을 꿇어 앉으시오.
○ 執事者以酌授獻官	집사는 술잔을 헌관에게 주시오.
○ 獻官受酌	헌관은 술잔을 받으시오
○ 飮卒酌	(헌관은) 술잔을 받아 마십시오.
○ 以授執事 執事者受虛酌	(헌관은 빈 술잔을) 집사에게 주고, 집사는 빈 술잔을 받으시오.
○ 執事者以胙授獻官	집사는 조육俎肉을 헌관에게 주시오.
○ 獻官受胙	헌관은 조육을 받으시오.
○ 以授執事 執事受虛盤	(헌관은 빈 쟁반을) 집사에게 주고, 집사는 빈 쟁반을 받으시오.
○ 俯伏	(헌관은) 허리를 굽혀 엎드리시오.
○ 興	(헌관은) 일어나시오.
○ 平身	(헌관은) 몸을 편안케 하여 서시오.
○ 引降復位	(헌관은) 다시 제자리로 돌아가시오.
○ 撤籩豆	변과 두를 거두시오.
○ 獻官及在位者皆四拜 鞠躬拜	헌관 및 자리에 있는 자는 네 번 절하시오. 몸을 굽히고 절을 하시오.
○ 興	(헌관은) 일어나시오.
○ 平身	(헌관은) 몸을 편안케 하여 서시오.
○ 謁者引初獻官 詣望燎位	알자는 초헌관을 인도하여 망료위로 나아가시오.
○ 西向立	(초헌관은) 서쪽을 향하여 서시오.
○ 跪	(초헌관은) 무릎을 꿇어 앉으시오.
○ 焚祝	축을 사르시오.

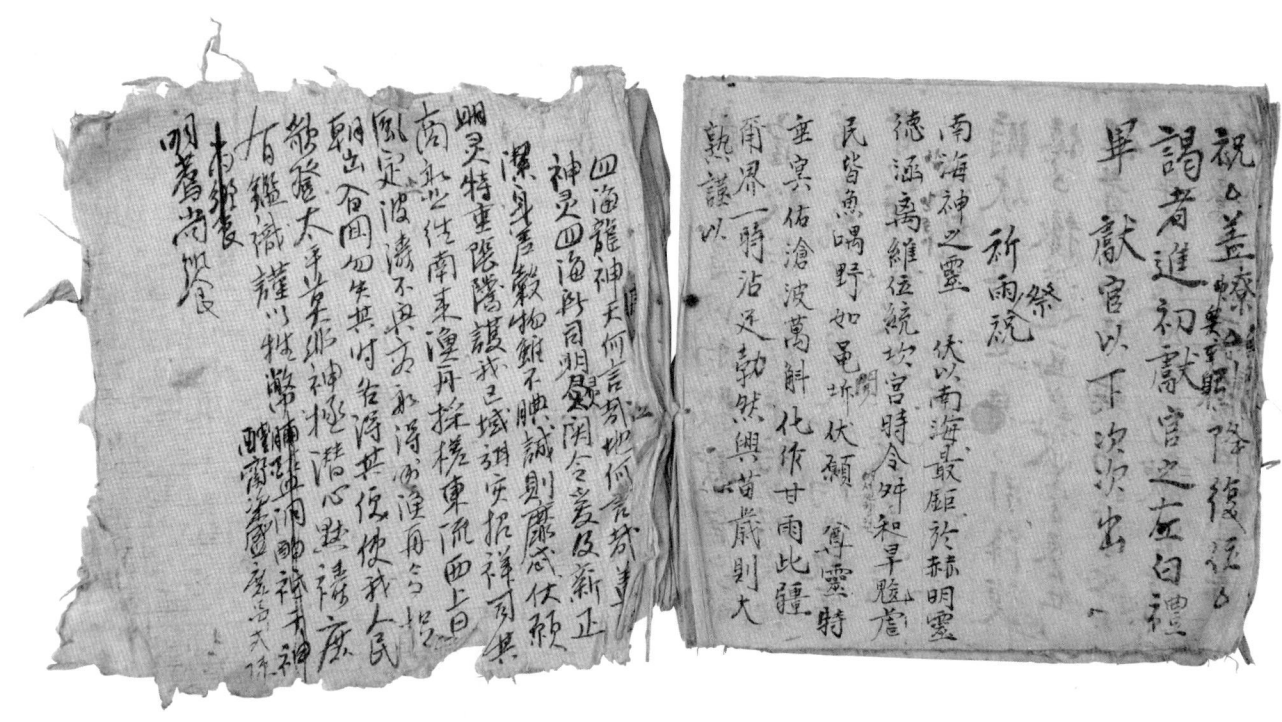

○ 盖燎
○ 興
○ 平身
○ 引降復位
○ 謁者進初獻官之左 白禮畢 獻官以下次次出

망료위의 뚜껑을 덮으시오.
(초헌관은) 일어나시오.
(초헌관은) 몸을 편안케 하여 서시오.
(초헌관은) 다시 제자리로 돌아가시오.
알자는 초헌관의 왼쪽으로 나아가 제례가 끝났음을 고하시오.
헌관 이하는 차례차례 나가시오.

祈雨祭祝

南海神之靈 伏以 南海最鉅 於赫明靈 德涵离維 位統坎宮 時令舛和 旱魃虐民 皆魚喁野 如罷開坏 伏願尊靈 時垂冥佑 滄波萬斛 化作甘雨 此疆爾界 一時沾足 勃然興苗 歲則大熟 謹以

四海龍神 天何言哉 地何言哉 盖自神灵 四海所司 明灵關令 爰及新正 潔身差穀 物雖不腆 誠則靡式 伏願明灵 特垂陰騭 護我區域 弭灾招祥 司其商舶 北往南來 漁舟採槎 東流西上 日(順)風定 波濤不興 商船得利 漁舟多(捉) 朝出昏回 勿失其時 各得其便 使我人民 歌登太平 莫非神極 潛心默禱 庶有鑑識 謹以牲幣 醴齋粢盛 庶品式陳 明薦尙饗

기우제 축문

남해 신의 영靈(께 고합니다.) 삼가 생각건대, 남해는 가장 거대합니다. 아, 밝으신 영靈께서는 덕은 이유离維에 잠겨서 자리는 수궁水宮을 거느리십니다. 계절의 기후가 조화를 잃어 가물을 주관하는 귀신이 백성들을 가혹하게 하여 모든 물고기가 들판에서 입을 벌름거리면서 맹꽁이처럼 땅에 드러났습니다. 삼가 높으신 영靈에게 바라오니, 이러한 때에 도움을 주시어 큰 바다의 많은 바닷물을 감미로운 비로 만들어서, 이곳과 저곳의 경계에 일시에 충족하게 적셔주어 우뚝 싹을 일으켜주신다면 농사는 대풍이 될 것입니다. 삼가 사해四海의 용신龍神을 어찌 하늘에 말하겠으며, 어찌 땅에다 말하겠습니까? 생각건대, 신묘하신 영靈께서 사해를 맡은 바, 밝으신 영靈께서 명을 내리십니다. 이에 신정新正에 이르러 몸을 정결히 하고 길일을 택하였으니, 제물은 비록 후하지 않지만 정성은 어긋나지 않습니다.

삼가 바라건대 밝으신 영靈께서는 특별히 음덕을 내리시어 저희 구역을 보호하사 재앙을 그치게 하여 복을 불러오게 해 주십시오. 상선商船을 보호하여 북으로 가고 남으로 오게 하시며, 어선漁船과 해산물을 캐는 떼배를 동서로 가고 오르게 해 주십시오. 날마다 순한 바람이 안정되어 파도가 일어나지 않게 하여, 상선은 바다를 이롭게 건너고 어선은 많이 잡을 수 있게 하시며, 아침에 나가서 저녁에 돌아옴에 그 때를 잃지 않게 하시고, 각각 그 편리함을 얻어 우리 백성들로 하여금 태평한 세상을 노래하게 해 주십시오. (이것은) 신의 지극함이 아니면 안 되는 것입니다. 정신을 가다듬어 마음 속으로 기도하니, 살펴 알아주십시오. 삼가 희생과 폐백과 맑은 술과 정결한 곡식을 진열하여 신께 밝게 올리오니 흠향하소서.

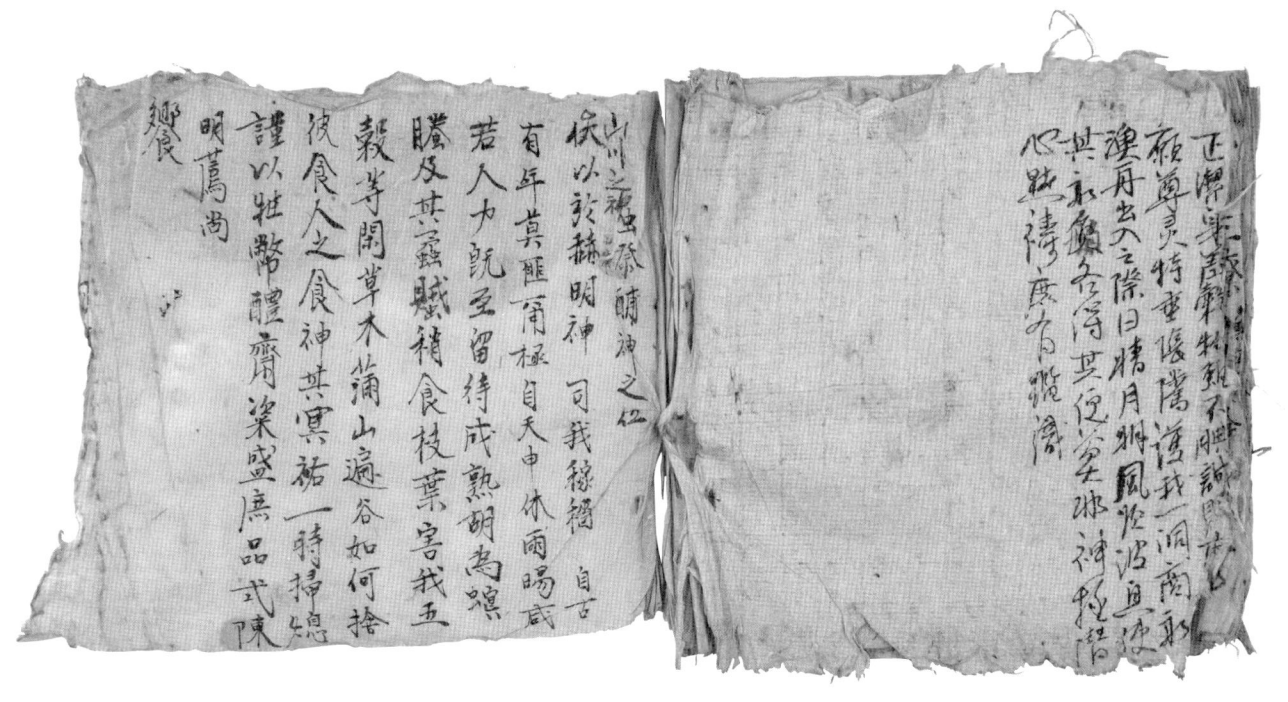

正 潔身差穀 物雖不腆 誠則靡(弐) (伏)願尊灵 特垂陰騭 護我一洞 商船漁舟 出入之際 日晴月明 風順波息 使其船員 各得其便 莫非神極 潛心默禱 庶有鑑識

(신정에 이르러) 몸을 정결히 하고 길일을 택하였으니, 제물은 비록 후하지 않지만 정성은 어긋나지 않습니다.
삼가 바라건대, 높으신 영靈께서는 특별히 음덕을 내리셔서 저희 한 동네를 보호하사 상선과 어선이 출입할 때, 날은 맑고 달은 밝으며 바람은 순하고 파도는 잔잔하게 해 주십시오. 선원으로 하여금 각각 그 편리함을 얻게 하는 것은 신의 지극함이 아니면 안 되는 것입니다. 정신을 가다듬어 마음 속으로 기도하니, 살펴 알아주십시오.

虫祭酺神之位

山川之神 伏以 於赫明神 司我稼穡 自古有年 莫匪爾極 自天申休 雨暘咸若 人力旣至 留待成熟 胡爲螟螣 及其蟊蟘 稍食枝葉 害我五穀 等閑草木 滿山遍谷 如何捨彼 食人之食 神其冥祐 一時掃熄 謹以牲幣 醴齋粢盛 庶品式陳 明薦尙
饗

충해蟲害가 심할 때 포신에게 제사를 지내는 축문

산천의 신(에게 고합니다.) 삼가 생각건대, 아, 밝으신 신께서 저희의 농사를 주관하심에 옛날부터 지극하지 아니함이 없었습니다. 하늘이 거듭 내리는 아름다운 복록으로 비와 햇별이 모두 순하였으니, 사람들은 노력을 지극하고서 곡식이 여물기를 기다릴 뿐이었습니다. 어찌하여 명충螟蟲과 황충蝗蟲이, 급기야 모적蟊賊까지도 조금씩을 나뭇잎을 먹고, 우리 오곡에 해를 입히며, 풀을 등한히 하고 산과 골짜기에 가득 퍼져 있는 것입니까? 어찌하여 저것을 버리고 사람들이 먹는 것을 먹는 것입니까? 신께서 도우사 일식에 쓸어 없어지게 해 주십시오.
삼가 희생과 폐백과 맑은 술과 정결한 곡식을 진열하여 신께 밝게 올리오니 흠향하소서.

제관기
祭官記

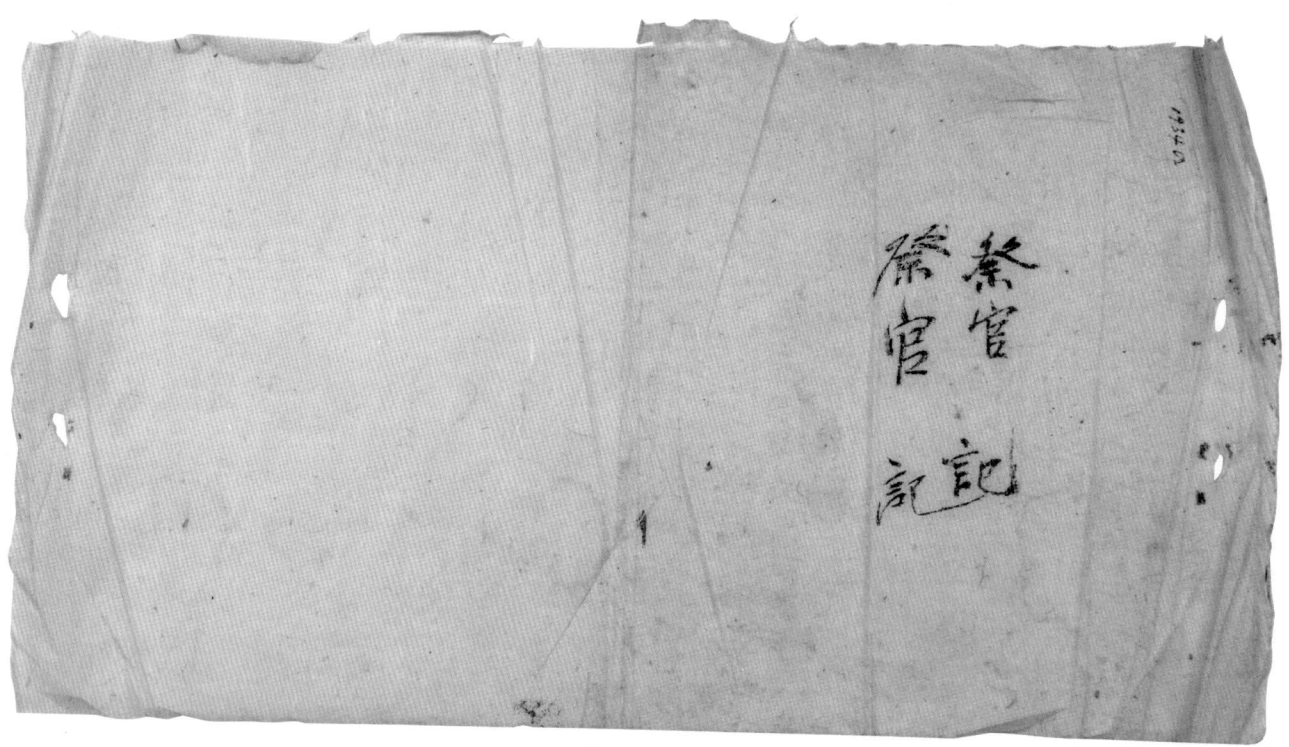

祭官記 　　　　　　　　　　　제관기

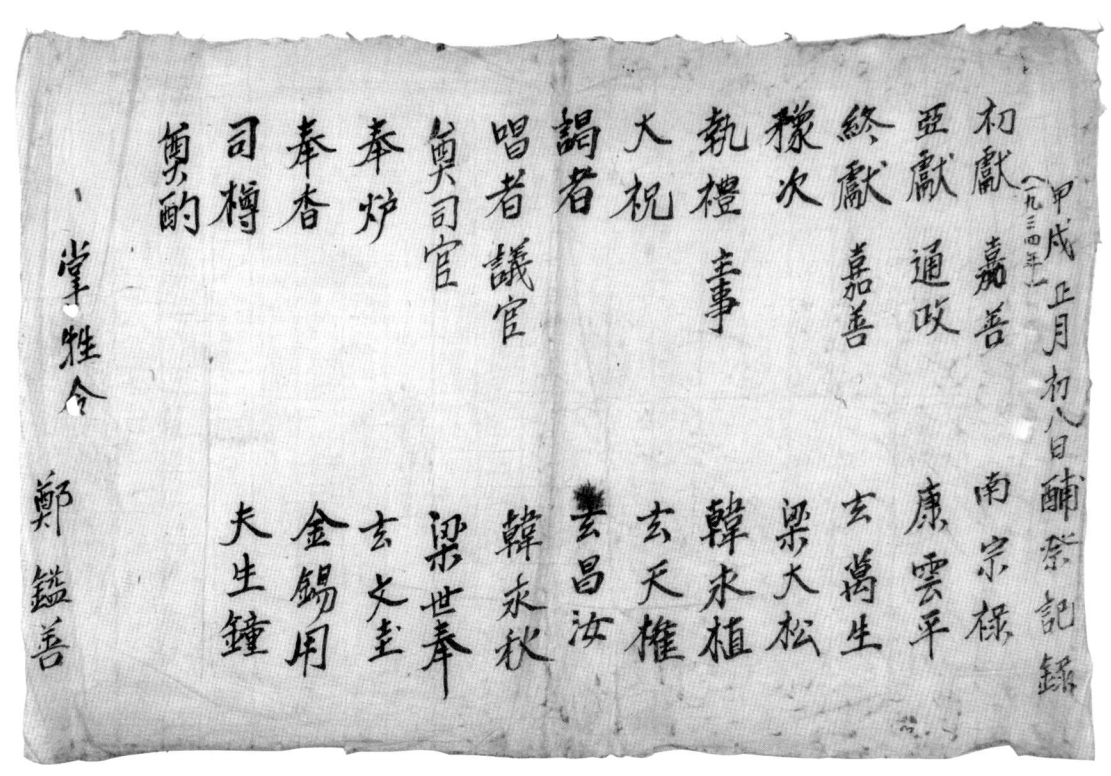

甲戌(一九三四年) 正月初八日 酺祭記錄

初獻 嘉善　南宗祿
亞獻 通政　康雲平
終獻 嘉善　玄萬生
豫次　梁大松
執禮 主事　韓永植
大祝　玄天權
謁者　玄昌汝
唱者 議官　韓永秋
奠司官　梁世奉
奉爐　玄文圭
奉香　金錫用
司樽　夫生鐘
奠酌
掌牲令　鄭鎰善

갑술년(1934) 1월 8일 포제 (제관) 기록

초헌 가선　남종록
아헌 통정　강운평
종헌 가선　현만생
예차　양대송
집례 주사　한영식
대축　현천권
알자　현창여
창자 의관　한영추
전사관　양세봉
봉로　현문규
봉향　김석용
사준　부생종
전작
장생령　정일선

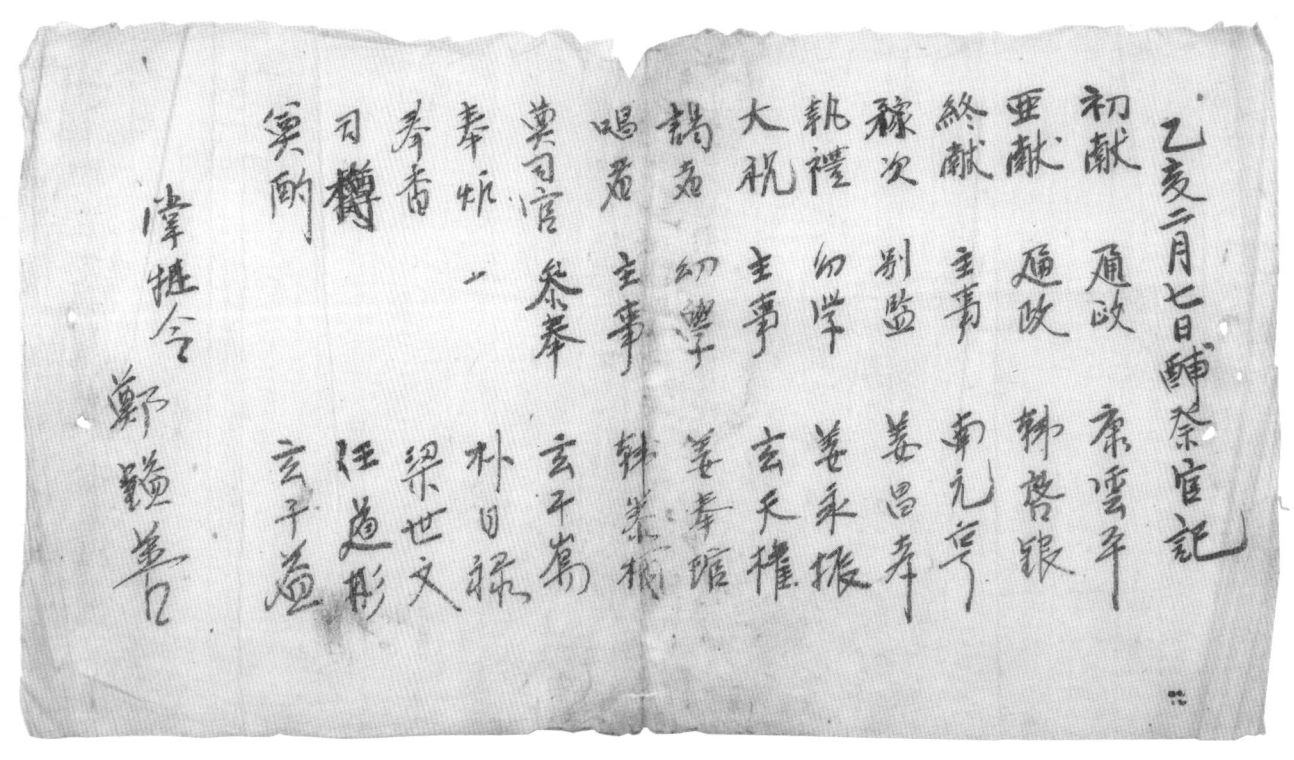

乙亥二月七日 酺祭官記

初獻 通政　康雲平
亞獻 通政　韓啓銀
終獻 主事　南元亨
豫次 別監　姜昌孝
執禮 幼學　姜永振
大祝 主事　玄天權
謁者 幼學　姜奉琯
唱者 主事　韓泰柄
奠司官 參奉　玄千鶴
奉爐　朴日祿
奉香　梁世文
司樽　任道彬
奠酌　玄千益
掌牲令　鄭鎰善

을해년(1935) 2월 7일 포제 제관 기록

초헌 통정　강운평
아헌 통정　한계은
종헌 주사　남원형
예차 별감　강창효
집례 유학　강영진
대축 주사　현천권
알자 유학　강봉관
창자 주사　한태병
전사관 참봉　현천학
봉로 박일록
봉향 양세문
사준 임도빈
전작 현천익
장생령 정일선

丙子正月十三日 酺祭官記

初獻 幼學　金萬松
亞獻 主事　玄萬生
終獻 主事　南勳錫
豫次 參奉　玄千鶴
執禮 主事　韓永植
大祝 主事　玄天權
謁者 幼學　姜奉琯
奠司官 主事　金淳珽
唱者 主事　李君八
奉爐　玄萬根
奉香　韓行允
司樽　玄千益
奠酌　南連澤
掌牲令　鄭鎰善

병자년(1936) 1월 13일 포제 제관 기록

초헌 유학　김만송
아헌 주사　현만생
종헌 주사　남훈석
예차 참봉　현천학
집례 주사　한영식
대축 주사　현천권
알자 유학　강봉관
전사관 주사　김순정
창자 주사　이군팔
봉로　현만근
봉향　한행윤
사준　현천익
전작　남연택
장생령　정일선

丁丑正月初六日 酺祭祭官記

初獻 主事　南勳錫
亞獻 主事　韓永植
終獻 議官　金基杓
豫次 幼學　姜奉琯
執禮　姜永振
大祝　任道彬
謁者　韓行允
唱者 參奉　玄千鶴
奠司官 主事　金淳珽
奉爐　姜永淑
奉香　玄千秀
司樽　朴昇煥
奠酌　玄明允
掌牲令　鄭鎰善

정축년(1937) 1월 6일 포제 제관 기록

초헌 주사　남훈석
아헌 주사　한영식
종헌 의관　김기표
예차 유학　강봉관
집례　강영진
대축　임도빈
알자　한행윤
창자 참봉　현천학
전사관 주사　김순정
봉로　강영숙
봉향　현천수
사준　박승환
전작　현명윤
장생령　정일선

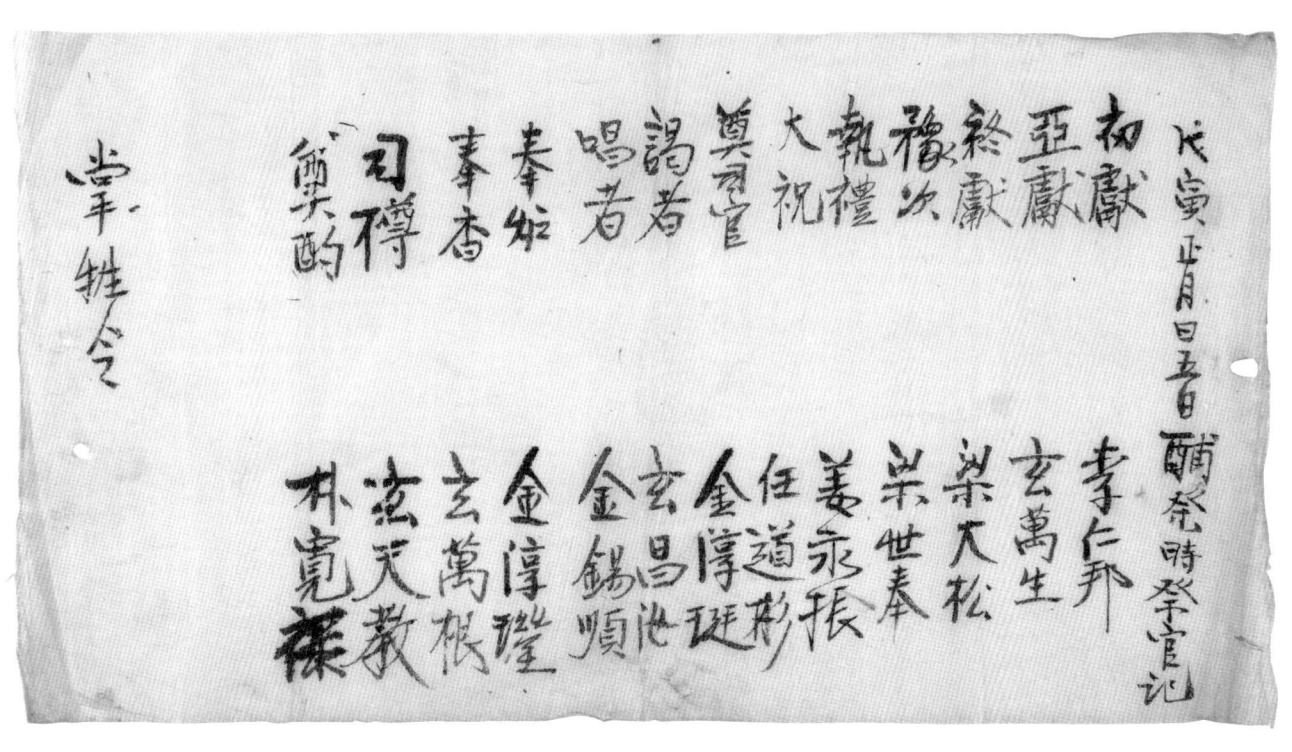

戊寅正月日五日 酺祭時 祭官記　　　　　무인년(1938) 1월 5일 포제시 제관 기록

初獻　李仁邦　　　　　초헌　이인방
亞獻　玄萬生　　　　　아헌　현만생
終獻　梁大松　　　　　종헌　양대송
豫次　梁世奉　　　　　예차　양세봉
執禮　姜永振　　　　　집례　강영진
大祝　任道彬　　　　　대축　임도빈
奠司官　金淳珽　　　　전사관　김순정
謁者　玄昌汝　　　　　알자　현창여
唱者　金錫順　　　　　창자　김석순
奉爐　金淳瑩　　　　　봉로　김순형
奉香　玄萬根　　　　　봉향　현만근
司樽　玄天敎　　　　　사준　현천교
奠酌　朴寬祿　　　　　전작　박관록
掌牲令　　　　　　　　장생령

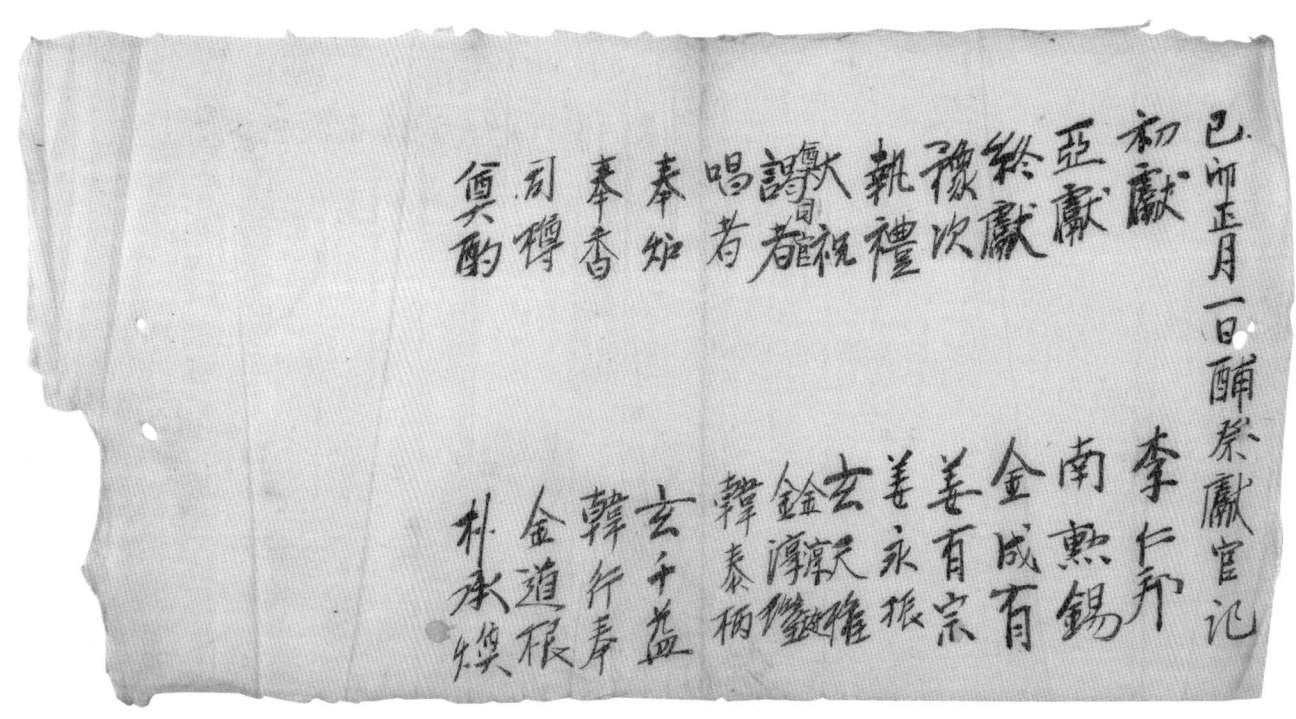

己卯正月一日 酺祭獻官記

初獻　李仁邦
亞獻　南勳錫
終獻　金成有
豫次　姜有宗
執禮　姜永振
大祝　玄天權
奠司官　金淳珽
謁者　金淳瑄
唱者　韓泰柄
奉爐　玄千益
奉香　韓行奉
司樽　金道根
奠酌　朴承煥

기묘년(1939) 1월 1일 포제 헌관 기록

초헌　이인방
아헌　남훈석
종헌　김성유
예차　강유종
집례　강영진
대축　현천권
전사관　김순정
알자　김순형
창자　한태병
봉로　현천익
봉향　한행봉
사준　김도근
전작　박승환

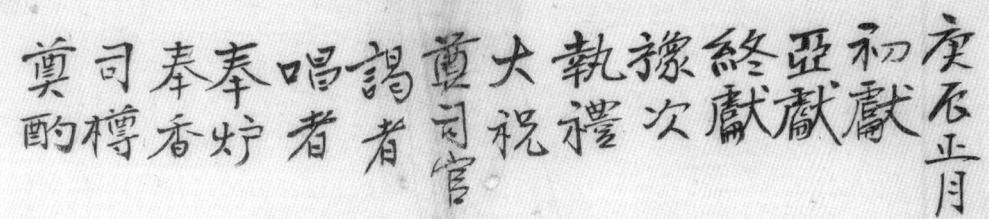

庚辰正月六日 酺祭

初獻　李仁邦
亞獻　玄萬生
終獻　任義凡
豫次　玄千鶴
執禮　姜永振
大祝　任道彬
奠司官　姜奉琯
謁者　任義國
唱者　金錫順
奉爐　韓武燮
奉香　梁銅圭
司樽　金道根
奠酌　金漢根

경진년(1940) 1월 6일 포제 (제관 기록)

초헌　이인방
아헌　현만생
종헌　임의범
예차　현천학
집례　강영진
대축　임도빈
전사관　강봉관
알자　임의국
창자　김석순
봉로　한무섭
봉향　양동규
사준　김도근
전작　김한근

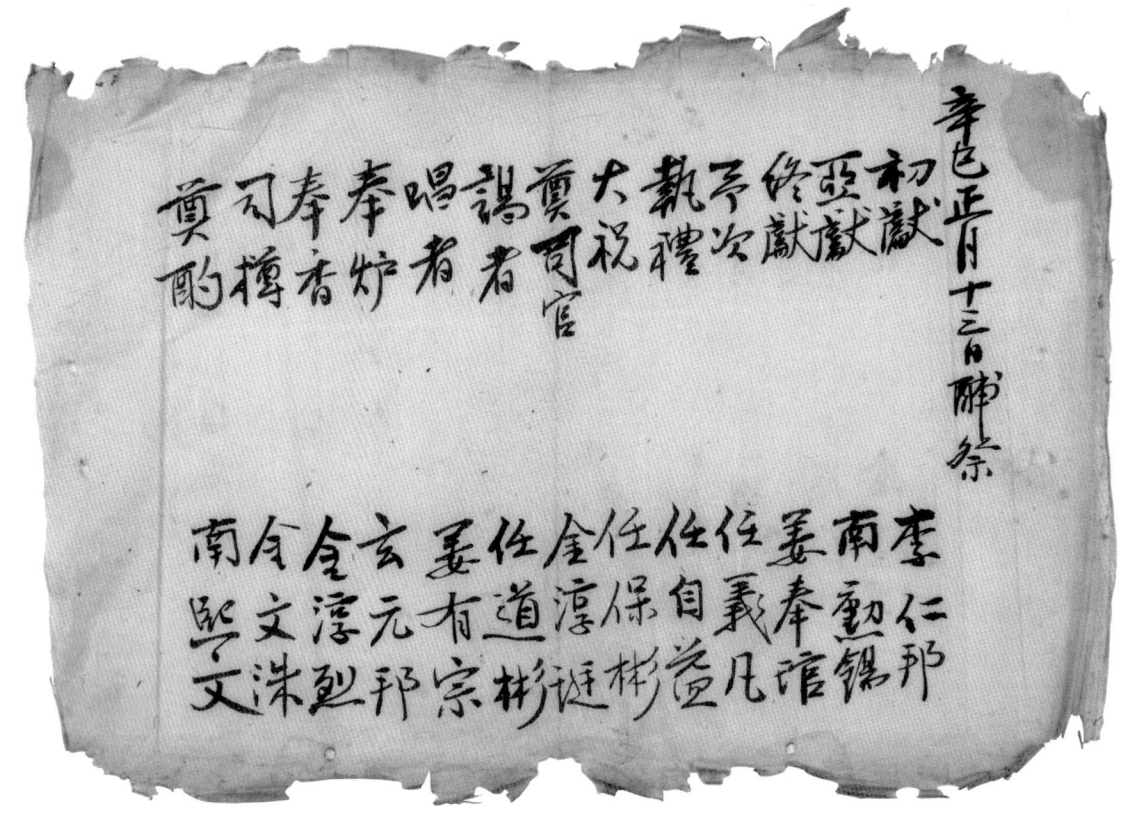

辛巳正月十三日 酺祭

初獻　李仁邦
亞獻　南勳錫
終獻　姜奉琯
豫次　任義凡
執禮　任自益
大祝　任保彬
奠司官　金淳珽
謁者　任道彬
唱者　姜有宗
奉爐　玄元邦
奉香　金淳烈
司樽　金文洙
奠酌　南熙文

신사년(1941) 1월 13일 포제 (제관 기록)

초헌　이인방
아헌　남훈석
종헌　강봉관
예차　임의범
집례　임자익
대축　임보빈
전사관　김순정
알자　임도빈
창자　강유종
봉로　현원방
봉향　김순렬
사준　김문수
전작　남희문

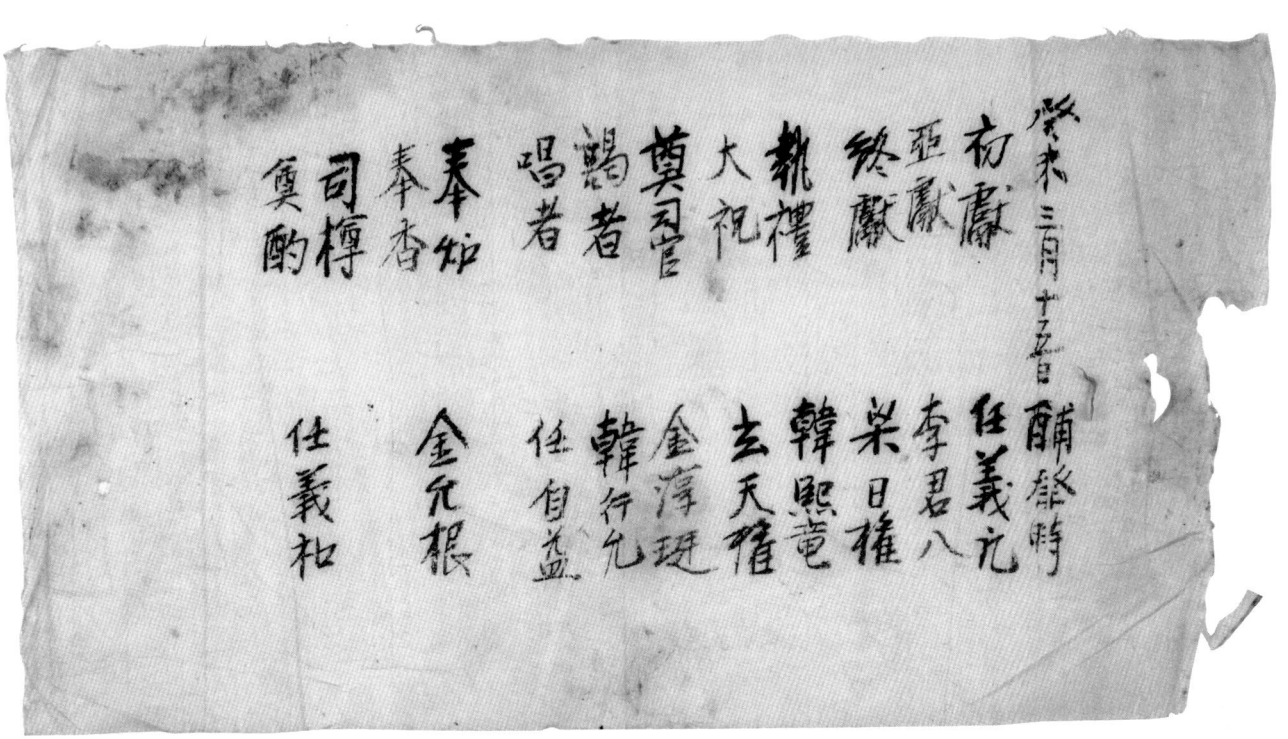

癸未三月十五日 酺祭時

初獻　任義凡
亞獻　李君八
終獻　梁日權
執禮　韓熙龍
大祝　玄天權
奠司官　金淳珽
謁者　韓行允
唱者　任自益
奉爐 奉香　金允根
司樽 奠酌　任義和

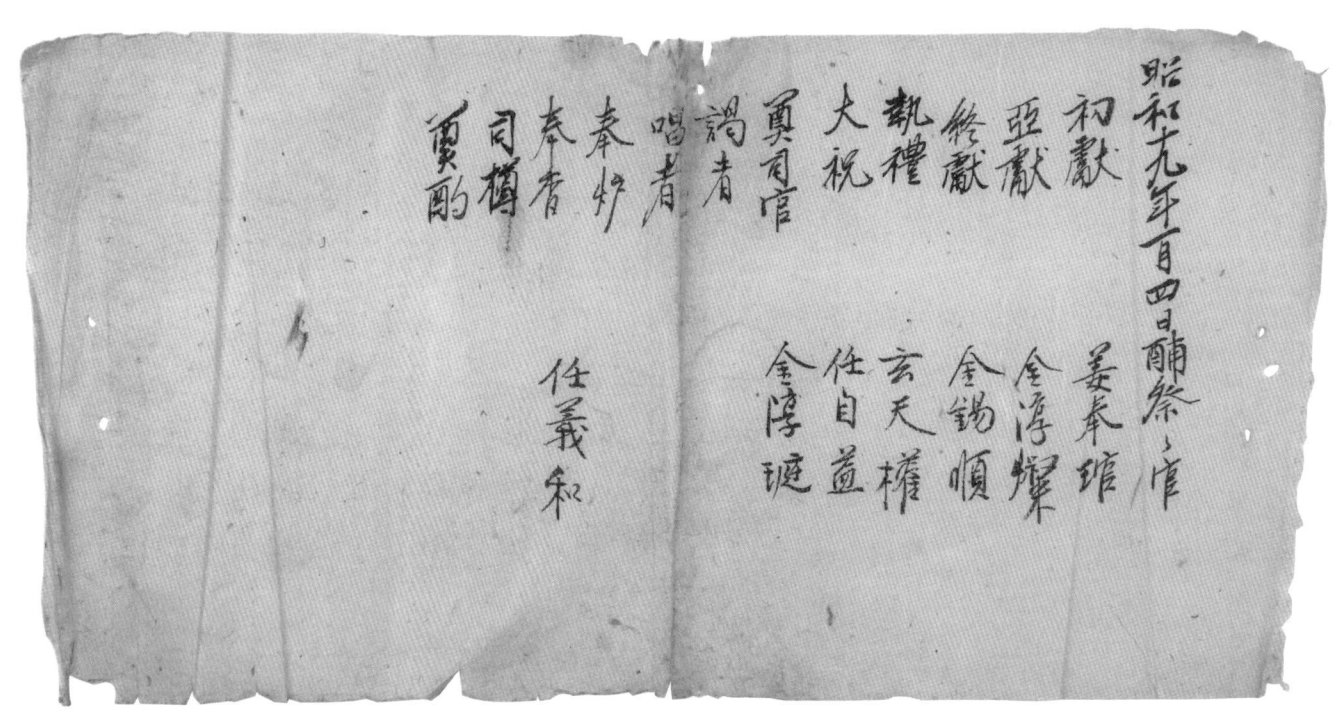

昭和十九年一月四日 酺祭 〃 官

初獻 姜奉琯
亞獻 金淳燦
終獻 金錫順
執禮 玄天權
大祝 任自益
奠司官 金淳璇
謁者
唱者
奉爐 奉香 任義和
司樽
奠酌

소화 19년(1944) 1월 4일 포제 제관 (기록)

초헌 강봉관
아헌 김순찬
종헌 김석순
집례 현천권
대축 임자익
전사관 김순정
알자
창자
봉로 봉향 임의화
사준
전작

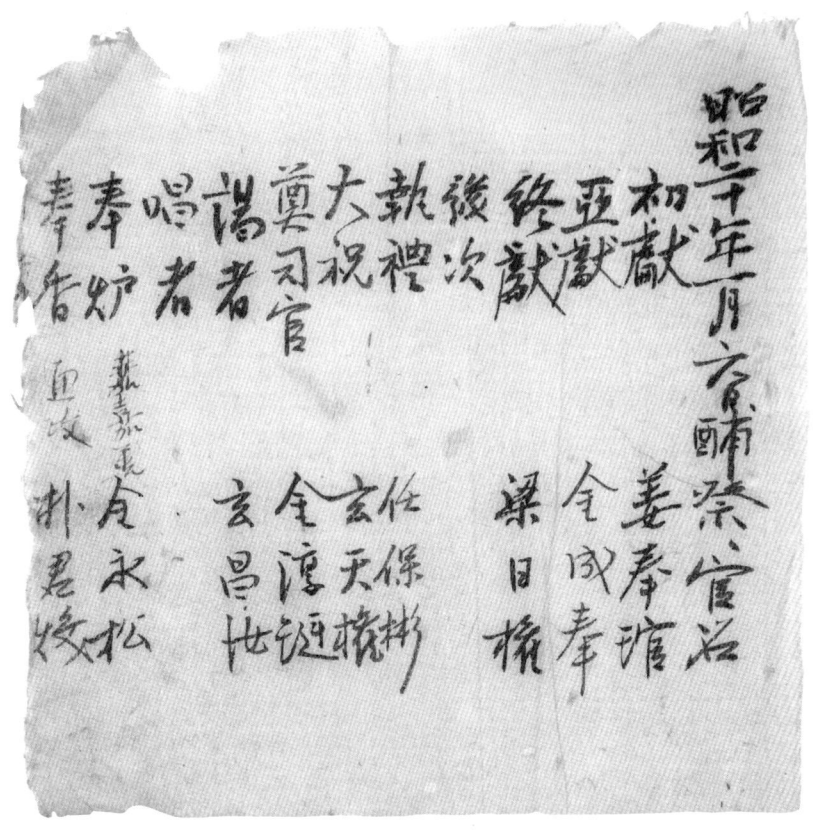

昭和二十年一月六日 酺祭 ″官名

初獻　姜奉琯
亞獻　金成奉
終獻　梁日權
豫次
執禮　任保彬
大祝　玄天權
奠司官　金淳璇
謁者　玄昌汝
唱者
奉爐　嘉善　金永松
奉香　通政　朴君煥
※ 이하 일실(逸失)됨.

소화 20년(1945) 1월 6일 포제 제관 명부

초헌　강봉관
아헌　김성봉
종헌　양일권
예차
집례　임보빈
대축　현천권
전사관　김순정
알자　현창여
창자
봉로 가선　김영송
봉향 통정　박군환

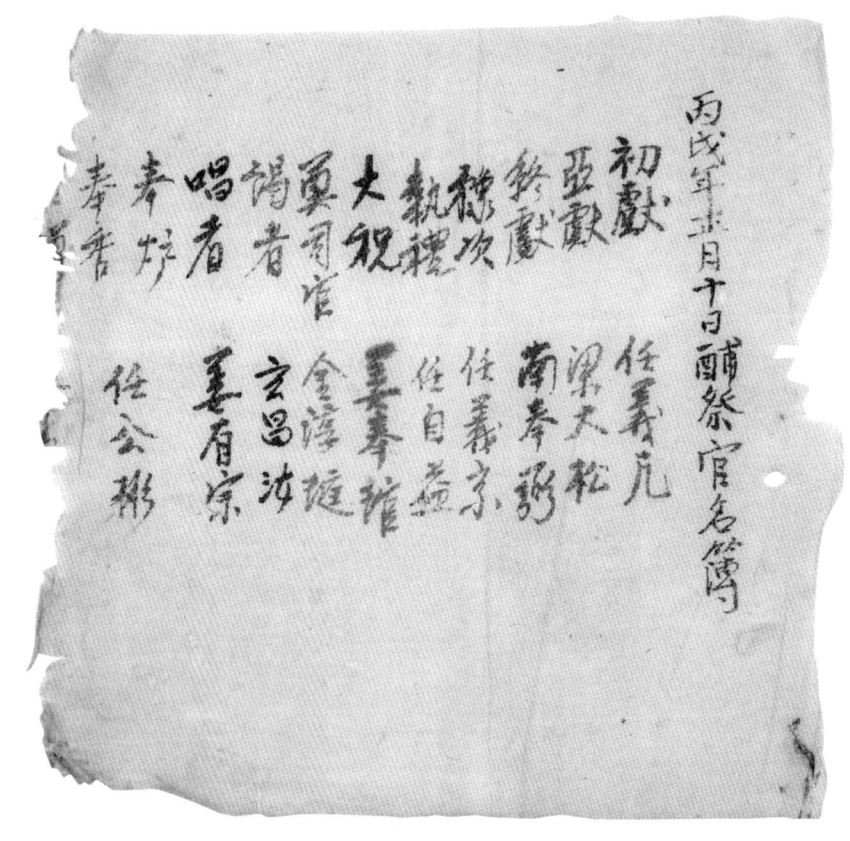

丙戌年正月十日 酺祭官名簿

初獻　任義凡
亞獻　梁大松
終獻　南奉弼
豫次　任義京
執禮　任自益
大祝　姜奉琯
奠司官　金淳珽
謁者　玄昌汝
唱者　姜有宗
奉爐 奉香　任公彬
※ 이하 일실(逸失)됨.

병술년(1946) 1월 10일 포제 제관 명부

초헌　임의범
아헌　양대송
종헌　남봉필
예차　임의경
집례　임자익
대축　강봉관
전사관　김순정
알자　현창여
창자　강유종
봉로 봉향　임공빈

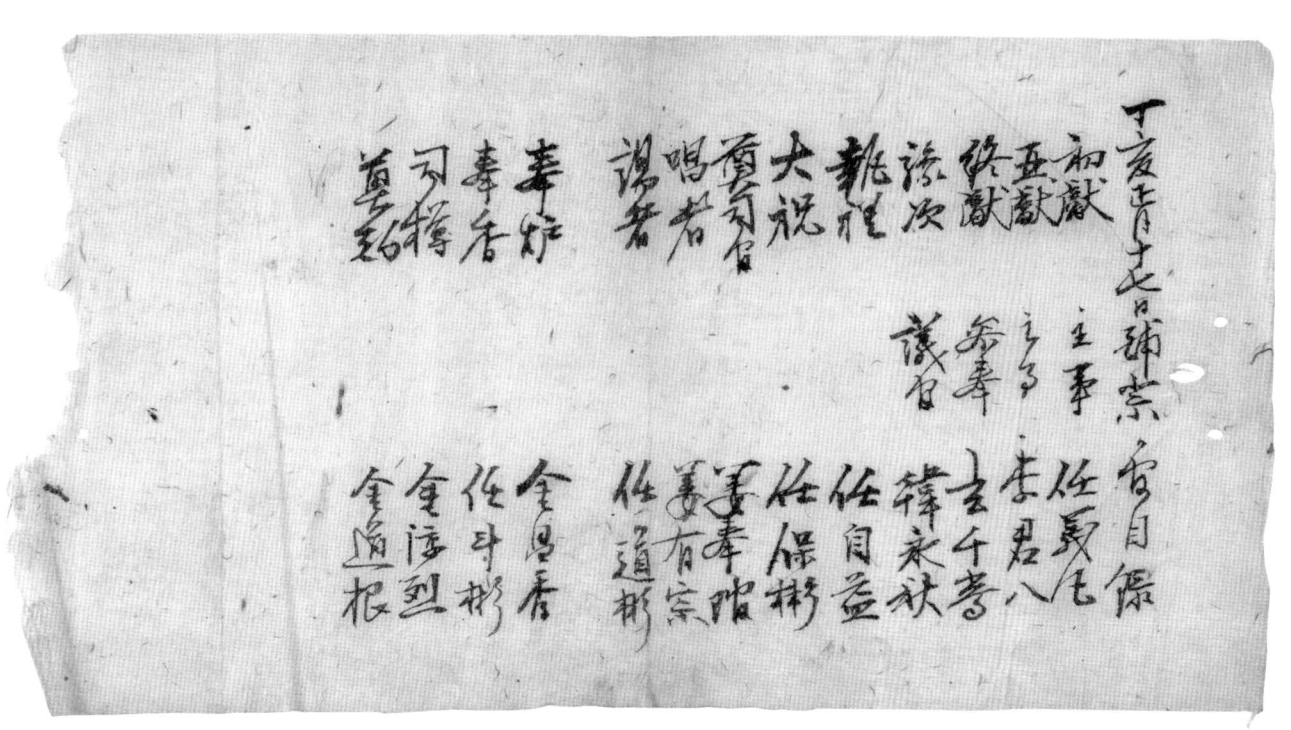

丁亥正月十七日 酺祭 官目錄

初獻 主事 任義凡
亞獻 主事 李君八
終獻 參奉 玄千鶴
豫次 議官 韓永秋
執禮 任自益
大祝 任保彬
奠司官 姜奉琯
唱者 姜有宗
謁者 任道彬
奉爐 金昌秀
奉香 任斗彬
司樽 金淳烈
奠酌 金道根

정해년(1947) 1월 17일 포제 제관 목록

초헌 주사 임의범
아헌 주사 이군팔
종헌 참봉 현천학
예차 의관 한영추
집례 임자익
대축 임보빈
전사관 강봉관
창자 강유종
알자 임도빈
봉로 김창수
봉향 임두빈
사준 김순렬
전작 김도근

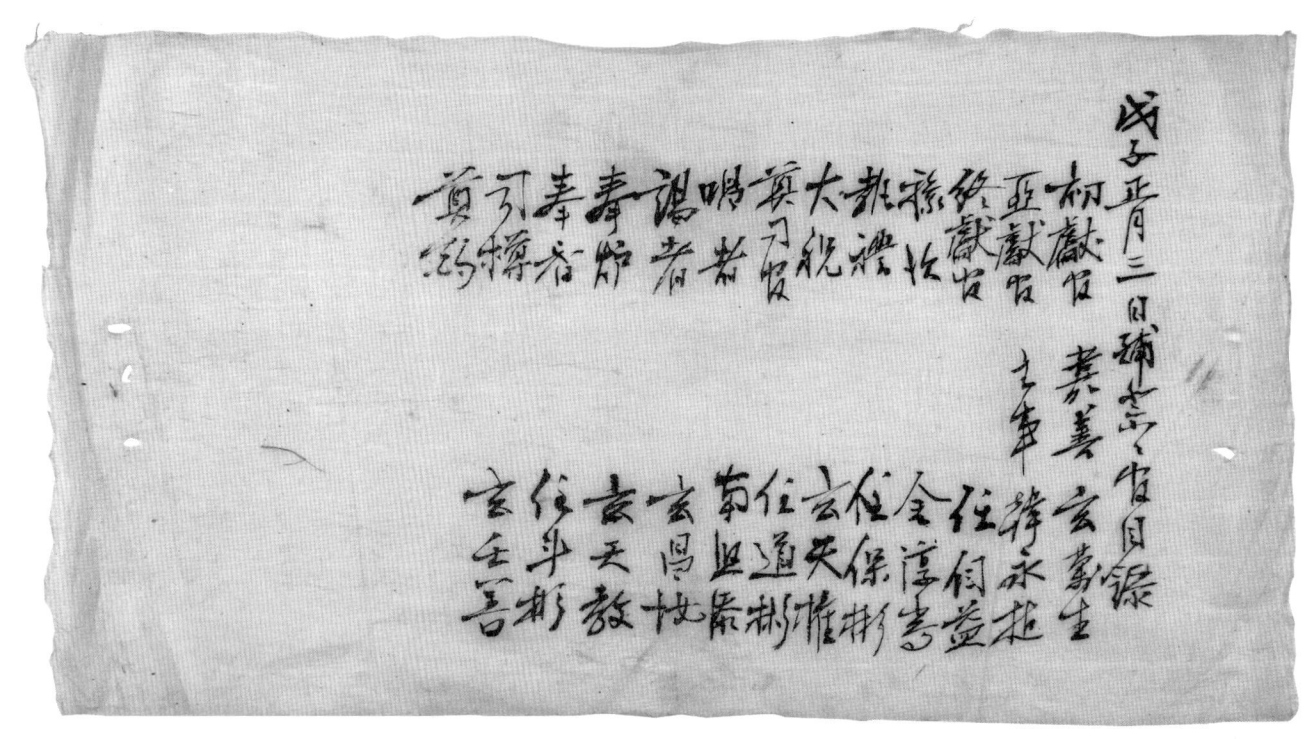

戊子正月三日 酺祭// 官目錄

初獻官 嘉善　玄萬生
亞獻官 主事　韓永植
終獻官　任自益
豫次　金淳鶴
執禮　任保彬
大祝　玄天權
奠司官　任道彬
唱者　南熙添
謁者　玄昌汝
奉爐　玄天敎
奉香　任斗彬
司樽　玄壬善
奠酌

무자년(1948) 1월 3일 포제 제관 목록

초헌관 가선　현만생
아헌관 주사　한영식
종헌관　임자익
예차　김순학
집례　임보빈
대축　현천권
전사관　임도빈
창자　남희첨
알자　현창여
봉로　현천고
봉향　임두빈
사준　현임선
전작

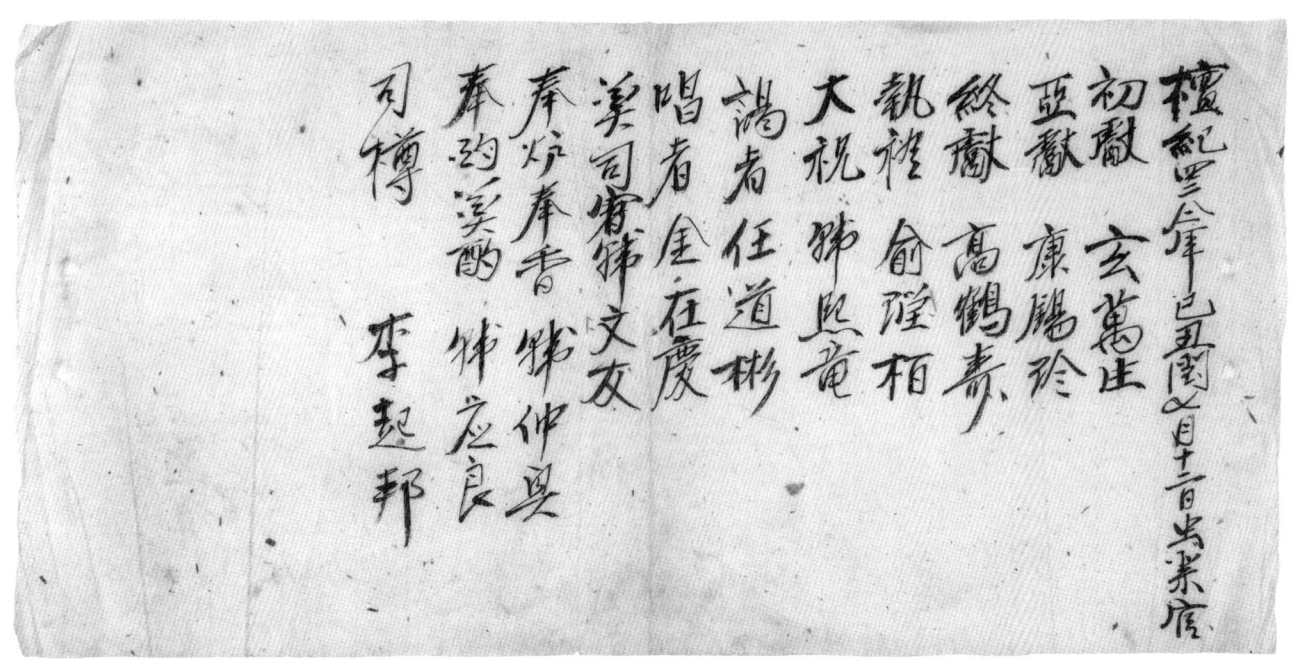

檀紀四二八二年 己丑 閏七月十二日 虫祭官

初獻　玄萬生
亞獻　康錫珍
終獻　高鶴壽
執禮　兪瑩栢
大祝　韓熙龍
謁者　任道彬
唱者　金在慶
奠司官　韓文友
奉爐 奉香　韓仲興
奉酌 奠酌　韓應良
司樽　李起邦

단기 4282년(1949) 기축 윤7월 12일 충제 제관 (명부)

초헌　현만생
아헌　강석진
종헌　고학수
집례　유형백
대축　한희룡
알자　임도빈
창자　김재경
전사관　한문우
봉로 봉향　한중흥
봉작 전작　한응량
사준　이기방

檀紀四二八三年 庚寅 正月初五日 酺祭

初獻　玄萬生
亞獻　韓永植
終獻　朴明六
執禮　俞瀅栢
大祝　玄天權
謁者　玄昌汝
唱者　金錫順
奠司官　任道彬
奉爐　朴承煥
奉香　任斗彬
司樽　金明根
奠酌

辛卯正月十一日 酺祭〃官目錄

初獻　韓永植
亞獻　俞瀅栢
終獻　梁日權
執禮　任自益

단기 4283년(1950) 경인 1월 5일 포제

초헌　현만생
아헌　한영식
종헌　박명육
집례　유형백
대축　현천권
알자　현창여
창자　김석순
전사관　임도빈
봉로　박승환
봉향　임두빈
사준　김명근
전작

신묘년(1951) 1월 11일 포제 제관 목록

초헌　한영식
아헌　유형백
종헌　양일권
집례　임자익

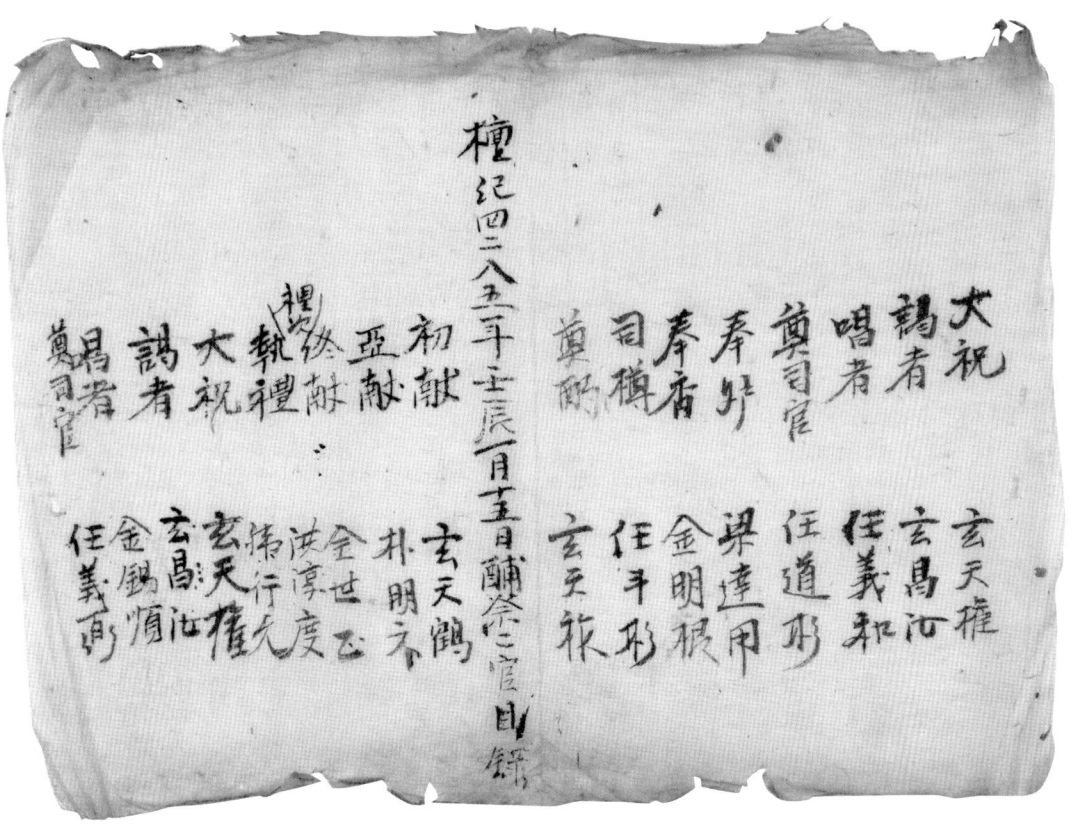

大祝　玄天權
謁者　玄昌汝
唱者　任義和
奠司官　任道彬
奉爐　梁達用
奉香　金明根
司樽　任斗彬
奠酌　玄天祚

檀紀四二八五年 壬辰 一月十五日 酺祭祭官目錄　　**단기 4285년(1952) 임진 1월 15일 포제 제관 목록**

初獻　玄天鶴　　　　　　　초헌　현천학
亞獻　朴明六　　　　　　　아헌　박명육
終獻　金世正　　　　　　　종헌　김세정
豫次　洪淳度　　　　　　　예차　홍순도
執禮　韓行允　　　　　　　집례　한행윤
大祝　玄天權　　　　　　　대축　현천권
謁者　玄昌汝　　　　　　　알자　현창여
唱者　金錫順　　　　　　　창자　김석순
奠司官　任義弼　　　　　　전사관　임의필

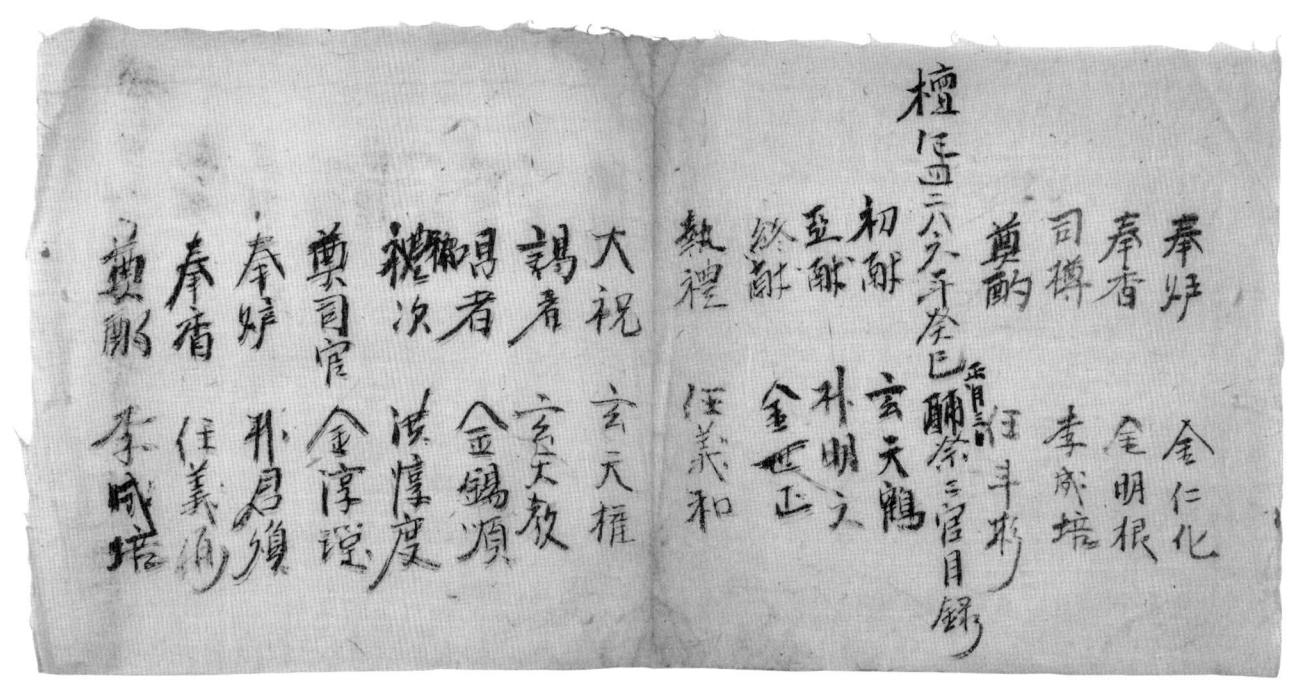

奉爐 金仁化
奉香 金明根
司樽 李成培
奠酌 任斗彬

檀紀四二八六年 癸巳 正月三日 酺祭 ∥ 官目錄

初獻 玄天鶴
亞獻 朴明六
終獻 金世正
執禮 任義和
大祝 玄天權
謁者 玄天敎
唱者 金錫順
豫次 洪淳度
奠司官 金淳瀅
奉爐 朴君煥
奉香 任義弼
奠酌 李成培

봉로 김인화
봉향 김명근
사준 이성배
전작 임두빈

단기 4286년(1953) 계사 1월 3일 포제 제관 목록

초헌 현천학
아헌 박명육
종헌 김세정
집례 임의화
대축 현천권
알자 현천교
창자 김석순
예차 홍순도
전사관 김순형
봉로 박군환
봉향 임의필
전작 이성배

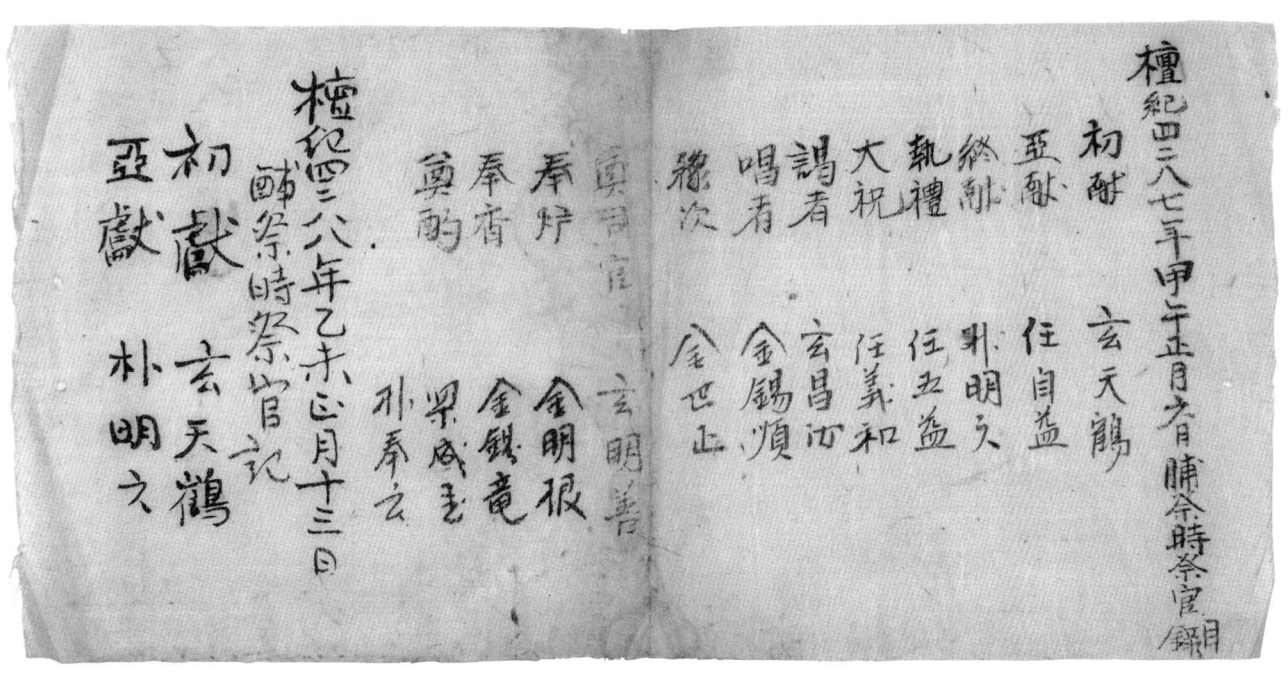

檀紀四二八七年 甲午 正月六日 酺祭時 祭官目錄

初獻　玄天鶴
亞獻　任自益
終獻　朴明六
執禮　任五益
大祝　任義和
謁者　玄昌汝
唱者　金錫順
豫次　金世正
奠司官　玄明善
奉爐　金明根
奉香　金錫龍
奠酌　梁成圭 朴奉云

檀紀四二八八年 乙未 正月十三日 酺祭時 祭官記

初獻　玄天鶴
亞獻　朴明六

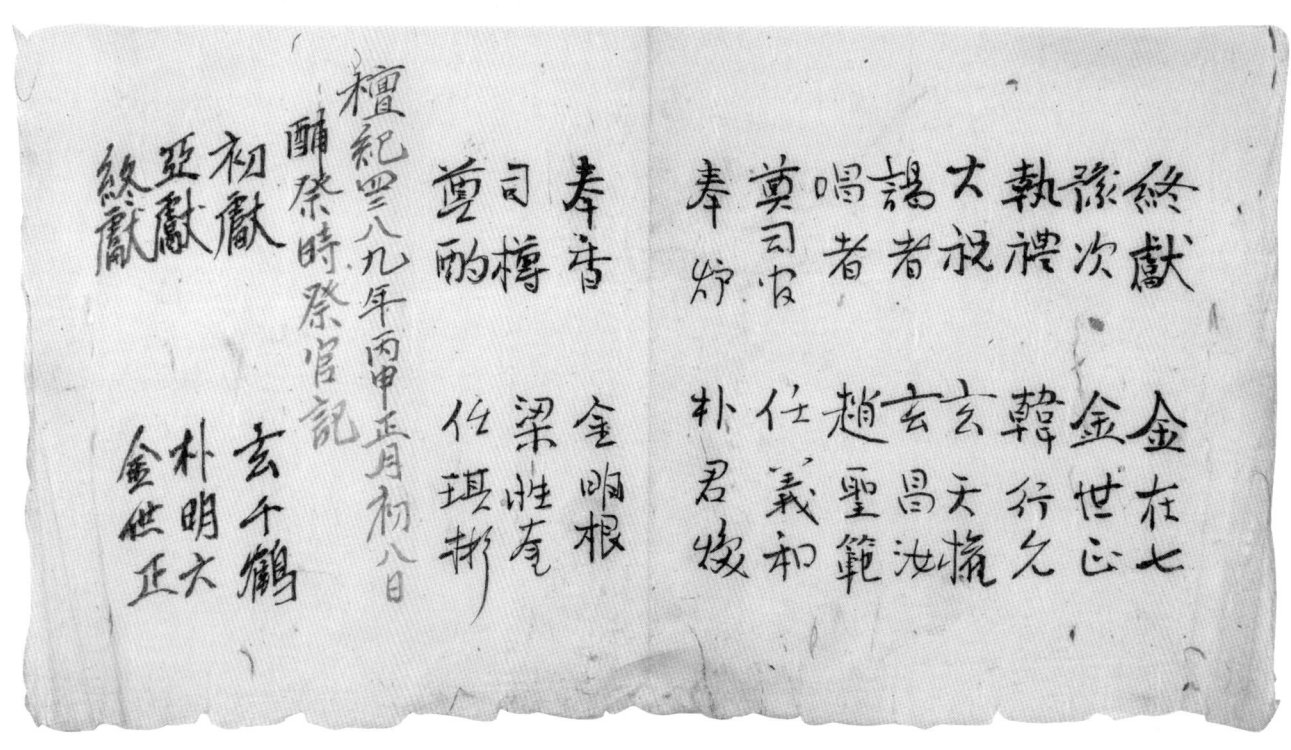

終獻　金在七　　　　　　　　종헌 김재칠
豫次　金世正　　　　　　　　예차 김세정
執禮　韓行允　　　　　　　　집례 한행윤
大祝　玄天權　　　　　　　　대축 현천권
謁者　玄昌汝　　　　　　　　알자 현창여
唱者　趙聖範　　　　　　　　창자 조성범
奠司官　任義和　　　　　　　전사관 임의화
奉爐　朴君煥　　　　　　　　봉로 박군환
奉香　金明根　　　　　　　　봉향 김명근
司樽　梁性奎　　　　　　　　사준 양성규
奠酌　梁琪彬　　　　　　　　전작 양기빈

檀紀四二八九年 丙申 正月初八日 酺祭時 祭官記　　**단기 4289년(1956) 병신 1월 8일 포제시 제관 기록**

初獻　玄千鶴　　　　　　　　초헌 현천학
亞獻　朴明六　　　　　　　　아헌 박명육
終獻　金世正　　　　　　　　종헌 김세정

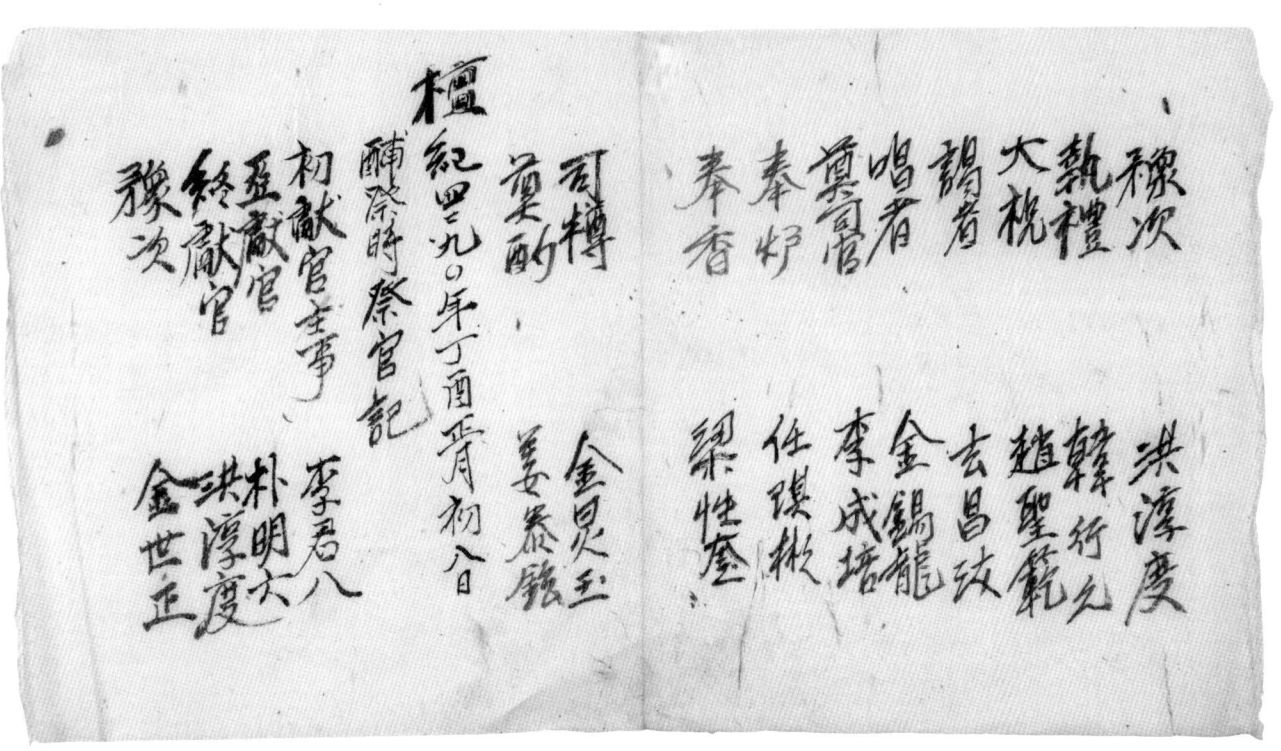

豫次　洪淳度
執禮　韓行允
大祝　趙聖範
謁者　玄昌汝
唱者　金錫龍
奠司官　李成培
奉爐　任琪彬
奉香　梁性奎
司樽　金炅玉
奠酌　姜泰鉉

檀紀四二九〇年 丁酉 正月初八日 酬祭時 祭官記

初獻官 主事　李君八
亞獻官　朴明六
終獻官　洪淳度
豫次　金世正

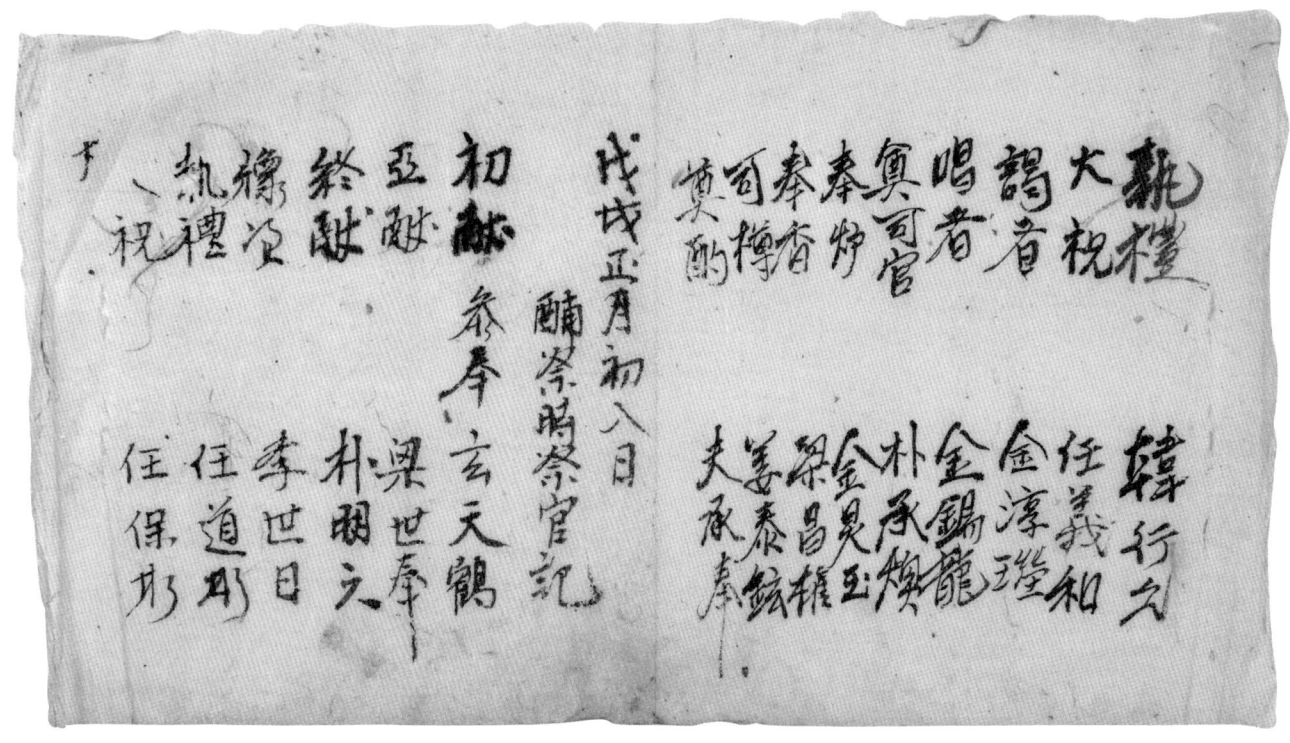

執禮 韓行允   집례 한행윤
大祝 任義和   대축 임의화
謁者 金淳瑩   알자 김순형
唱者 金錫龍   창자 김석룡
奠司官 朴承煥 전사관 박승환
奉爐 金炅玉   봉로 김경옥
奉香 梁昌權   봉향 양창권
司樽 姜泰鉉   사준 강태현
奠酌 夫承奉   전작 부승봉

戊戌正月初八日 酺祭時 祭官記   **무술년(1958) 1월 8일 포제시 제관 기록**

初獻 參奉 玄天鶴   초헌 참봉 현천학
亞獻 梁世奉   아헌 양세봉
終獻 朴明六   종헌 박명육
豫次 李世日   예차 이세일
執禮 任道彬   집례 임도빈
大祝 任保彬   대축 임보빈

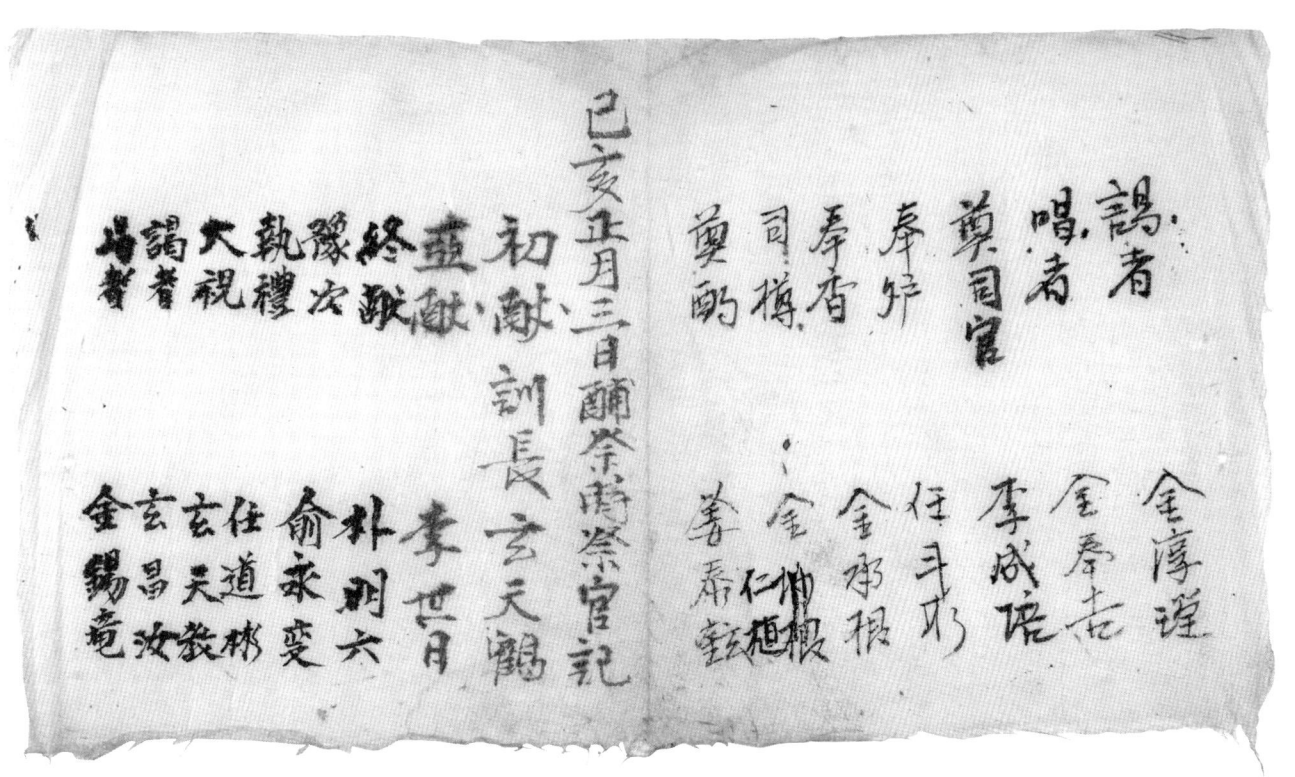

謁者　金淳瑾
唱者　金奉吉
奠司官　李成培
奉爐　任斗彬
奉香　金承根
司樽　金仁植
奠酌　姜泰鉉

己亥正月三日 酺祭時 祭官記

初獻　訓長　玄天鶴
亞獻　李世日
終獻　朴明六
豫次　俞永燮
執禮　任道彬
大祝　玄天敎
謁者　玄昌汝
唱者　金錫龍

알자 김순형
창자 김봉길
전사관 이성배
봉로 임두빈
봉향 김승근
사준 김인식
전작 강태현

기해년(1959) 1월 3일 포제시 제관 기록

초헌 훈장 현천학
아헌 이세일
종헌 박명육
예차 유영섭
집례 임도빈
대축 현천교
알자 현창여
창자 김석룡

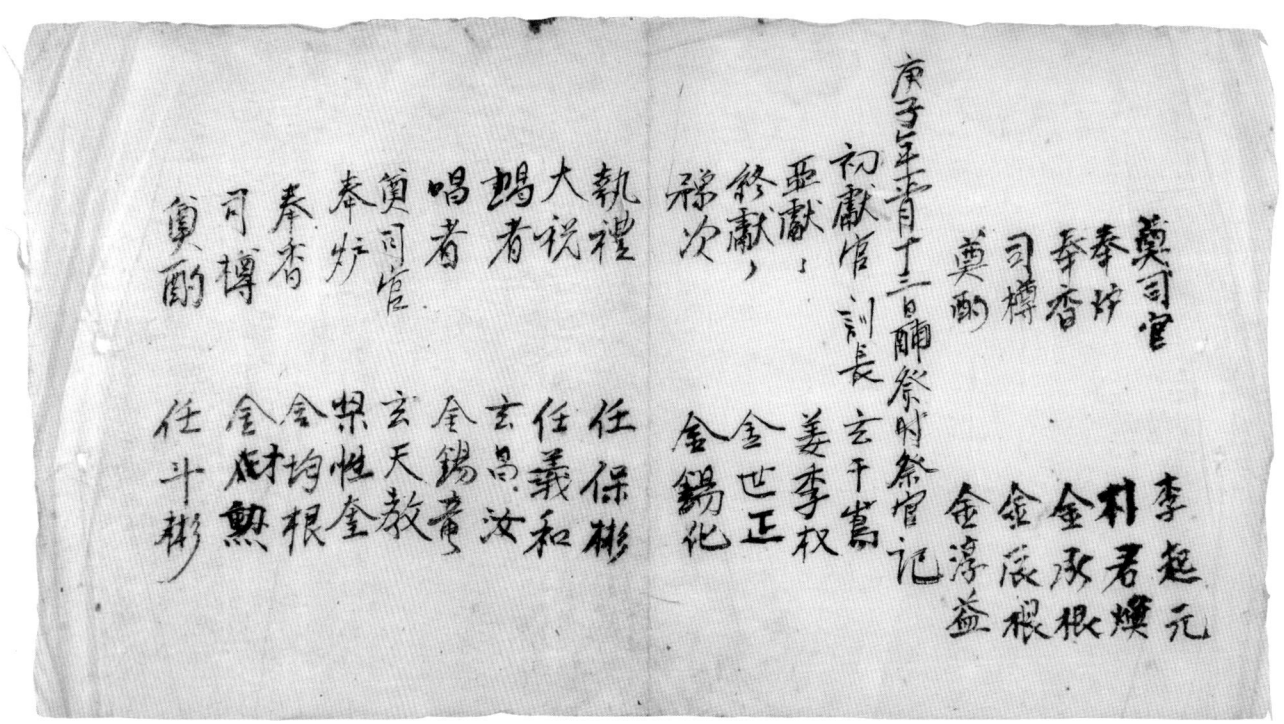

奠司官　李起元

奉爐　朴君煥

奉香　金承根

司樽　金辰根

奠酌　金淳益

전사관 이기원

봉로 박군환

봉향 김승근

사준 김진근

전작 김순익

庚子年正月十三日 酺祭時 祭官記　　　　**경자년(1960) 1월 13일 포제시 제관 기록**

初獻官 訓長　玄千鶴

亞獻 〃　姜季權

終獻 〃　金世正

豫次　金錫化

執禮　任保彬

大祝　任義和

謁者　玄昌汝

唱者　金錫龍

奠司官　玄天敎

奉爐　梁性奎

奉香　金均根

司樽　金才勳

奠酌　任斗彬

초헌관 훈장 현천학

아헌관 강계권

종헌관 김세정

예차 김석화

집례 임보빈

대축 임의화

알자 현창여

창자 김석룡

전사관 현천교

봉로 양성규

봉향 김균근

사준 김재훈

전작 임두빈

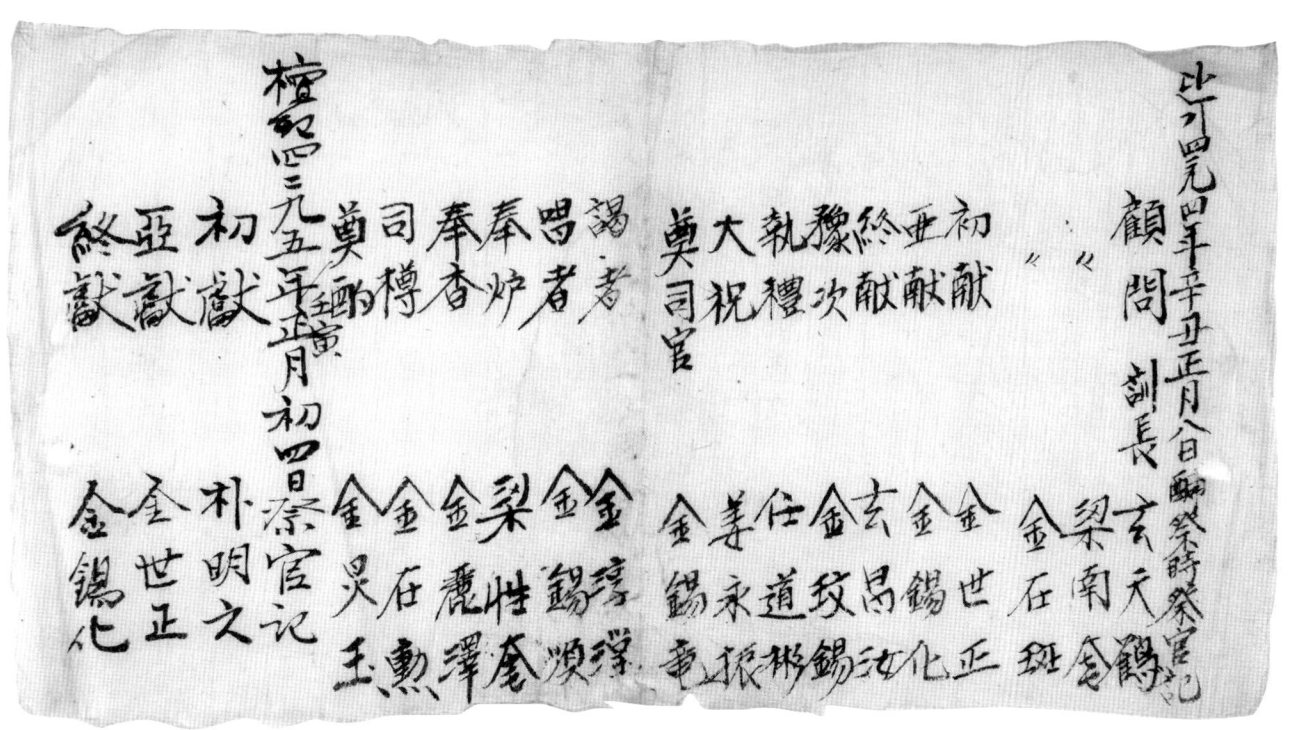

단기 四二九四年 辛丑 正月八日 酺祭時 祭官記

顧問 訓長　玄天鶴
〃　　　　梁南奎
〃　　　　金在班
初獻　金世正
亞獻　金錫化
終獻　玄昌汝
豫次　金玟錫
執禮　任道彬
大祝　姜永振
奠司官　金錫龍
謁者　金淳瀅
唱者　金錫順
奉爐　梁性奎
奉香　金麗澤
司樽　金在勳
奠酌　金炅玉

檀紀四二九五年 壬寅 正月初四日 祭官記

初獻　朴明六
亞獻　金世正
終獻　金錫化

단기 4294년(1961) 신축 1월 8일 포제시 제관 기록

고문 훈장　현천학
고문　양남규
고문　김재반
초헌　김세정
아헌　김석화
종헌　현창여
예차　김민석
집례　임도빈
대축　강영진
전사관　김석룡
알자　김순형
창자　김석순
봉로　양성규
봉향　김여택
사준　김재훈
전작　김경옥

단기 4295년(1962) 임인 1월 4일 제관 기록

초헌　박명육
아헌　김세정
종헌　김석화

豫次　玄昌汝
執禮　任保彬
大祝　姜永振
奠司官　朴群煥
謁者　金淳瀅
唱者　金錫龍
奉爐　金澤根
奉香　任文彬
司樽　姜泰鉉
奠酌　金麗澤

檀紀四二九六年 癸卯 正月十九日 祭官記

顧問　玄天鶴
〃　　梁南圭
〃　　金在斑
初獻　朴明六
亞獻　金世正

예차 현창여
집례 임보빈
대축 강영진
전사관 박군환
알자 김순형
창자 김석룡
봉로 김택근
봉향 임문빈
사준 강태현
전작 김여택

단기 4296년(1963) 계묘 1월 19일 제관 기록

고문 현천학
고문 양남규
고문 김재반
초헌 박명육
아헌 김세정

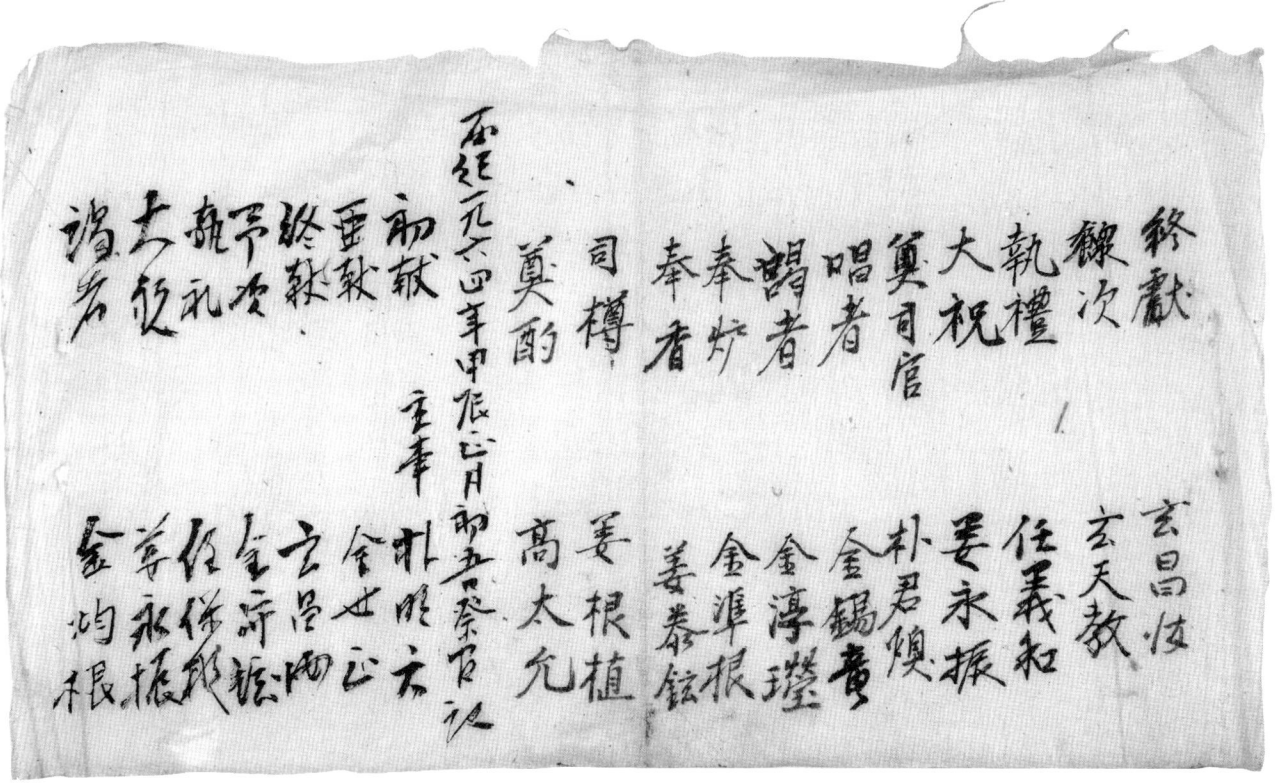

終獻 玄昌汝　　　　　　　종헌 현창여
豫次 玄天敎　　　　　　　예차 현천교
執禮 任義和　　　　　　　집례 임의화
大祝 姜永振　　　　　　　대축 강영진
奠司官 朴君煥　　　　　　전사관 박군환
唱者 金錫龍　　　　　　　창자 김석룡
謁者 金淳瑩　　　　　　　알자 김순형
奉爐 金準根　　　　　　　봉로 김준근
奉香 姜泰鉉　　　　　　　봉향 강태현
司樽 姜根植　　　　　　　사준 강근식
奠酌 高太允　　　　　　　전작 고태윤

西紀一九六四年 甲辰 正月初五日 祭官記　　**서기 1964년 갑진 1월 5일 제관 기록**

初獻 主事 朴明六　　　　　초헌 주사 박명육
亞獻 金世正　　　　　　　아헌 김세정
終獻 玄昌汝　　　　　　　종헌 현창여
豫次 金守鉉　　　　　　　예차 김수현
執禮 任保彬　　　　　　　집례 임보빈
大祝 姜永振　　　　　　　대축 강영진
謁者 金均根　　　　　　　알자 김균근

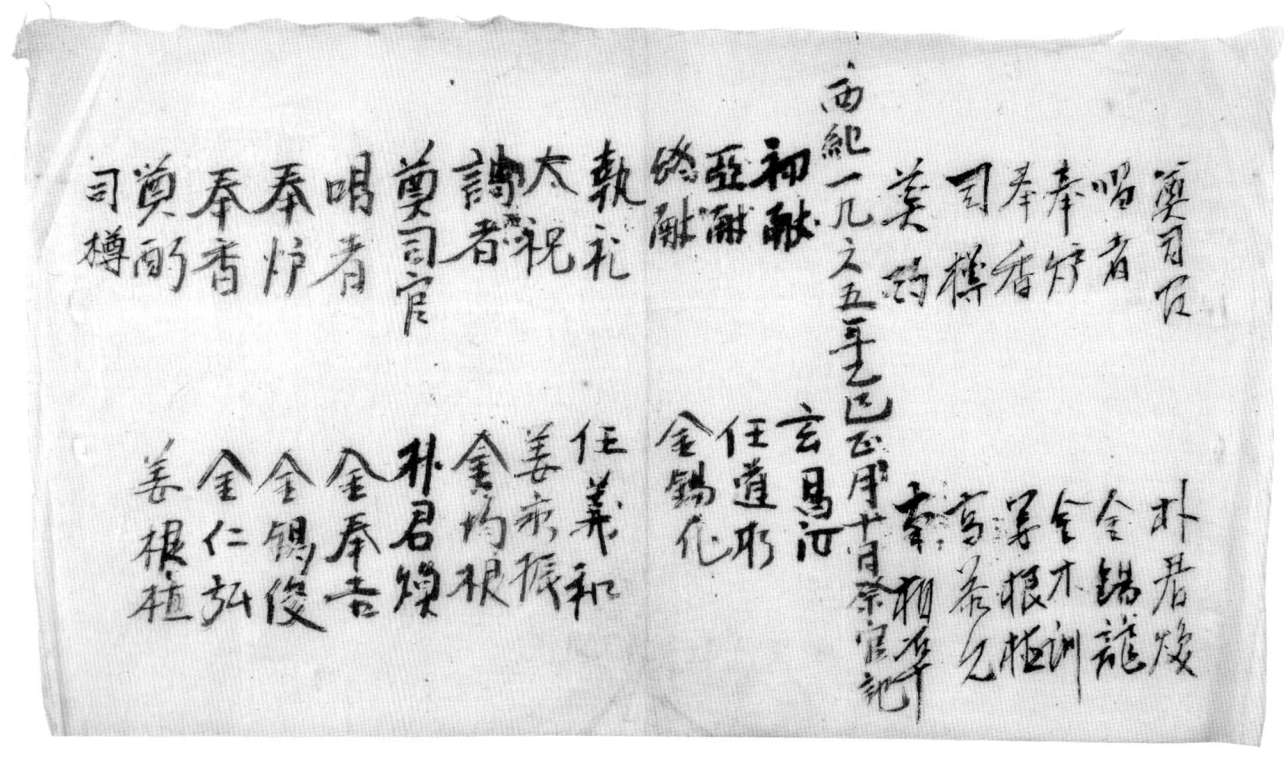

奠司官　朴君煥
唱者　金錫龍
奉爐　金才訓
奉香　姜根植
司樽　高泰允
奠酌　李相準

전사관 박군환
창자 김석룡
봉로 김재훈
봉향 강근식
사준 고태윤
전작 이상준

西紀一九六五年 乙巳 正月十日 祭官記

初獻　玄昌汝
亞獻　任道彬
終獻　金錫化
執禮　任義和
大祝　姜永振
謁者　金均根
奠司官　朴君煥
唱者　金奉吉
奉爐　金錫俊
奉香　金仁弘
奠酌　姜根植
司樽

서기 1965년 을사 1월 10일 제관 기록

초헌 현창여
아헌 임도빈
종헌 김석화
집례 임의화
대축 강영진
알자 김균근
전사관 박군환
창자 김봉길
봉로 김석준
봉향 김인홍
전작 강근식
사준

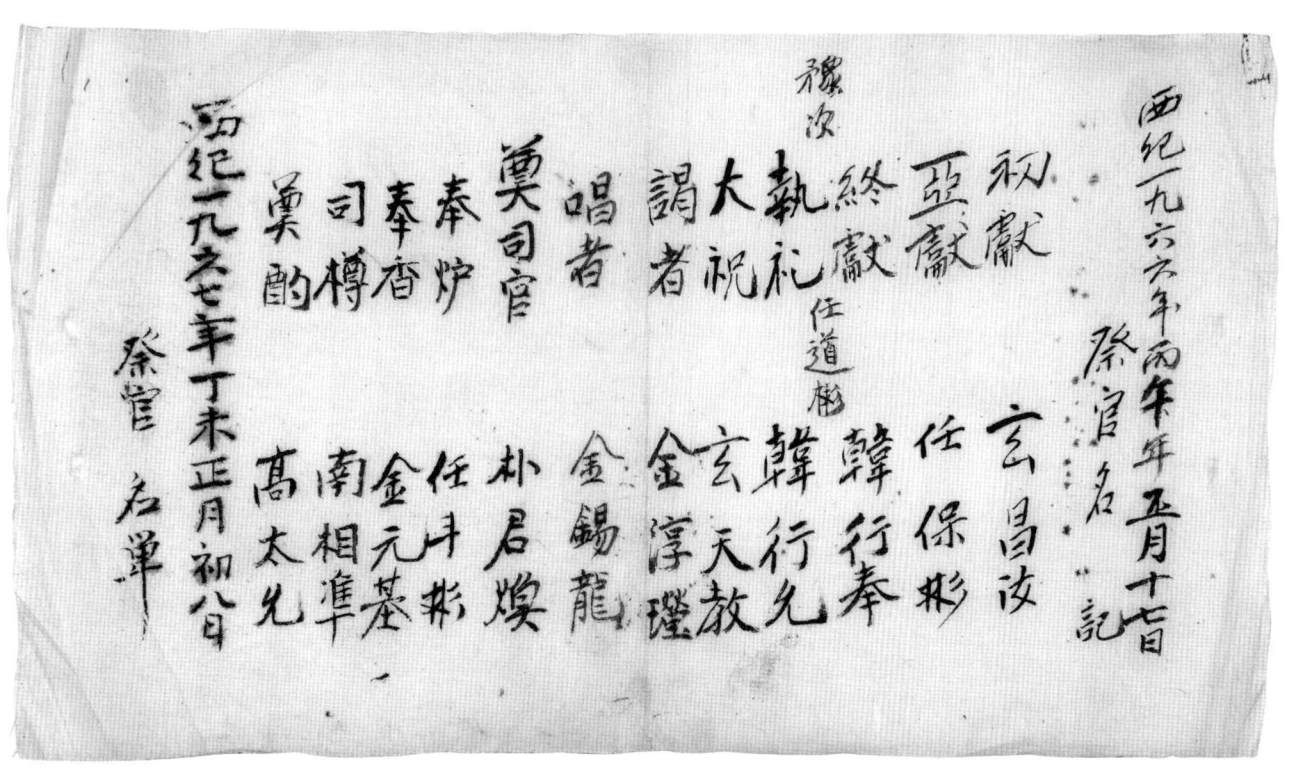

西紀一九六六年 丙午年 正月十七日 祭官名記 　　　서기 1966년 병오년 1월 17일 제관 명단 기록

初獻　玄昌汝　　　　　　　　　　　　　초헌　현창여
亞獻　任保彬　　　　　　　　　　　　　아헌　임보빈
終獻　韓行奉　　　　　　　　　　　　　종헌　한행봉
豫次　任道彬　　　　　　　　　　　　　예차　임도빈
執禮　韓行允　　　　　　　　　　　　　집례　한행윤
大祝　玄天敎　　　　　　　　　　　　　대축　현천교
謁者　金淳璨　　　　　　　　　　　　　알자　김순형
唱者　金錫龍　　　　　　　　　　　　　창자　김석룡
奠司官　朴君煥　　　　　　　　　　　　전사관　박군환
奉爐　任斗彬　　　　　　　　　　　　　봉로　임두빈
奉香　金元基　　　　　　　　　　　　　봉향　김원기
司樽　南相準　　　　　　　　　　　　　사준　남상준
奠酌　髙太允　　　　　　　　　　　　　전작　고태윤

西紀一九六七年 丁未 正月初八日 祭官名單 　　서기 1967년 정미 1월 8일 제관 명단

初獻 靜菴 玄昌汝	초헌 정암 현창여
亞獻 愚菴 任保彬	아헌 우암 임보빈
終獻 姜熙洙	종헌 강희수
豫次 韓行允	예차 한행윤
執禮 德原 任道彬	집례 덕원 임도빈
大祝 姜永振	대축 강영진
謁者 掌議 金珍根	알자 장의 김진근
唱者 金錫化	창자 김석화
奠司官 朴君煥	전사관 박군환
奉爐 姜根植	봉로 강근식
奉香 金仁弘	봉향 김인홍
司樽 金元基	사준 김원기
奠酌 南相俊	전작 남상준
區長 金仁植	구장 김인식

西紀一九六八年 戊申 正月初九日   서기 1968년 무신 1월 9일

初獻官 幼學 金錫化	초헌관 유학 김석화
亞獻官 愚堂 任保彬	아헌관 우당 임보빈

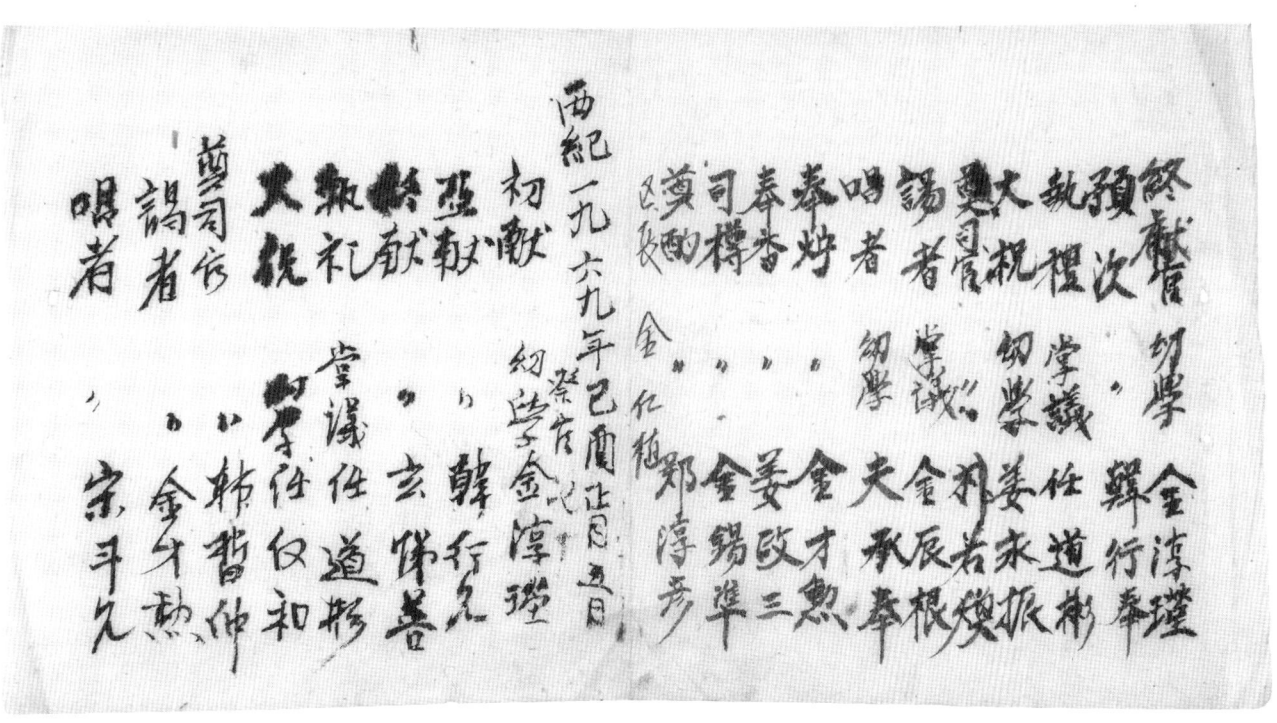

終獻官 幼學　金淳瑩	종헌관 유학　김순형
豫次 〃　韓行奉	예차 유학　한행봉
執禮 掌議　任道彬	집례 장의　임도빈
大祝 幼學　姜永振	대축 유학　강영진
奠司官 〃　朴君煥	전사관 유학　박군환
謁者 掌議　金辰根	알자 장의　김진근
唱者 幼學　夫承奉	창자 유학　부승봉
奉爐 〃　金才勳	봉로 유학　김재훈
奉香 〃　姜政三	봉향 유학　강정삼
司樽 〃　金錫準	사준 유학　김석준
奠酌 〃　鄭淳彦	전작 유학　정순언
區長　金仁植	구장　김인식

西紀一九六九年 己酉 正月五日 祭官記　　서기 1969년 기유 1월 5일 제관 기록

初獻 幼學　金淳瑩	초헌 유학　김순형
亞獻 〃　韓行允	아헌 유학　한행윤
終獻 〃　玄悌善	종헌 유학　현제선
執禮 掌議　任道彬	집례 장의　임도빈
大祝 幼學　任儀和	대축 유학　임의화
奠司官 〃　韓晳仲	전사관 유학　한석중
謁者 〃　金才勳	알자 유학　김재훈
唱者 〃　宋斗允	창자 유학　송두윤

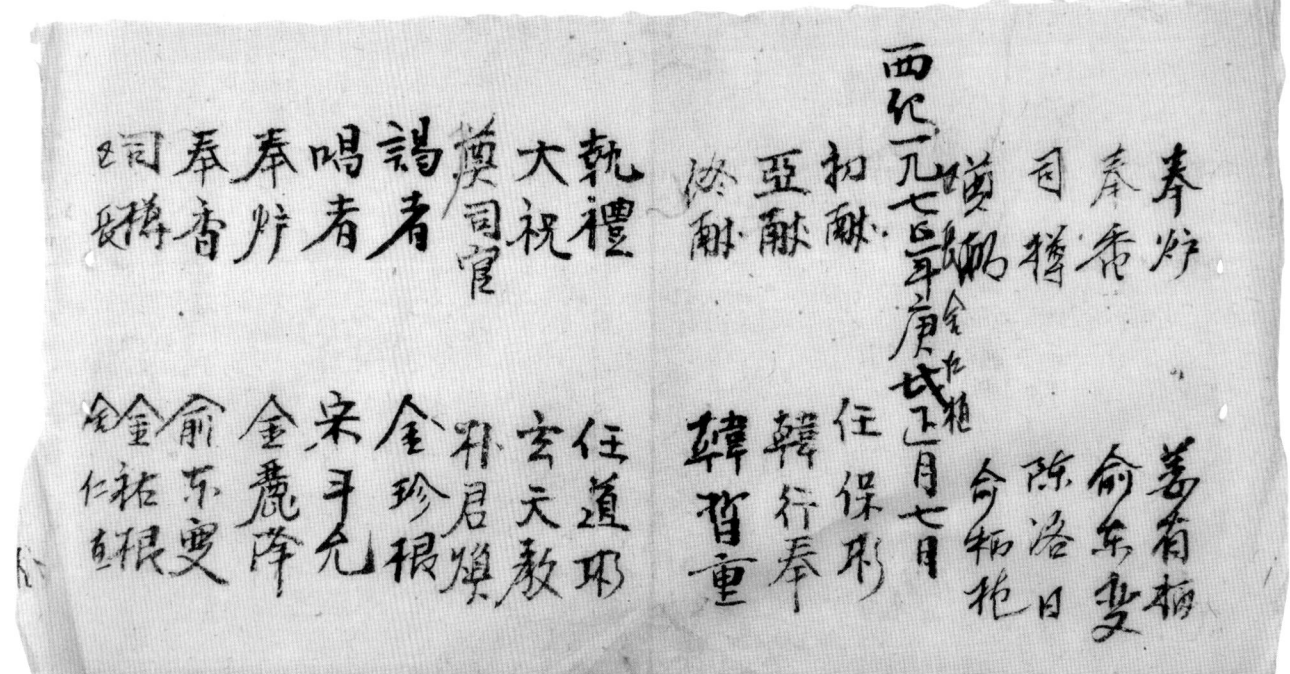

奉爐 〃 姜有柄 봉로 유학 강유병
奉香　兪東燮 봉향 유동섭
司樽　陳洛日 사준 진낙일
奠酌　兪柄植 전작 유병식
區長　金仁植 구장 김인식

西紀一九七0年 庚戌 正月七日　　서기 1970년 경술 1월 7일

初獻　任保彬 초헌 임보빈
亞獻　韓行奉 아헌 한행봉
終獻　韓晳重 종헌 한석중
執禮　任道彬 집례 임도빈
大祝　玄天敎 대축 현천교
奠司官　朴君煥 전사관 박군환
謁者　金珍根 알자 김진근
唱者　宋斗允 창자 송두윤
奉爐　金麗澤 봉로 김여택
奉香　兪東燮 봉향 유동섭
司樽　金祐根 사준 김우근
區長　金仁植 구장 김인식

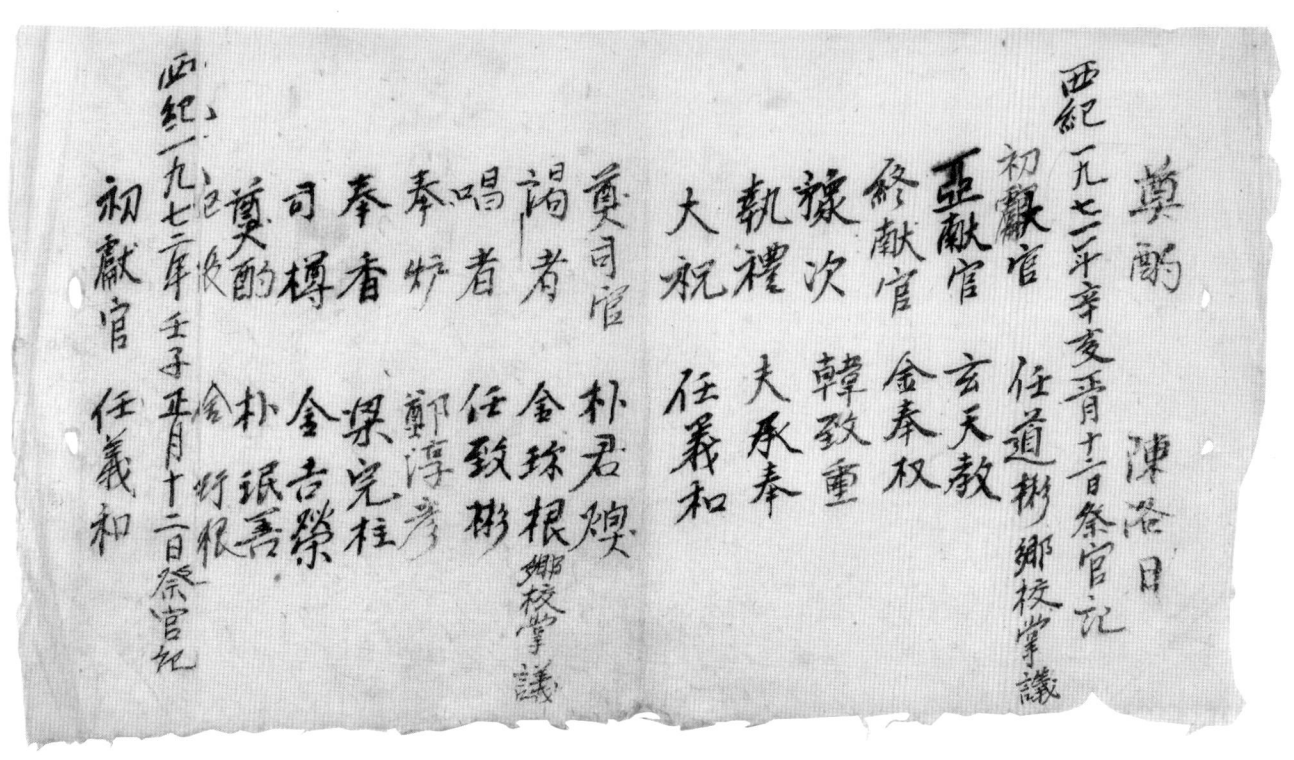

奠酌　陳洛日

西紀一九七一年 辛亥 正月十二日 祭官記

初獻官　任道彬 鄉校掌議
亞獻官　玄天敎
終獻官　金奉權
豫次　韓致重
執禮　夫承奉
大祝　任義和
奠司官　朴君煥
謁者　金珍根 鄉校掌議
唱者　任致彬
奉爐　鄭淳彦
奉香　梁完柱
司樽　金吉榮
奠酌　朴珉善
區長　金玗根

西紀一九七二年 壬子 正月十二日 祭官記

初獻官　任義和

전작 진낙일

서기 1971년 신해 1월 12일 제관 기록

초헌관　임도빈 향교장의
아헌관　현천교
종헌관　김봉권
예차　한치중
집례　부승봉
대축　임의화
전사관　박군환
알자　김진근 향교장의
창자　임치빈
봉로　정순언
봉향　양완주
사준　김길영
전작　박민선
구장　김우근

서기 1972년 임자 1월 12일 제관 기록

초헌관　임의화

亞獻官 韓行奉　　　　　　　아헌관 한행봉
終獻官 朴君煥　　　　　　　종헌관 박군환
豫次　金益洙　　　　　　　예차　김익수
執禮 겸 大祝 玄天敎　　　　집례 겸 대축 현천교
奠司官 俞永燮　　　　　　　전사관 유영섭
謁者　金仁植　　　　　　　알자　김인식
唱者　宋斗潤　　　　　　　창자　송두윤
奉爐　鄭淳彦　　　　　　　봉로　정순언
奉香　姜泰鐘　　　　　　　봉향　강태종
司樽　李宗右　　　　　　　사준　이종우
奠酌　金太宗　　　　　　　전작　김태종
區長　金玗根　　　　　　　구장　김우근

西紀一九七三年 癸丑 正月初五日 祭官記　　서기 1973년 계축 1월 5일 제관 기록

初獻官 玄悌善　　　　　　　초헌관 현제선
亞獻　金致煥　　　　　　　아헌　김치환
終獻官 金玗根　　　　　　　종헌관 김우근
豫次　姜泰銀　　　　　　　예차　강태은
執禮　夫承奉　　　　　　　집례　부승봉
大祝　金辰根 鄕校掌議　　　대축　김진근 향교장의
奠司官 李起元　　　　　　　전사관 이기원
謁者　金仁弘　　　　　　　알자　김인홍

唱者　姜有柄
奉爐　金太宗
奉香　金守一
司樽　梁秀南
奠酌
祭所　金致煥宅
區長　金辰根

西紀一九七四年 甲寅 正月十四日 祭官記

初獻官　玄天敎
亞獻　韓晳中
終獻　金玗根
豫次
執禮　任道彬
大祝　姜永振
奠司官　宋斗允
謁者　金辰根
唱者　金麗澤

서기 1974년 갑인 1월 14일 제관 기록

초헌관 현천교
아헌 한석중
종헌 김우근
예차
집례 임도빈
대축 강영진
전사관 송두윤
알자 김진근
창자 김여택

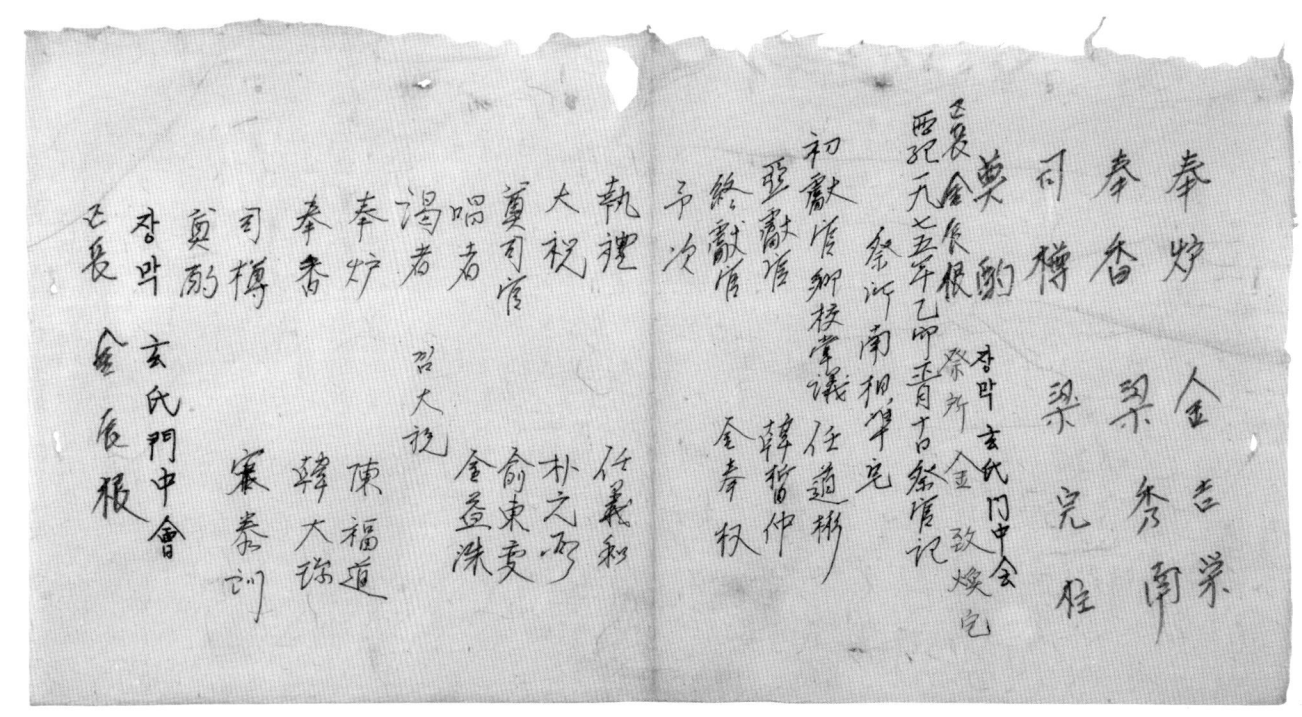

奉爐　金吉榮 봉로　김길영
奉香　梁秀南 봉향　양수남
司樽　梁完柱 사준　양완주
奠酌   전작

장막　玄氏門中會 장막　현씨문중회
區長　金辰根 구장　김진근
祭所　金致煥宅 제소　김치환 댁

西紀一九七五年 乙卯 正月十日 祭官記

서기 1975년 을묘 1월 10일 제관 기록

祭所　南相準宅 제소　남상준 댁
初獻官 鄕校掌議 任道彬 초헌관 향교장의 임도빈
亞獻官　韓晳仲 아헌관　한석중
終獻官　金奉權 종헌관　김봉권
豫次   예차
執禮　任義和 집례　임의화
大祝　朴元弼 대축　박원필
奠司官　兪東燮 전사관　유동섭
唱者　金益洙 창자　김익수
謁者 겸 大祝 알자 겸 대축
奉爐　陳福道 봉로　진복도
奉香　韓大珍 봉향　한대진
司樽　宋泰訓 사준　송태훈
奠酌   전작

장막　玄氏門中會 장막　현씨문중회
區長　金辰根 구장　김진근

西紀一九七六年 丙辰 正月十六日 祭官記

初獻官　任道彬
亞獻官　梁權用
終獻官　金致煥
豫次
執禮 大祝　任義和
奠司官　宋斗允
唱者　朴元必
謁者　宋瑞準
奉爐　任龍勳
奉香　李哲浩
司樽　宋泰京
奠酌

祭所　李昌敦宅
장막　금성상회
區長　玄貴善

서기 1976년 병진 1월 16일 제관 기록

초헌관　임도빈
아헌관　양권용
종헌관　김치환
예차
집례 대축　임의화
전사관　송두윤
창자　박원필
알자　송서준
봉로　임용훈
봉향　이철호
사준　송태경
전작

제소　이창돈 댁
장막　금성상회
구장　현귀선

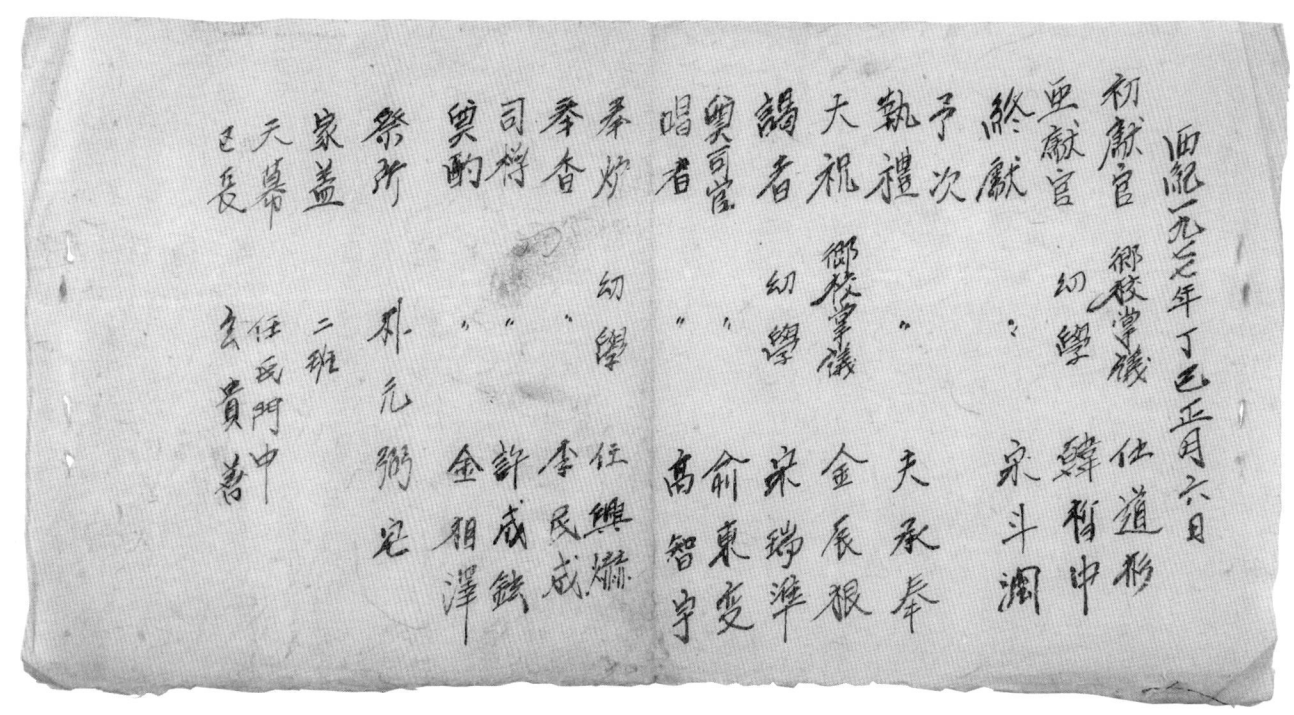

西紀一九七七年 丁巳 正月六日　　　서기 1977년 정사 1월 6일

初獻官 鄕校掌議　任道彬　　　초헌관 향교장의　임도빈
亞獻官 幼學　韓晳中　　　아헌관 유학　한석중
終獻 〃　宋斗潤　　　종헌 유학　송두윤
豫次　　　예차
執禮 〃　夫承奉　　　집례 유학　부승봉
大祝 鄕校掌議　金辰根　　　대축 향교장의　김진근
謁者 幼學　宋瑞準　　　알자 유학　송서준
奠司官 〃　俞東燮　　　전사관 유학　유동섭
唱者 〃　高智宇　　　창자 유학　고지우
奉爐 幼學　任興爀　　　봉로 유학　임흥혁
奉香 〃　李民成　　　봉향 유학　이민성
司樽 〃　許成鉉　　　사준 유학　허성현
奠酌 〃　金相澤　　　전작 유학　김상택

祭所　朴元弼宅　　　제소　박원필 댁
家盖　二班　　　가개　2반
天幕　任氏門中　　　천막　임씨문중
區長　玄貴善　　　구장　현귀선

西紀一九七壹年庚戌七月七日

頌祝

龍紀金九先祖

令孫花

執禮

於亞和

樹獻獻

韓韓住

習行保

重奉珩

住
道
邱

부조기
扶助記

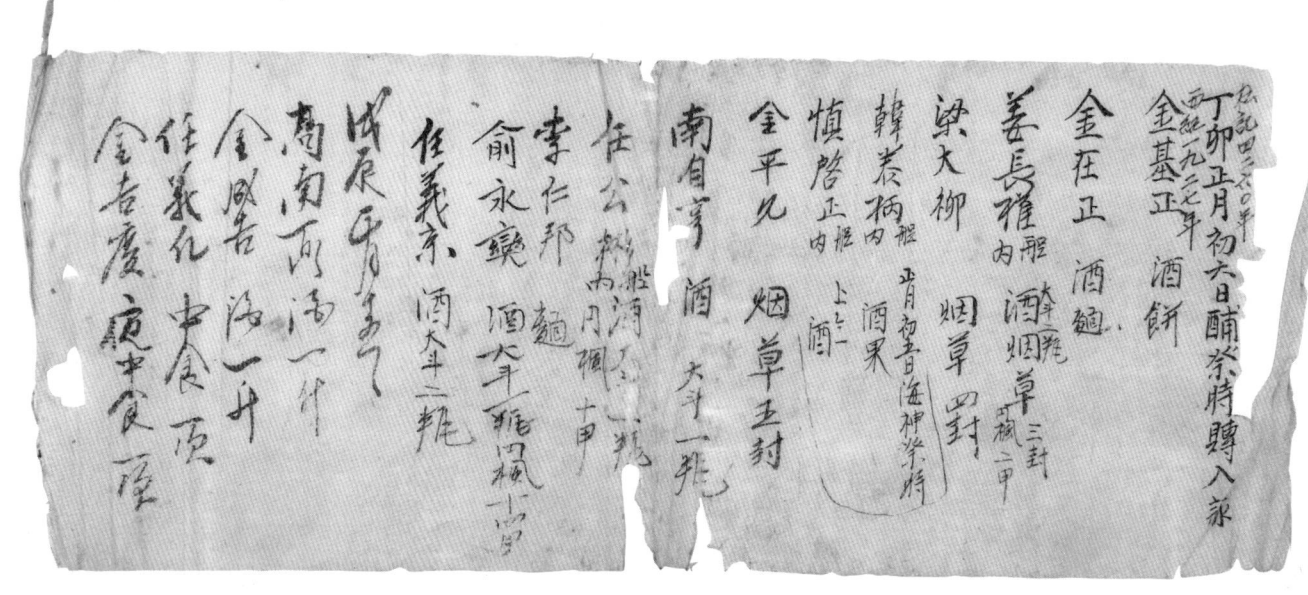

丁卯正月初六日 酺祭時 賻入記
[檀記四二六0年 西紀一九二七年]

金基正 酒餅
金在正 酒麵
姜長權[船內] 酒 大斗 二瓶 烟草 三封 丹楓 二甲
梁大柳 烟草 四封
韓泰柄[船內] 正月初五日 海神祭時 酒果
愼啓正[船內] 上仝 酒
金平允 烟草 五封
南自亨 酒 大斗 一瓶
任公彬[船內] 酒 大斗 (一)瓶 丹楓 十甲
李仁邦 麵
兪永燮 酒 大斗 一瓶 丹楓 十四甲
任義京 酒 大斗 二瓶

戊辰正月十五日

高南弼 酒 一升
金成吉 酒 一升
任義凡 中食 一次
金吉度 夜中食 一次

정묘년(1927) 1월 6일 포제시 부입기
[단기4260년 서기 1927년]

김기정 술, 떡
김재정 술, 면
강장권[선내] 술 대두 2병, 연초 3봉, 단풍 2갑
양대류 연초 4봉
한태병[선내] 1월 5일 해신제 때 술, 과일
신계정[선내] 1월 5일 해신제 때 술
김평윤 연초 5봉
남자형 술 대두 1병
임공빈[선내] 술 대두 1병, 단풍 10갑
이인방 면
유영섭 술 대두 1병, 단풍 14갑
임의경 술 대두 2병

무진년(1928) 1월 15일

고남필 술 1되
김성길 술 1되
임의범 중식 1차
김길도 야식 1차

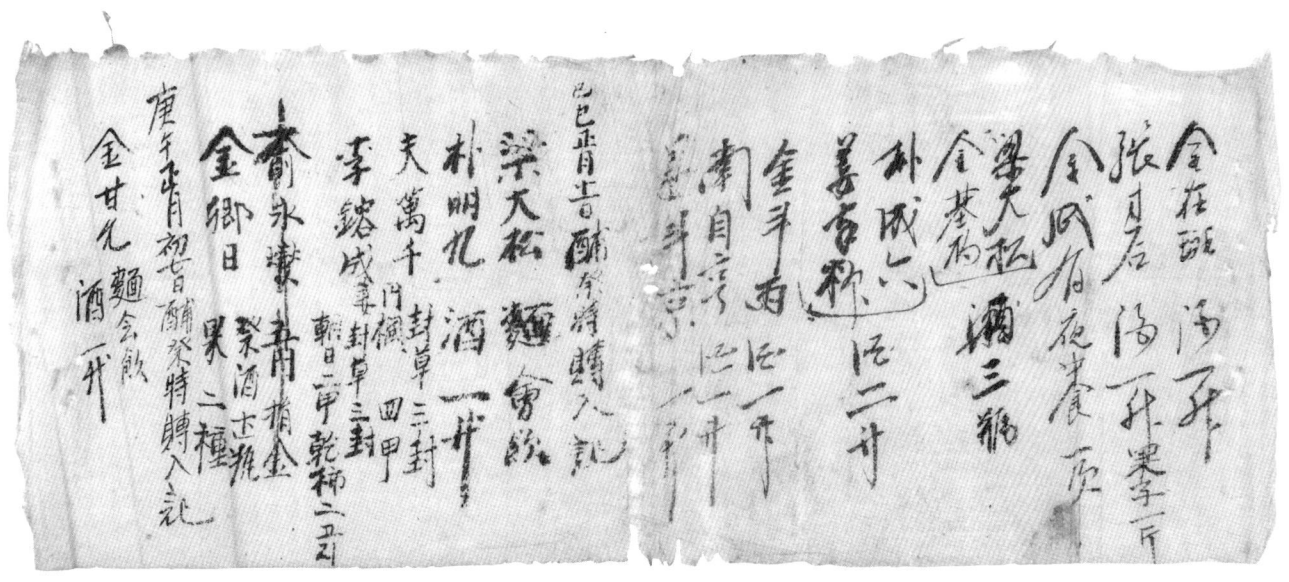

金在斑 酒 一升
張才石 酒 一升 果子 一斤
金成有 夜中食 一次
梁大松 金基杓 酒 三瓶
朴成六 姜奉權 酒 二升
金斗丙 酒 一升
南自亨 酒 一升
姜斗京 一升

己巳 正月 十一日 酺祭時 購入記

梁大松 麵會飲
朴明九 酒 一升
夫萬千 封草 三封 丹楓 四甲
李鎔成妻 封草 三封 朝日 二甲 乾柿 二고지
金卿日 祭酒 壹瓶 果 二種

庚午 正月 初七日 酺祭時 購入記

金甘允 麵會飲 酒 一升

기사년(1929) 1월 11일 포제시 부입기

양대송 면 회음
박명구 술 1되
부만천 봉초 3봉, 단풍 4갑
이용성 처 봉초 3봉, 조일 2갑, 곶감 2고지
김경일 제주 1병, 과일 2종

경오년(1930) 1월 7일 포제시 부입기

김감윤 면 회음, 술 1되

김재반 술 1되
장재석 술 1되, 과자 1근
김성유 야식 1차
양대송 김기표 술 3병
박성육 강봉권 술 2되
김두병 술 1되
남자형 술 1되
강두경 (술) 1되

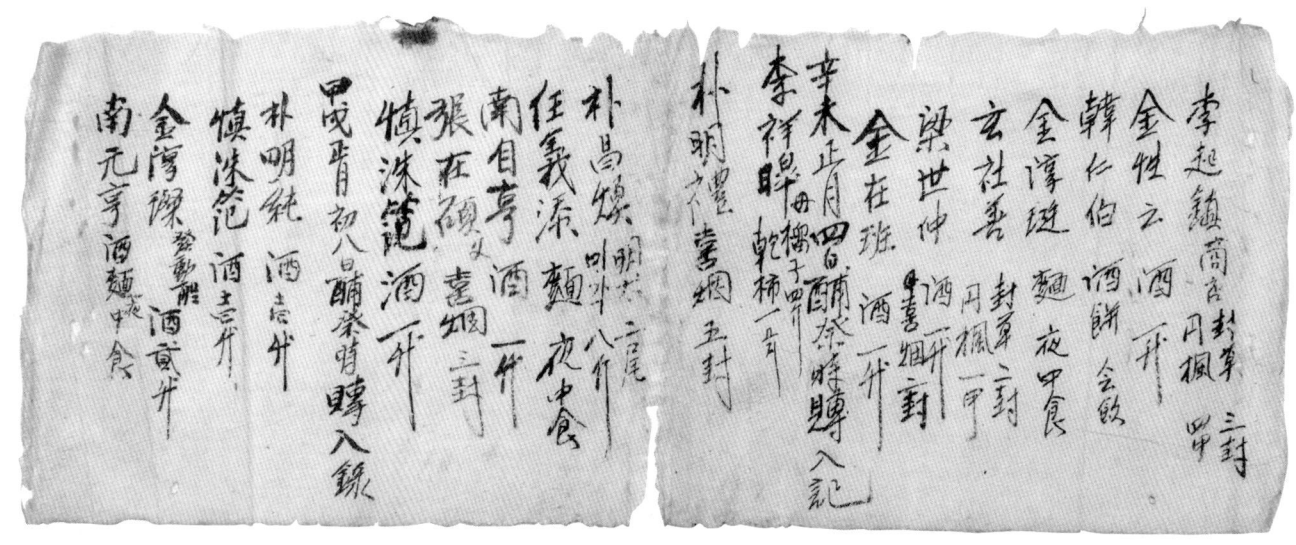

李起鎭[商店] 封草 三封 丹楓 四甲
金性云 酒 一升
韓仁伯 酒餅 會飮
金淳玨 麵 夜中食
玄社善 封草 二封 丹楓 一甲
梁世仲 酒 一升 喜烟 二封
金在班 酒 一升

辛未 正月四日 酺祭時 購入記

李祥皞母 榴子 四介 乾柿 一고지
朴明禮 喜烟 五封
朴昌煥 明太 二尾 미각 八介
任義添 麵 夜中食
南自亨 酒 一升
張在碩父 喜烟 三封
愼洙範 酒 一升

甲戌 正月初八日 酺祭時 購入錄

朴明純 酒 壹升
愼洙範 酒 壹升
金淳璨[發動船] 酒 貳升
南元亨 酒麵 夜中食

이기진[상점] 봉초 3봉, 단풍 4갑
김성운 술 1되
한인백 술, 떡 회음
김순정 면 야식
현사선 봉초 2봉, 단풍 1갑
양세중 술 1되, 희연 2봉
김재반 술 1되

신미년(1931) 1월 4일 포제시 부입기

이상호 모 유자 4개, 곶감 1고지
박명례 희연 5봉
박창환 명태 2마리, 미각 8개
임의첨 면 야식
남자형 술 1되
장재석 부 희연 3봉
신수범 술 1되

갑술년(1934) 1월 8일 포제시 부입록

박명순 술 1되
신수범 술 1되
김순찬[발동선] 술 2되
남원형 술, 면 야식

韓泰柄[發動船] 酒 一升
姜昌孝 편포 二尾
玄元俊[船] 乾魚 二尾
金錫贊[船] 海魚 二尾

※ 이하 당해 지출내역 일부를 메모한 것으로 여겨지는 기록이 있음.

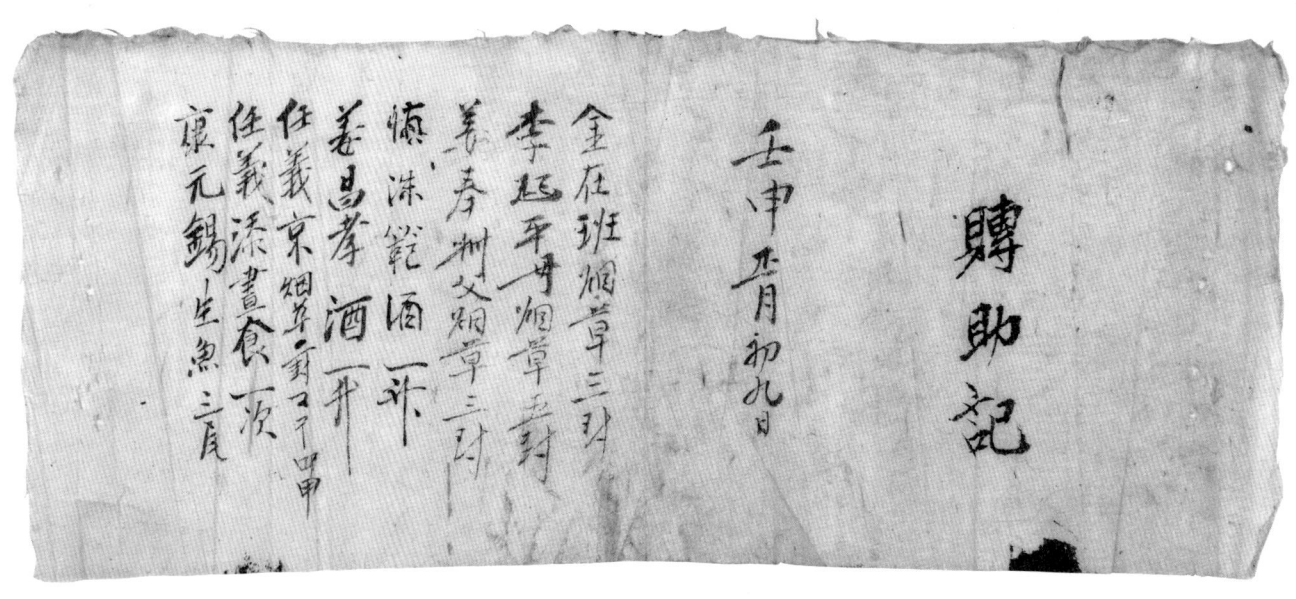

賻助記

壬申 正月初九日

金在班 烟草 三封
李起平母 烟草 五封
姜奉權父 烟草 三封
愼洙範 酒 一升
姜昌孝 酒 一升
任義京 烟草 二封 マテ 四甲
任義添 晝食 一次
康元錫 生魚 三尾

부조기

임신년(1932) 1월 9일

김재반 연초 3봉
이기평 모 연초 5봉
강봉권 부 연초 3봉
신수범 술 1되
강창효 술 1되
임의경 연초 2봉, 마테 4갑
임의첨 점심 1차
강원석 생선 3마리

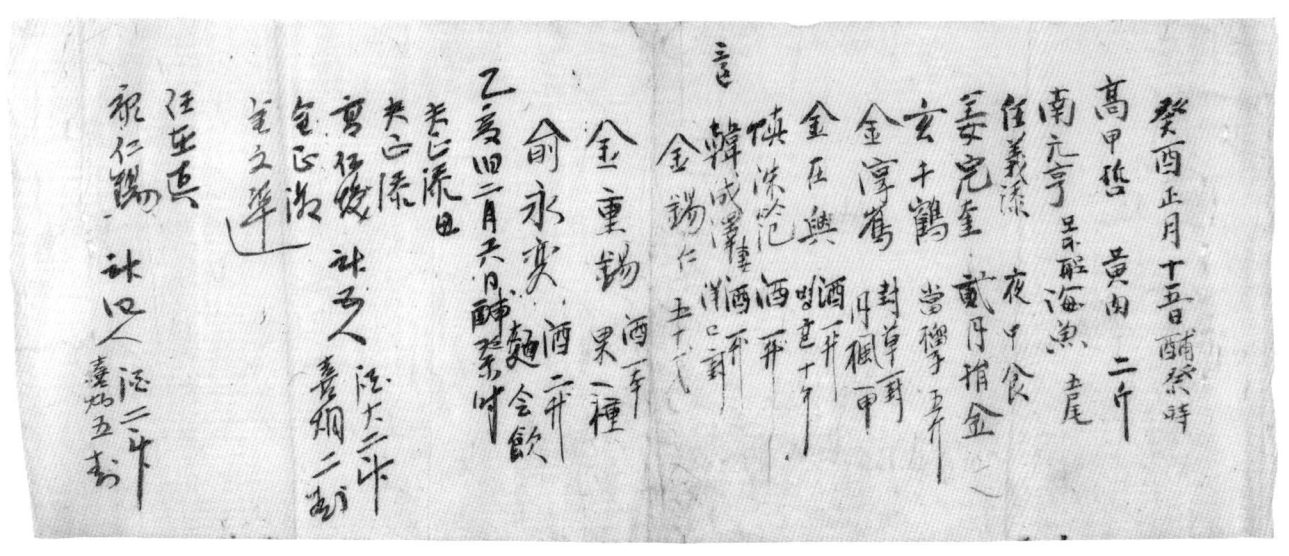

癸酉 正月十五日 酺祭時

高甲哲 黃肉 二斤
南元亨[모다船] 海魚 五尾
任義添 夜中食
姜完奎 貳円 捐金
玄千鶴 當榴子 五介
金淳鶴 封草 一封 丹楓 一甲
金在興 酒 一升 병귤 十介
愼洙範 酒 一升
三區 韓成澤妻 酒 一升 洋口 二封
金錫仁 五十戔
金重錫 酒 一本 果 一種
兪永燮 酒 二升 麵會飮

乙亥 舊二月六日 酺祭時

夫正添母 夫正添 高仁煥 金正淑 金文準 計
五人 酒 大二升 喜烟 二封
任在眞 康仁錫

계유년(1933) 1월 15일 포제시

고갑철 쇠고기 2근
남원형[모터 배] 바닷고기 5마리
임의첨 야식
강완규 2원 연금
현천학 당유자 5개
김순학 봉초 1봉, 단풍 1갑
김재흥 술 1되, 병귤 10개
신수범 술 1되
3구 한성택 처 술 1되, 양초 2봉
김석인 50전
김중석 술 1본, 과일 1종
유영섭 술 2되, 면 회음

을해년(1935) 음력 2월 6일 포제시

부정첨 모 부정첨 고인환 김정숙 김문준 계
5인 술 대 2되, 희연 2봉

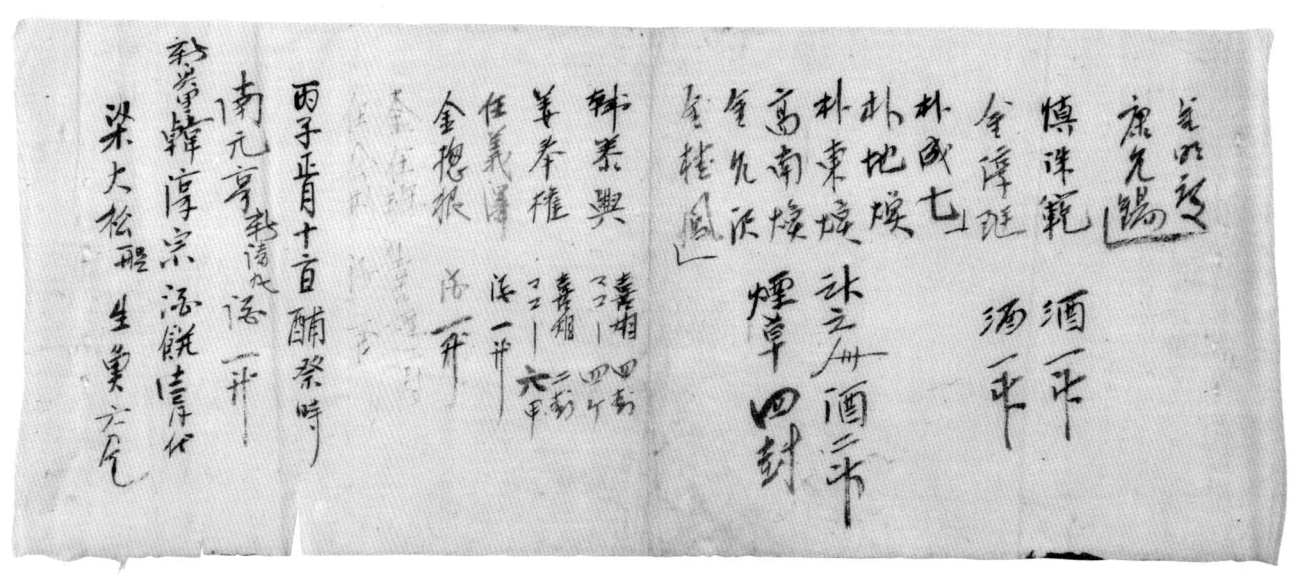

金明(度) 康允錫 計 四人 酒 二升 喜烟 五封
愼洙範 酒 一升
金淳珽 酒 一升
朴成七 朴地煥 朴東煥 高南煥 金允澤 金桂鳳 計 六人 酒 二升 煙草 四封
韓泰興 喜烟 四封 マテ 四个
姜奉權 喜烟 二封 マテ 六甲
任義澤 酒 一升
金摠根 酒 一升
金在班 喜烟 二封
任公彬 酒 一升

丙子 正月十二日 酺祭時

南元亨[新淸丸] 酒 一升
新興里 韓淳宗 酒餠壹円代
梁大松[船] 生魚 六尾

임재진 강인석 김명도 강윤석 계 4인 술 2되, 희연 5봉
신수범 술 1되
김순정 술 1되
박성칠 박지환 박동환 고남환 김윤택 김계봉 계 6인 술 2되, 연초 4봉
한태흥 희연 4봉, 마테 4개
강봉권 희연 2봉, 마테 6갑
임의택 술 1되
김총근 술 1되
김재반 희연 2봉
임공빈 술 1되

병자년(1936) 1월 12일 포제시

남원형[신청환] 술 1되
신흥리 한순종 술과 떡 대금 1원
양대송[배] 생선 6마리

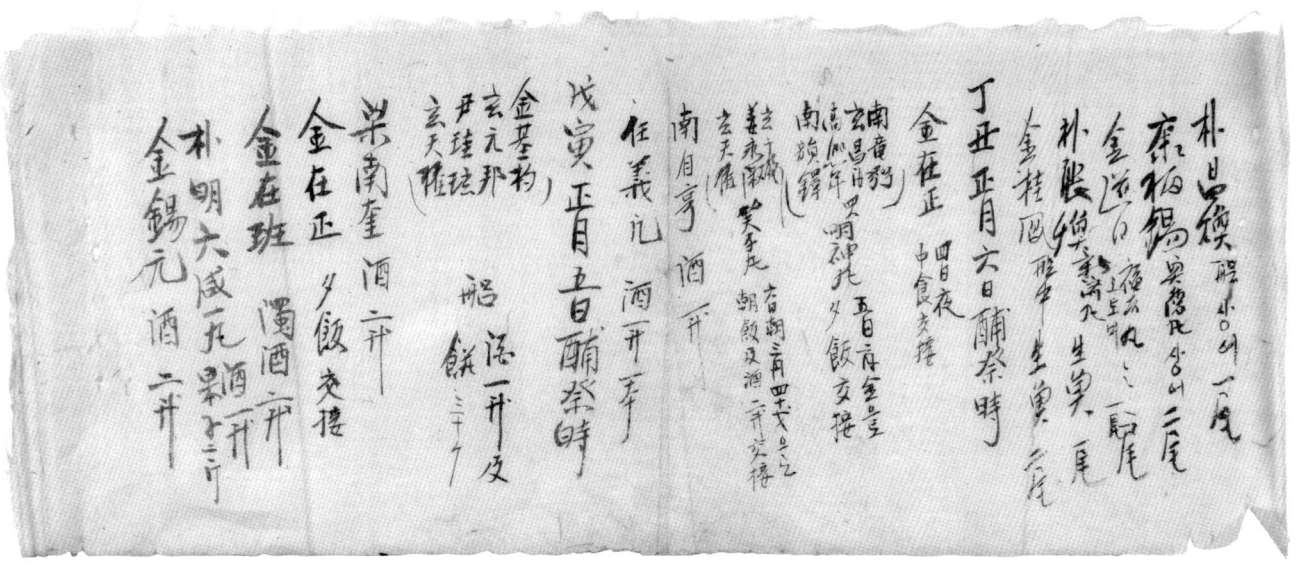

朴昌煥[船] 상어 一尾
康柄錫[興德丸] 상어 二尾
金道日[福○丸] 상어 一尾 오토미 一尾
朴張煥[新濟丸] 生魚 一尾
金桂鳳[船中] 生魚 二尾

丁丑 正月六日 酺祭時

金在正 四日夜中食 交接
南龍弼 玄昌汝 高熙華 南韻鐸 四人[明神丸]
五日 二円金으로 夕飯 交接
玄千能 姜永淑 玄天權[笑(子)丸] 六日朝
三円四十戔으로 朝飯及酒 二升 交接
南自亨 酒 一升
任義凡 酒 一升 一本

戊寅 正月五日 酺祭時

金基杓 玄元邦 尹珪玹 玄天權[船] 酒 一升及餅 三十介
梁南奎 酒 二升
金在正 夕飯 交接
金在班 濁酒 二升
朴明六[咸一丸] 酒 一升 果子 二斤
金錫元 酒 二升

박창환[배] 상어 1마리
강병석[흥덕환] 상어 2마리
김도일[복○환] 상어 1마리, 옥돔 1마리
박장환[신제환] 생선 1마리
김계봉[배] 생선 2마리

정축년(1937) 1월 6일 포제시

김재정 4일 야식 접대
남용필 현창여 고희화 남운탁 4인[명신환]
5일 2원으로 석식 접대
현천능 강영숙 현천권[소(자)환] 6일 아침
3원 40전으로 조반 및 술 2되 접대
남자형 술 1되
임의범 술 1되 1본

무인년(1938) 1월 5일 포제시

김기표 현원방 윤규현 현천권[배] 술 1되 및 떡 30개
양남규 술 2되
김재정 석식 접대
김재반 탁주 2되
박명육[함일환] 술 1되, 과자 2근
김석원 술 2되

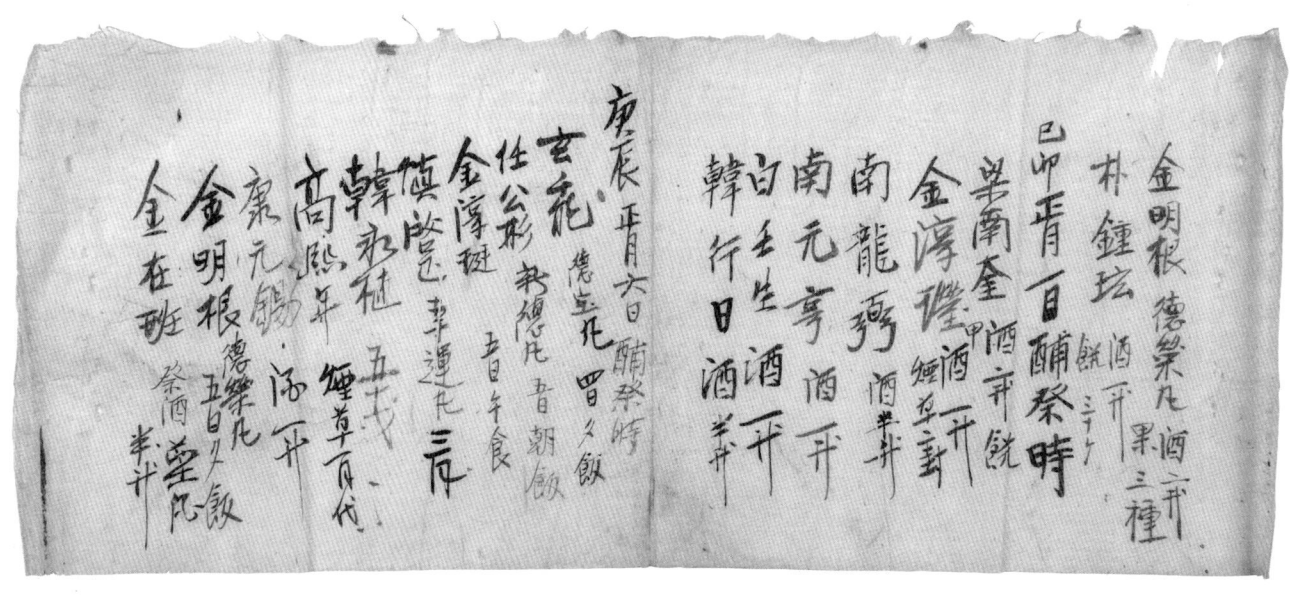

金明根[德榮丸] 酒 二升 果 三種
朴鍾玹 酒 一升 餅 三十个

己卯 正月一日 酺祭時

梁南奎 酒 二升 餅 甲
金淳瑩 酒 一升 煙草 二封
南龍弼 酒 半升
南元亨 酒 一升
白壬生 酒 一升
韓行日 酒 半升

庚辰 正月六日 酺祭時

玄千能[德寶丸] 四日夕飯
任公彬[新德丸] 五日朝飯
金淳珽 五日午食
愼啓正[幸運丸] 三円
韓永植 五十戔
高熙年 煙草一円代
康元錫 酒 一升
金明根[德榮丸] 五日夕飯
金在班 祭酒 藥酒 半升

김명근[덕영환] 술 2되, 과일 3종
박종현 술 1되, 떡 30개

기묘년(1939) 1월 1일 포제시

양남규 술 2되, 떡, 甲
김순형 술 1되, 연초 2봉
남용필 술 반되
남원형 술 1되
백임생 술 1되
한행일 술 반되

경진년(1940) 1월 6일 포제시

현천능[덕보환] 4일 석식
임공빈[신덕환] 5일 조식
김순정 5일 점심
신계정[행운환] 3원
한영식 50전
고희년 연초 대금 1원
강원석 술 1되
김명근[덕영환] 5일 석식
김재반 제주로 약주 반되

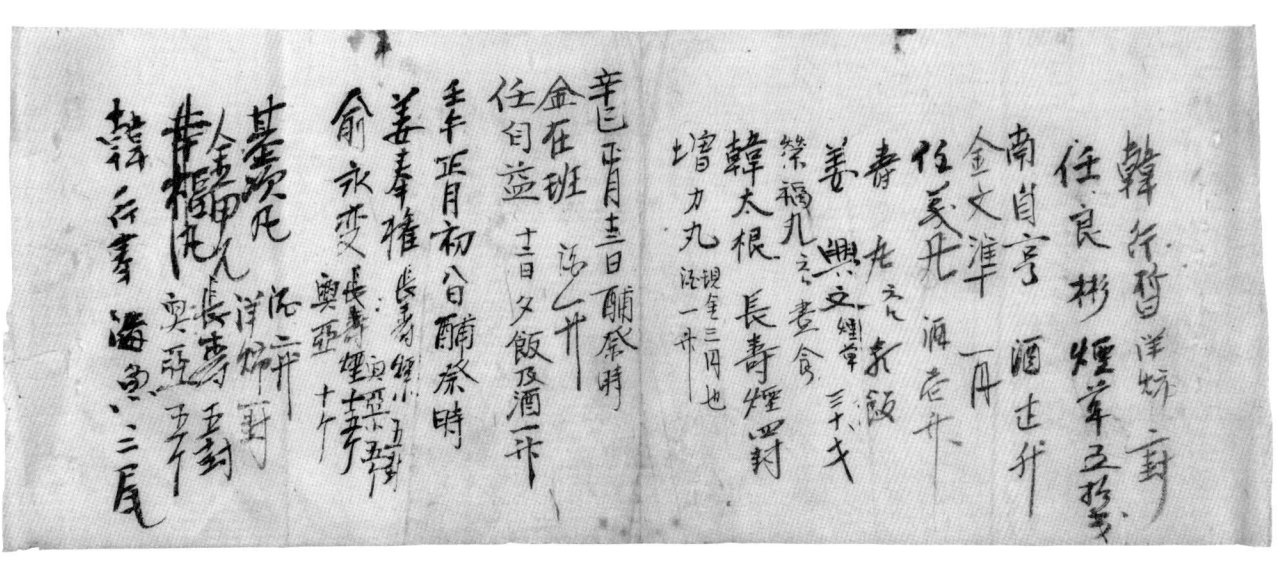

韓行晳 洋燭 二封
任良彬 煙草 五拾戔
南自亨 酒 壹升
金文準 一円
任義凡 酒 壹升
壽丸 六日朝飯
姜興文 煙草 三十戔
榮福丸 六日晝食
韓太根 長壽煙 四封
增力丸 現金 三円也 酒 一升

辛巳 正月十三日 酺祭時

金在班 酒 一升
任自益 十二日夕飯及酒一升

壬午 正月初八日 酺祭時

姜奉權 長壽煙 小五封 興亞 小五个
兪永燮 長壽煙 十五介 興亞 十个
基次丸 酒 二升 洋燭 一封
金甲允 長壽 五封 興亞 五个
韓行奉 海魚 三尾

한행석 양초 2봉
임양빈 연초 (대금) 50전
남자형 술 1되
김문준 1원
임의범 술 1되
수환 6일 조식
강흥문 연초 (대금) 30전
영복환 6일 점심
한태근 장수연 4봉
증력환 현금 3원, 술 1되

신사년(1941) 1월 13일 포제시

김재반 술 1되
임자익 12일 석식 및 술 1되

임오년(1942) 1월 8일 포제시

강봉권 장수연 소 5봉, 흥아 소 5개
유영섭 장수연 15개, 흥아 10개
기차환 술 2되, 양초 1봉
김갑윤 장수연 5봉, 흥아 5개
한행봉 바닷고기 3마리

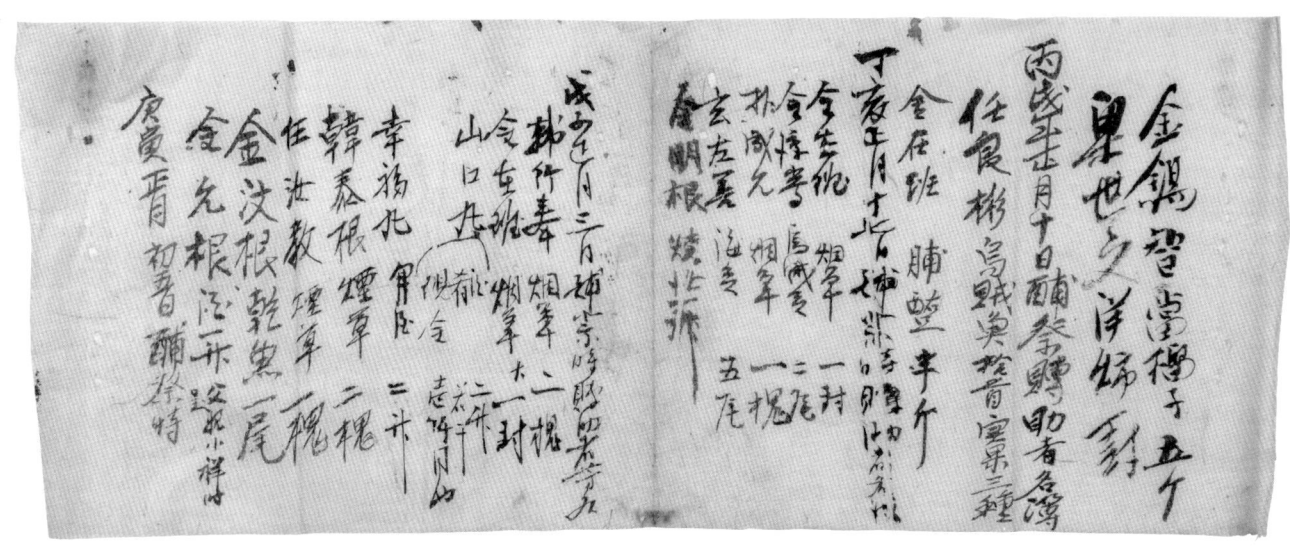

金錫智 當榴子 五个 　　　　　　　김석지 당유자 5개
梁世文 洋燭 一封 　　　　　　　　양세문 양초 1봉

丙戌年 正月十日 酬祭賻助者名簿 　　　**병술년(1946) 1월 10일 포제시 부조자명부**

任良彬 烏賊魚 拾首 實果 三種 　　　　임양빈 오징어 10마리, 실과 3종
金在班 脯醯 半斤 　　　　　　　　　김재반 포혜 반근

丁亥 正月十七日 酬祭時賻助者名簿 　**정해년(1947) 1월 17일 포제시 부조자명부**

金在班 煙草 一封 　　　　　　　　　김재반 연초 1봉
金淳鶴 烏賊魚 二尾 　　　　　　　　김순학 오징어 2마리
朴成允 烟草 一槐 　　　　　　　　　박성윤 연초 1괴
玄左善 海魚 五尾 　　　　　　　　　현좌선 바닷고기 5마리
金明根 燒酒 一升 　　　　　　　　　김명근 소주 1되

戊子 正月三日 酬祭時賻助者等名 　　**무자년(1948) 1월 3일 포제시 부조자 등 명부**

韓行奉 烟草 二槐 　　　　　　　　　한행봉 연초 2괴
金在班 烟草 大一封 　　　　　　　　김재반 연초 대1봉
山口丸 酒 二升 肴 若干 現金 壹阡円也 　산구환 술 2되, 안주 약간, 현금 1,000원
幸福丸 (農)酒 二升 　　　　　　　　행복환 농주 2되
韓泰根 煙草 二槐 　　　　　　　　　한태근 연초 2괴
任汝敎 煙草 一槐 　　　　　　　　　임여교 연초 1괴
金汶根 乾魚 一尾 　　　　　　　　　김문근 건어 1마리
金允根 酒 一升 父親小祥時 呈 　　　김윤근 술 1되, 부친 소상 때

庚寅 正月初五日 酬祭時 　　　　　**경인년(1950) 1월 5일 포제시**

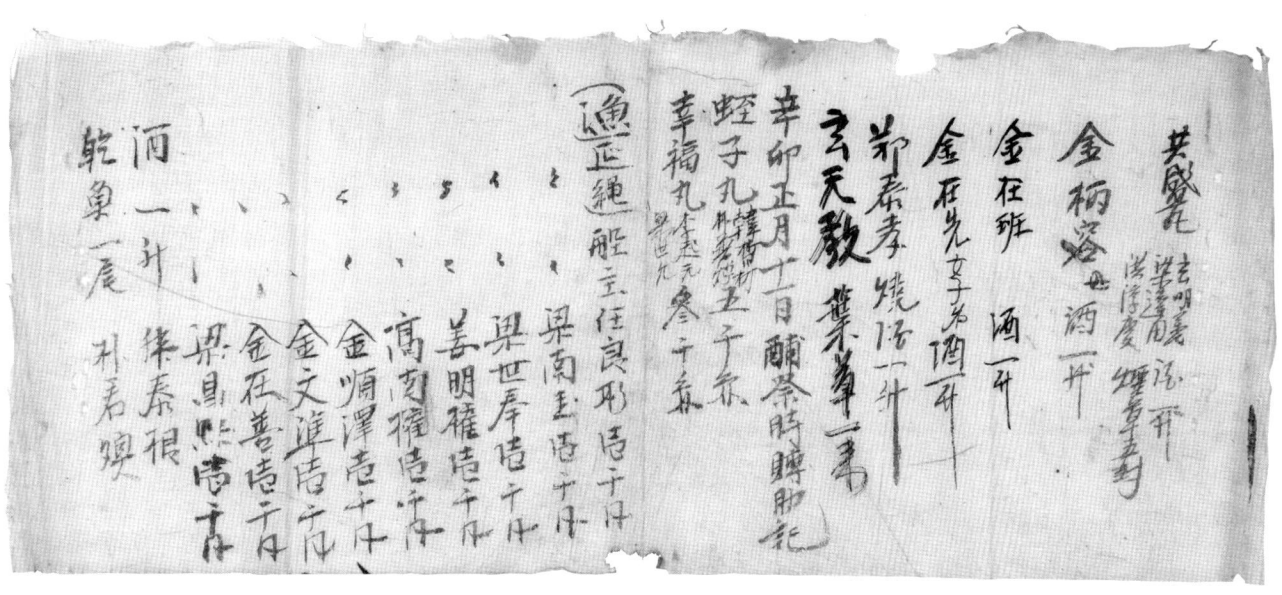

共盛丸[玄明善 梁達用 洪淳慶] 酒 一升 煙草 五封
金柄容母 酒 一升
金在班 酒 一升
金在先[女子名] 酒 一升
鄭泰孝 燒酒 一升
玄天敎 葉草 一封

辛卯 正月十一日 酺祭時賻助記

蛭子丸[韓晳材 朴普煥] 五千圓
幸福丸[李起元 梁世允] 參千圓
漁延繩 船主 任良彬 壹千円
〃 〃 梁南圭 壹千円
〃 〃 梁世奉 壹千円
〃 〃 姜明權 壹千円
〃 〃 高南權 壹千円
〃 〃 金順澤 壹千円
〃 〃 金文準 壹千円
〃 〃 金在善 壹千円
〃 〃 梁昌熙 壹千円
酒 一升 韓泰根
乾魚 一尾 朴君煥

신묘년(1951) 1월 11일 포제시 부조기

공성환[현명선 양달용 홍순경] 술 1되, 연초 5봉
김병용 모 술 1되
김재반 술 1되
김재선[여자 이름] 술 1되
정태효 소주 1되
현천교 엽초 1봉

질자환[한석재 박보환] 5,000원
행복환[이기원 양세윤] 3,000원
어연승 선주 임양빈 1,000원
어연승 선주 양남규 1,000원
어연승 선주 양세봉 1,000원
어연승 선주 강명권 1,000원
어연승 선주 고남권 1,000원
어연승 선주 김순택 1,000원
어연승 선주 김문준 1,000원
어연승 선주 김재선 1,000원
어연승 선주 양창희 1,000원
술 1되 한태근
건어 1마리 박군환

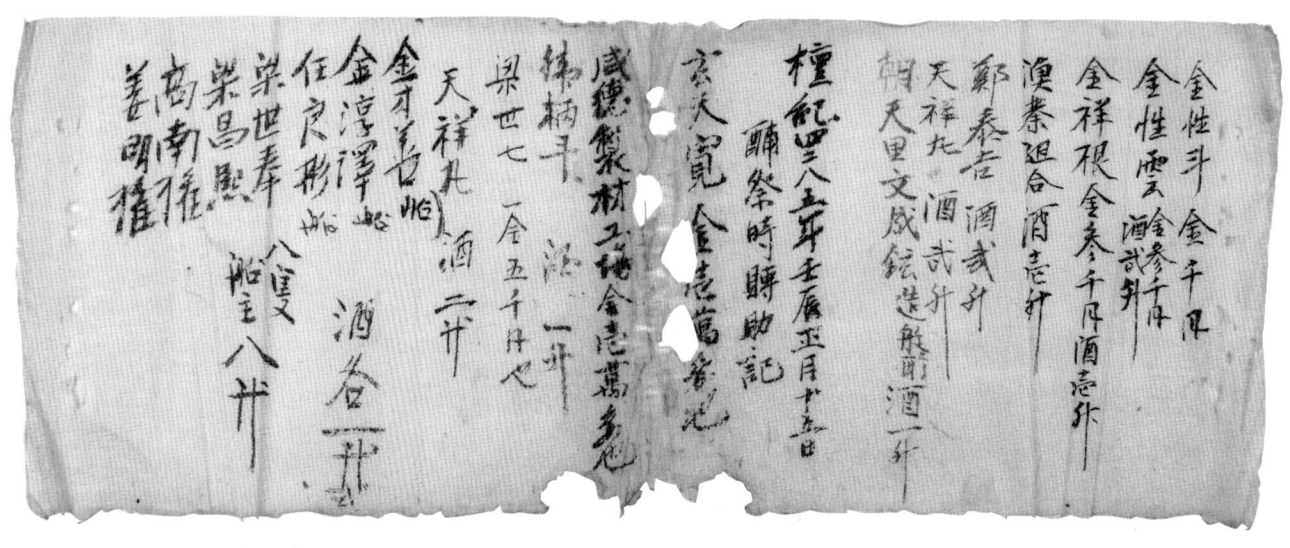

金性斗 金千円
金性雲 金參千円 酒 貳升
金祥根 金參千円 酒 壹升
漁業組合 酒 壹升
鄭泰吉 酒 貳升
天祥丸 酒 貳升
朝天里 文成鉉[造船所] 酒 一升

檀紀四二八五年 壬辰 正月十五日 酺祭時賻助記

玄天寬 金壹萬圓也
咸德製材工場 金壹萬圓也
韓柄斗 酒 一升
梁世七 一金 五千円也
天祥丸 酒 二升
金才善[船] 金淳澤[船] 任良彬[船] 酒 各一升式
梁世奉 梁昌熙 高南權 姜明權

김성두 일금 1,000원
김성운 일금 3,000원, 술 2되
김상근 일금 3,000원, 술 1되
어업조합 술 1되
정태길 술 2되
천상환 술 2되
조천리 문성현[조선소] 술 1되

단기 4285년(1952) 임진 1월 15일 포제시 부조기

현천관 일금 10,000원
함덕제재공장 일금 10,000원
한병두 술 1되
양세칠 일금 5,000원
천상환 술 2되
김재선[배] 김순택[배] 임양빈[배] 술 각 1되

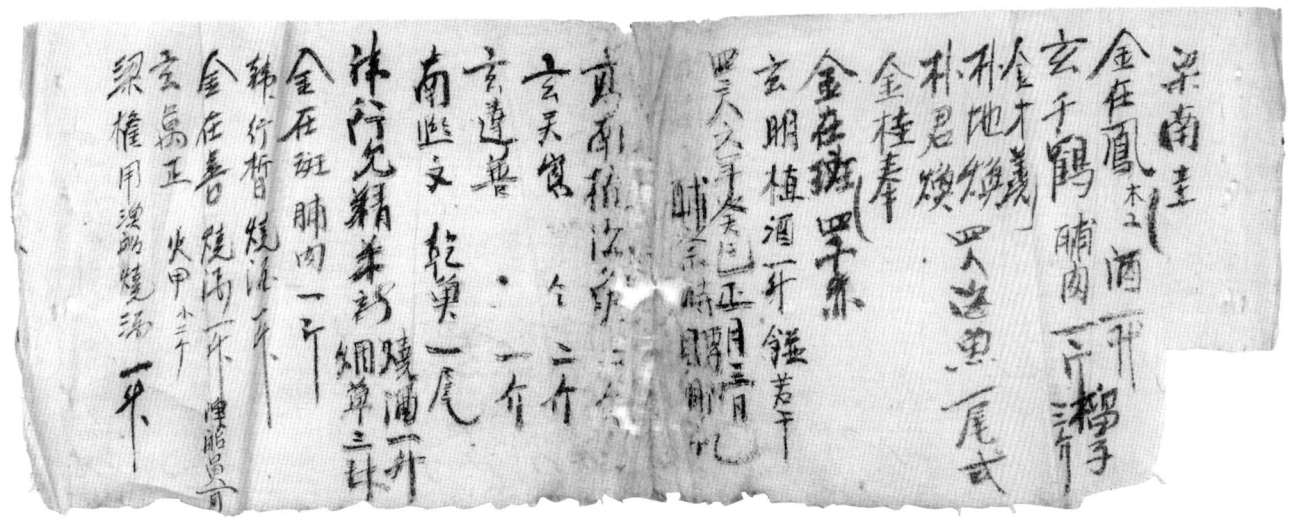

梁南圭 八隻 船主 八升
金在鳳[木工] 酒 一升
玄千鶴 脯肉 一斤 榴子 三介
金才義 朴地煥 朴君煥 金桂奉 四人 海魚 一尾式
金在斑 四千圓
玄明植 酒 一升 餅 若干

양세봉 양창희 고남권 강명권 양남규 8척 선주 (술) 8되
김재봉[목공] 술 1되
현천학 포육 1근, 유자 3개
김재의 박지환 박군환 김계봉 4인 바닷고기 각 1마리
김재반 4,000원
현명식 술 1되, 떡 약간

四二八六年 癸巳 正月三日 酺祭時賦助記

高南植 海魚 二介
玄天鶴 仝 二介
玄達善 〃 一介
南熙文 乾魚 一尾
韓行允[精米所] 燒酒 一升 烟草 三封
金在斑 脯肉 一斤
韓行晳 燒酒 一升
金在善 燒酒 一升 漁船員一同
玄萬正 火甲 小二个
梁權用[漁船] 燒酒 一升

단기 4286년(1953) 계사 1월 3일 포제시 부조기

고남식 바닷고기 2마리
현천학 바닷고기 2마리
현달선 바닷고기 1마리
남희문 건어 1마리
한행윤[정미소] 소주 1되, 연초 3봉
김재반 포육 1근
한행석 소주 1되
김재선 소주 1되, 어선 선원 일동
현만정 성냥 소 2개
양권용[어선] 소주 1되

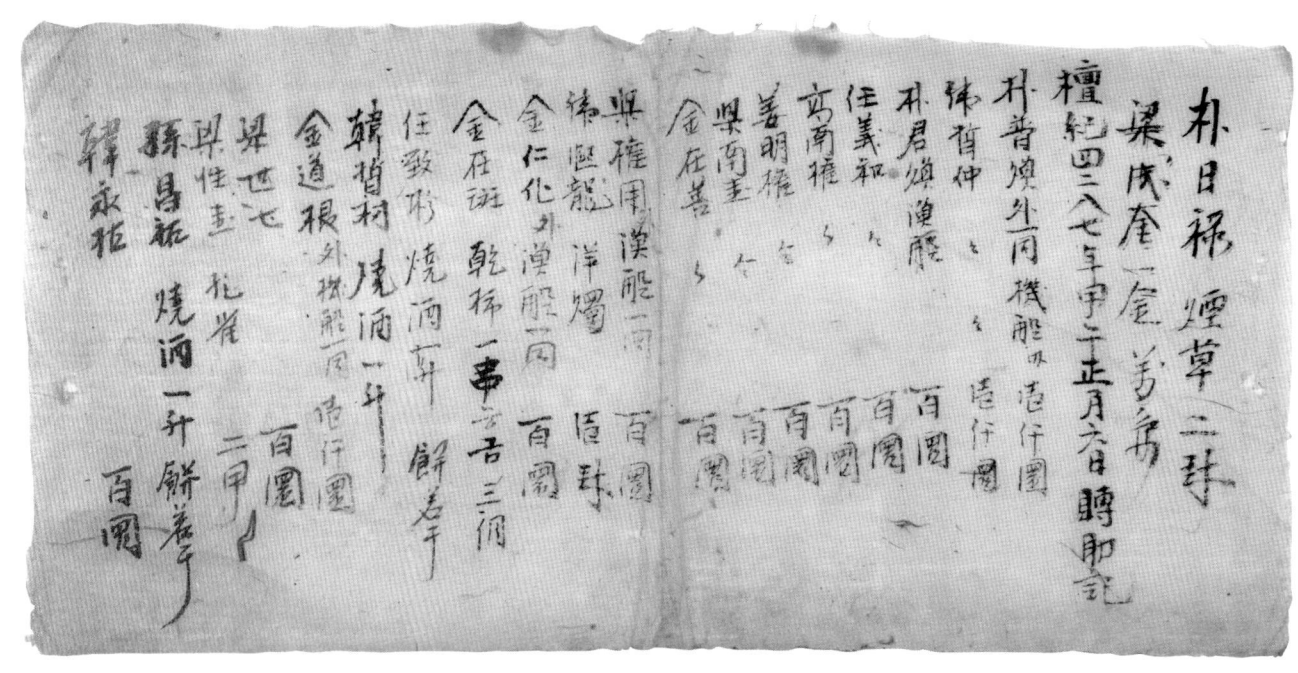

朴日祿 煙草 二封
梁成奎 一金 萬圓

檀紀四二八七年 甲午 正月六日 賻助記

朴普煥 外一同[機船內] 壹仟圜
韓晳仲 〃 [〃] 壹仟圜
朴君煥[漁船] 百圜
任義和[〃] 百圜
高南權[〃] 百圜
姜明權[〃] 百圜
梁南圭[〃] 百圜
金在善[〃] 百圜
梁權用外 漁船一同 百圜
韓熙龍 洋燭 壹封
金仁化外 漁船一同 百圜
金在斑 乾柿 一串 능금 三個
任致彬 燒酒 一升 餅 若干
韓晳材 燒酒 一升
金道根外 機船一同 壹仟圜
梁世七 百圜
梁性圭 孔雀 二甲
孫昌祐 燒酒 一升 餅 若干
韓永植 百圜

박일록 연초 2봉
양성규 일금 10,000원

단기 4287년(1954) 갑오 1월 6일 부조기

박보환 외 일동[기선 내] 1,000환
한석중 외 일동[기선 내] 1,000환
박군환[어선] 100환
임의화[어선] 100환
고남권[어선] 100환
강명권[어선] 100환
양남규[어선] 100환
김재선[어선] 100환
양권용 외 어선 일동 100환
한희룡 양초 1봉
김인화 외 어선 일동 100환
김재반 곶감 1곶, 능금 3개
임치빈 소주 1되, 떡 약간
한석재 소주 1되
김도근 외 기선 일동 1,000환
양세칠 100환
양성규 공작 2갑
손창우 소주 1되, 떡 약간
한영식 100환

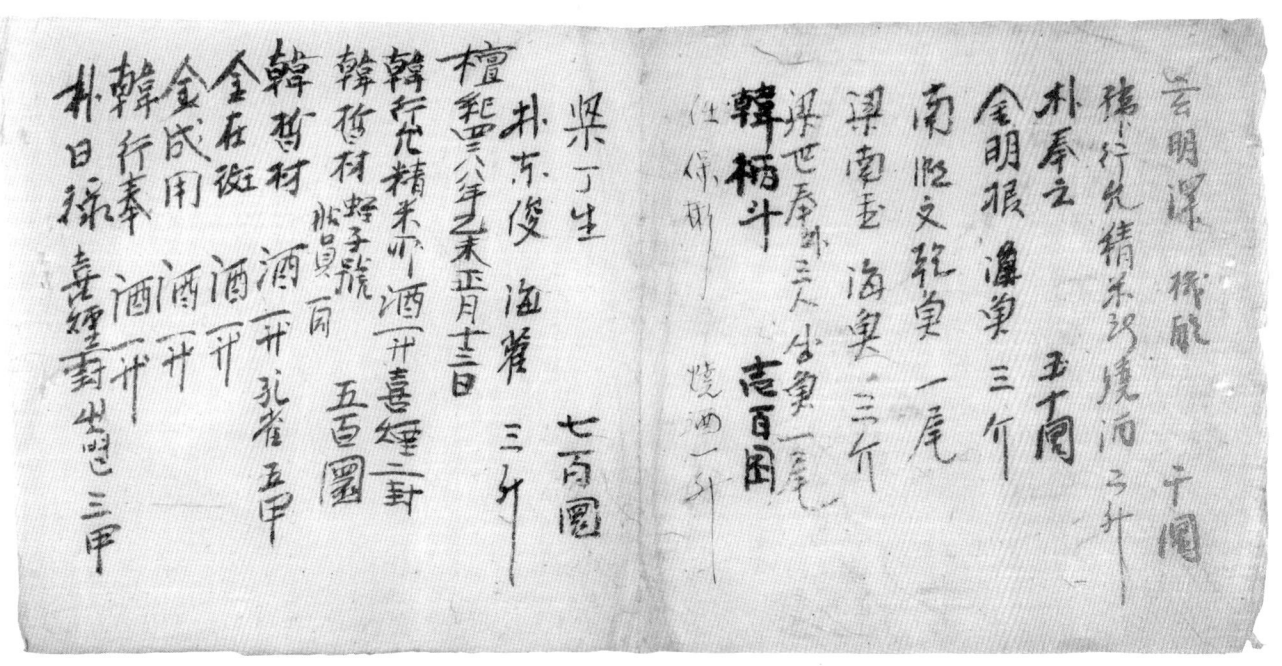

玄明澤[機船] 千圜
韓行允[精米所] 燒酒 二升
朴奉云 五十圜
金明根 海魚 三介
南熙文 乾魚 一尾
梁南圭 海魚 三介
梁世奉外 三人 상魚 一尾
韓柄斗 壹百圜
任保彬 燒酒 一升
梁丁生 七百圜
朴東俊 海藿 三斤

檀紀四二八八年 乙未 正月十三日

韓行允[精米所] 酒一升 喜煙 二封
韓晳材[蛭子號 船員一同] 五百圜
韓晳材 酒 一升 孔雀 五甲
金在斑 酒 一升
金成用 酒 一升
韓行奉 酒 一升
朴日祿 喜煙 一封 샛별 三甲

현명택[기선] 1,000환
한행윤[정미소] 소주 2되
박봉운 50환
김명근 바닷고기 3마리
남희문 건어 1마리
양남규 바닷고기 3마리
양세봉 외 3인 상어 1마리
한병두 100환
임보빈 소주 1되
양정생 700환
박동준 미역 3근

단기 4288년(1955) 을미 1월 13일

한행윤[정미소] 술 1되, 희연 2봉
한석재[질자호 선원 일동] 500환
한석재 술 1되, 공작 5갑
김재반 술 1되
김성용 술 1되
한행봉 술 1되
박일록 희연 1봉, 샛별 3갑

高南權 鯛 一尾
梁世奉[漁船] 酒 一升
任義和[仝] 酒 一升
金順澤[仝] 酒 一升
南熙文[仝] 酒 一升
姜明權[仝] 酒 一升
梁昌熙[仝] 酒 一升
玄王善妻 酒 一升
李化弘[金榮號 船員一同] 金仟圜
李化弘 燒酒 一升
玄文燦 燒酒 一升
農校長 高奉植 燒酒 一升
金淳赫[太福號 船員一同] 燒酒 三升
孫昌祐 燒酒 一升
韓行晳 烟草 三封
任保彬 燒酒 一升
玄天敎 燒酒 一升

고남권 도미 1마리
양세봉[어선] 술 1되
임의화[어선] 술 1되
김순택[어선] 술 1되
남희문[어선] 술 1되
강명권[어선] 술 1되
양창희[어선] 술 1되
현왕선 처 술 1되
이화홍[금영호 선원 일동] 일금 1,000환
이화홍 소주 1되
현문찬 소주 1되
농고교장 고봉식 소주 1되
김순혁[태복호 선원 일동] 소주 3되
손창우 소주 1되
한행석 연초 3봉
임보빈 소주 1되
현천교 소주 1되

朴東煥 金百圓
猪毛放賣代 入金五百圓
里事務所喜捨 金壹千圓

檀紀四二八九年 丙申 正月初八日

鄭泰孝 洋燭 一封
金在斑 煙草 二封
姜奉權 燒酒 一升
金成用 燒酒 一升 煙草 二封
金明根 南熙文 燒酒 一升
朴普煥 煙草 十甲
金玟錫[大福號] 金壹仟圓整
韓晳材 燒酒 一升 煙草 三封
李化弘[金寧號] 酒 一升 金壹阡圓
金仁生 燒酒 一升
鄭奉元 燒酒 一升
李萬得 燒酒 一升
玄承啓母 燒酒 一升
任義弼 燒酒 二升 煙草 二封
朴日祿 煙草 三封

박동환 일금 100환
돼지털 판매대 입금 500환
리사무소 희사 일금 1,000환

단기 4289년(1956) 병신 1월 8일

정태효 양초 1봉
김재반 연초 2봉
강봉권 소주 1되
김성용 소주 1되, 연초 2봉
김명근 남희문 소주 1되
박보환 연초 10갑
김민석[대복호] 일금 1,000환정
한석재 소주 1되, 연초 3봉
이화홍[금영호] 술 1되, 일금 1,000환
김인생 소주 1되
정봉원 소주 1되
이만득 소주 1되
현승계 모 소주 1되
임의필 소주 2되, 연초 2봉
박일록 연초 3봉

韓晳材母 燒酒 一升 煙草 二封　　　　　한석재 모 소주 1되, 연초 2봉
韓在源 金四百五拾圜　　　　　　　　　한재원 일금 450환
韓晳仲 金參百五拾圜　　　　　　　　　한석중 일금 350환
李仁洙 金參百五拾圜　　　　　　　　　이인수 일금 350환
金淳赫 金參百五拾圜　　　　　　　　　김순혁 일금 350환
里事務所 金壹仟圜　　　　　　　　　　리사무소 일금 1,000환
派遣所主任 朴氏 金貳百圜　　　　　　파견소 주임 박씨 일금 200환
梁世七 金貳百圜　　　　　　　　　　　양세칠 일금 200환
朴承煥[精米所] 夜食　　　　　　　　　박승환[정미소] 야식
韓泰柱 燒酒 二升　　　　　　　　　　한태주 소주 2되
金奉琪 燒酒 一升　　　　　　　　　　김봉기 소주 1되
韓行允[精米所] 豊年草 二封 燒酒 二升　한행윤[정미소] 풍년초 2봉, 소주 2되
孫昌祐 燒酒 一升　　　　　　　　　　손창우 소주 1되
任保彬 燒酒 一升 豊年草 二封　　　　임보빈 소주 1되, 풍연초 2봉
金順澤[船] 燒酒 一升　　　　　　　　김순택[배] 소주 1되
任義和[船] 〃 一升　　　　　　　　　임의화[배] 소주 1되
梁世奉[船] 〃 一升　　　　　　　　　양세봉[배] 소주 1되
姜明權[船] 〃 一升　　　　　　　　　강명권[배] 소주 1되
梁昌熙[船] 〃 一升　　　　　　　　　양창희[배] 소주 1되
高南權[船] 〃 一升　　　　　　　　　고남권[배] 소주 1되
玄旺善 燒酒 一升　　　　　　　　　　현왕선 소주 1되
咸一四H俱樂部 燒酒 二升　　　　　　함일4H구락부 소주 2되

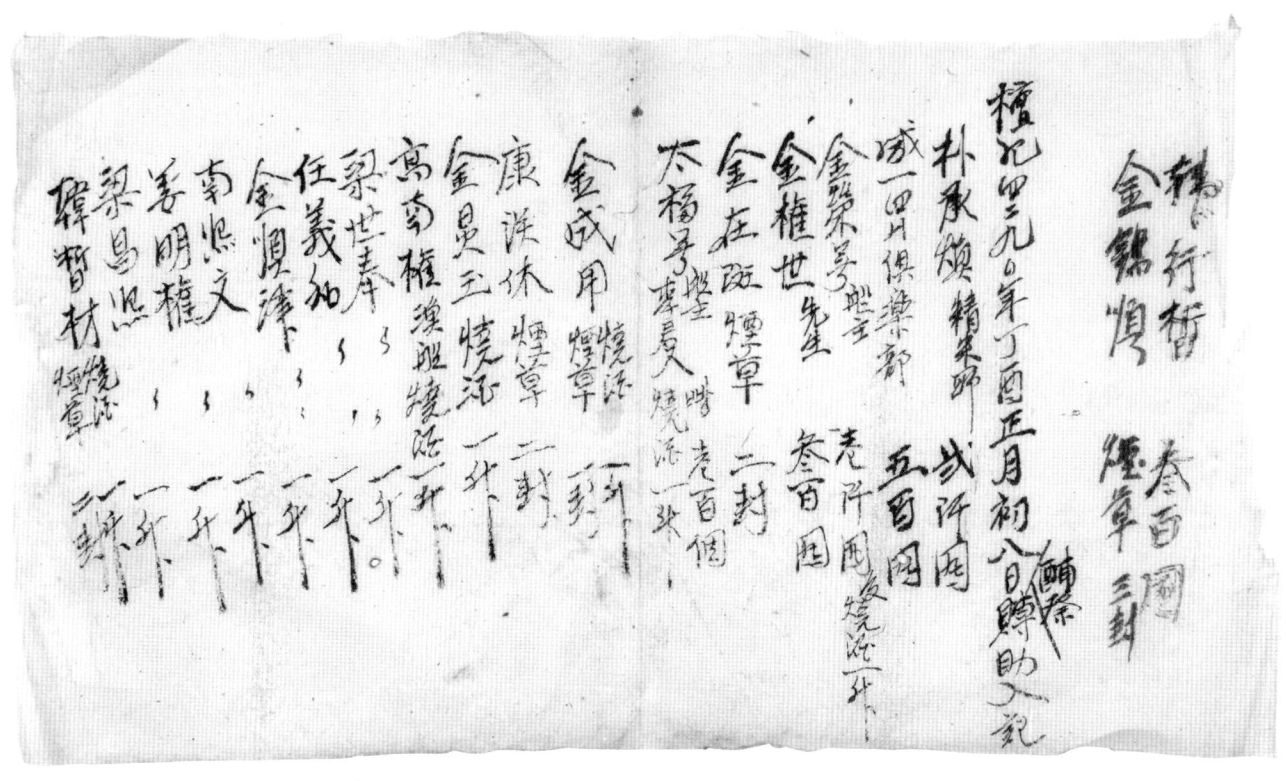

韓行晳 參百圜
金錫順 煙草 三封

檀紀四二九0年 丁酉 正月初八日 酺祭賻助入記

朴承煥[精米所] 貳阡圜
咸一四H俱樂部 五百圜
金榮號[船主] 壹阡圜 及燒酒 一升
金權世[先生] 參百圜
金在玭 煙草 二封
太福號[船主 李君八] 빵 壹百個 燒酒 一升
金成用 燒酒 一升 煙草 一封
康漢休 煙草 二封
金炅玉 燒酒 一升
高南權[漁船] 燒酒 一升
梁世奉[〃] 〃 一升
任義和[〃] 〃 一升
金順澤[〃] 〃 一升
南熙文 〃 一升
姜明權 〃 一升
梁昌熙 〃 一升
韓晳材 燒酒 一升 煙草 二封

한행석 300환
김석순 연초 3봉

단기 4290년(1957) 정유 1월 8일 포제시 부조입기

박승환[정미소] 2,000환
함일4H구락부 500환
금영호[선주] 1,000환 및 소주 1되
김권세[선생] 300환
김재반 연초 2봉
태복호[선주 이군팔] 빵 100개, 소주 1되
김성용 소주 1되, 연초 1봉
강한휴 연초 2봉
김경옥 소주 1되
고남권[어선] 소주 1되
양세봉[어선] 소주 1되
임의화[어선] 소주 1되
김순택[어선] 소주 1되
남희문[어선] 소주 1되
강명권[어선] 소주 1되
양창희[어선] 소주 1되
한석재 소주 1되, 연초 2봉

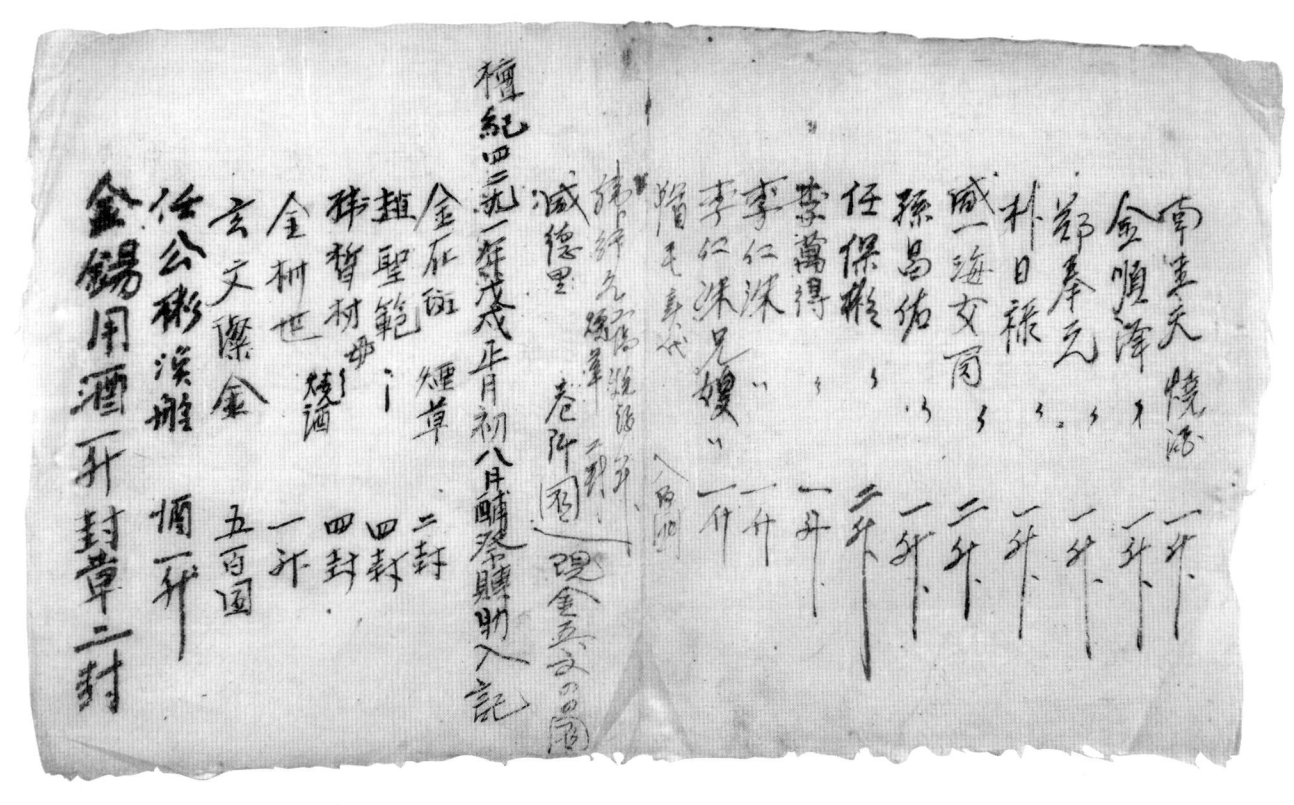

南圭天 燒酒 一升
金順澤 〃 一升
鄭奉元 〃 一升
朴日祿 〃 一升
咸一海女一同 〃 二升
孫昌佑 〃 一升
任保彬 〃 二升
李萬得 〃 一升
李仁洙 〃 一升
李仁洙兄嫂 〃 一升
猪毛賣代入 百圓
韓行允[工場] 燒酒 一升 煙草 二封
咸德里 壹阡圓
現金 五,六00圓

檀紀四二九一年 戊戌 正月初八日 酺祭賻助入記

金在斑 煙草 二封
趙聖範 〃 四封
韓晳材母 〃 四封
金權世 燒酒 一升
玄文璨 金 五百圓
任公彬[漁船] 酒 一升
金錫用 酒 一升 封草 二封

남규천 소주 1되
김순택 소주 1되
정봉원 소주 1되
박일록 소주 1되
함일해녀 일동 소주 2되
손창우 소주 1되
임보빈 소주 2되
이만득 소주 1되
이인수 소주 1되
이인수 형수 소주 1되
돼지털 판매대 입금 100환
한행윤[공장] 소주 1되, 연초 2봉
함덕리 1,000환
현금 5,600환

단기 4291년(1958) 무술 1월 8일 포제시 부조입기

김재반 연초 2봉
조성범 연초 4봉
한석재 모 연초 4봉
김권세 소주 1되
현문찬 일금 500환
임공빈[어선] 술 1되
김석용 술 1되, 봉초 2봉

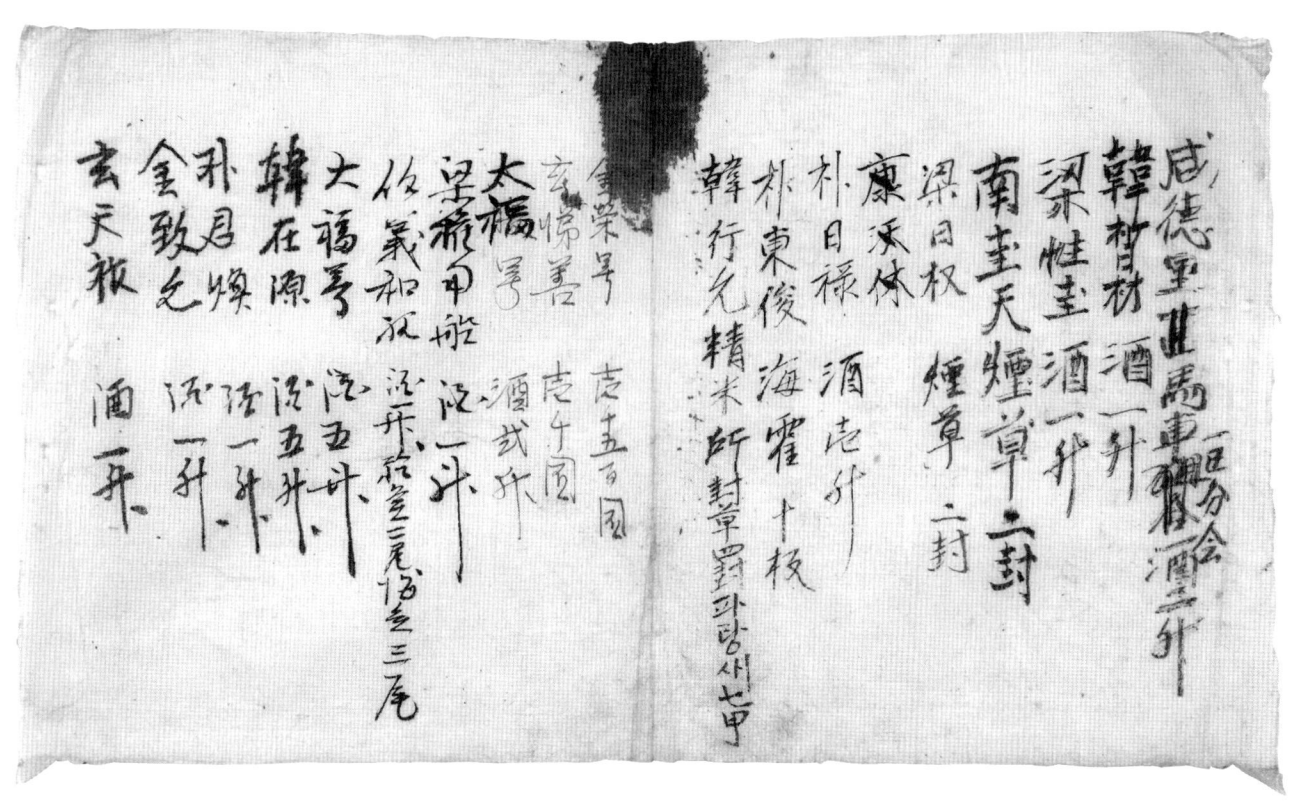

咸德里 馬車 一日分會 酒 二升
韓晳材 酒 一升
梁性圭 酒 一升
南圭天 煙草 二封
梁日權 煙草 二封
朴日祿 酒 壹升
朴東俊 海藿 十枚
韓行允[精米所] 封草 四封 파랑새 七甲
金榮號 壹千五百圜
玄悌善 壹千圜
太福號 酒 貳升
梁權用[船] 酒 一升
任義和[船] 酒 一升 乾魚 二尾 海魚 三尾
大福號 酒 五升
韓在源 酒 五升
朴君煥 酒 一升
金致允 酒 一升
玄天祚 酒 一升

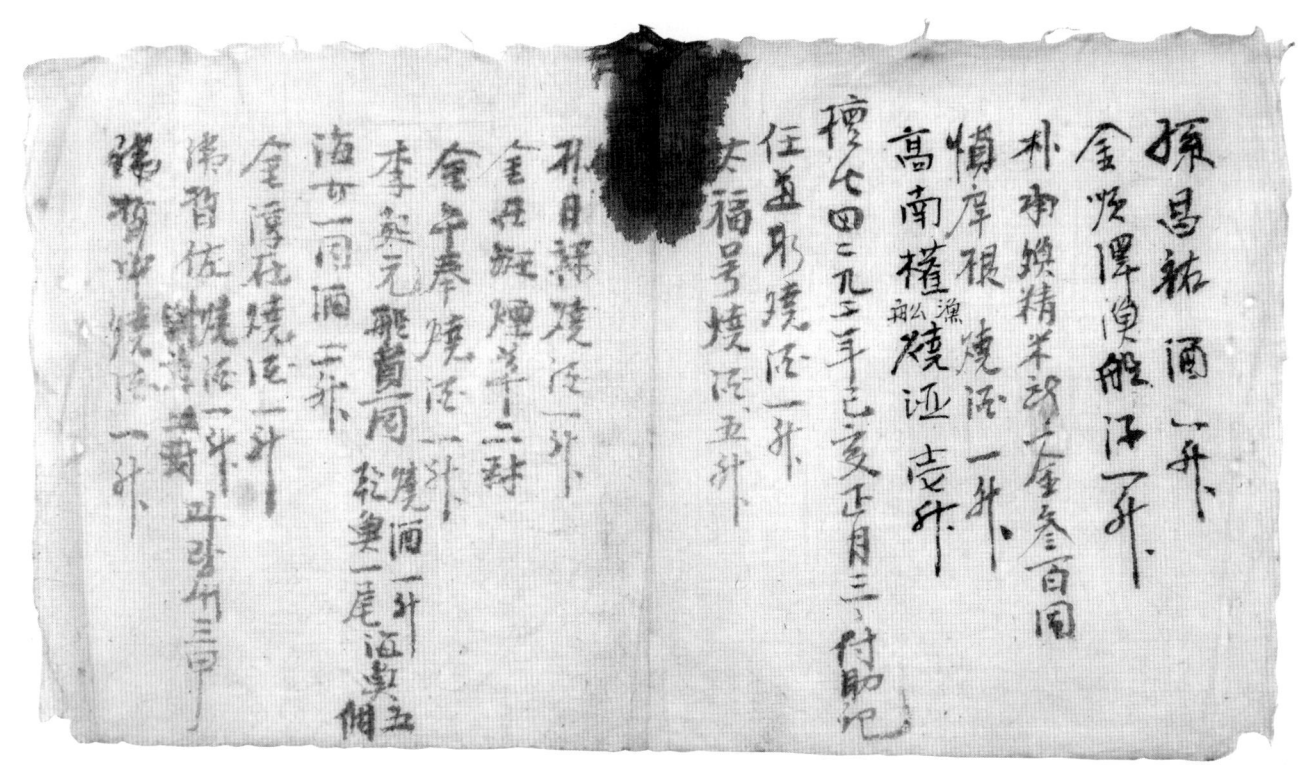

孫昌祐 酒 一升
金順澤[漁船] 酒 一升
朴承煥[精米所] 一金參百圜
愼庠根 燒酒 一升
高南權[漁船] 燒酒 壹升

檀紀四二九二年 己亥 正月三日付助記

任道彬 燒酒 一升
太福號 燒酒 五升
朴日祿 燒酒 一升
金在斑 煙草 二封
金千奉 燒酒 一升
李起元 船員一同 燒酒 一升 乾魚 一尾 海魚 五個
海女一同 酒 二升
金淳在 燒酒 一升
韓晳佐 燒酒 一升 (封)草 二封 파랑새 三甲
韓晳中 燒酒 一升

손창우 술 1되
김순택[어선] 술 1되
박승환[정미소] 일금 300환
신상근 소주 1되
고남권[어선] 소주 1되

단기 4292년(1959) 기해 1월 3일 부조기

임도빈 소주 1되
태복호 소주 5되
박일록 소주 1되
김재반 연초 2봉
김천봉 소주 1되
이기원 선원 일동 소주 1되, 건어 1마리, 바닷고기 5마리
해녀 일동 술 2되
김순재 소주 1되
한석좌 소주 1되, 봉초 2봉, 파랑새 3갑
한석중 소주 1되

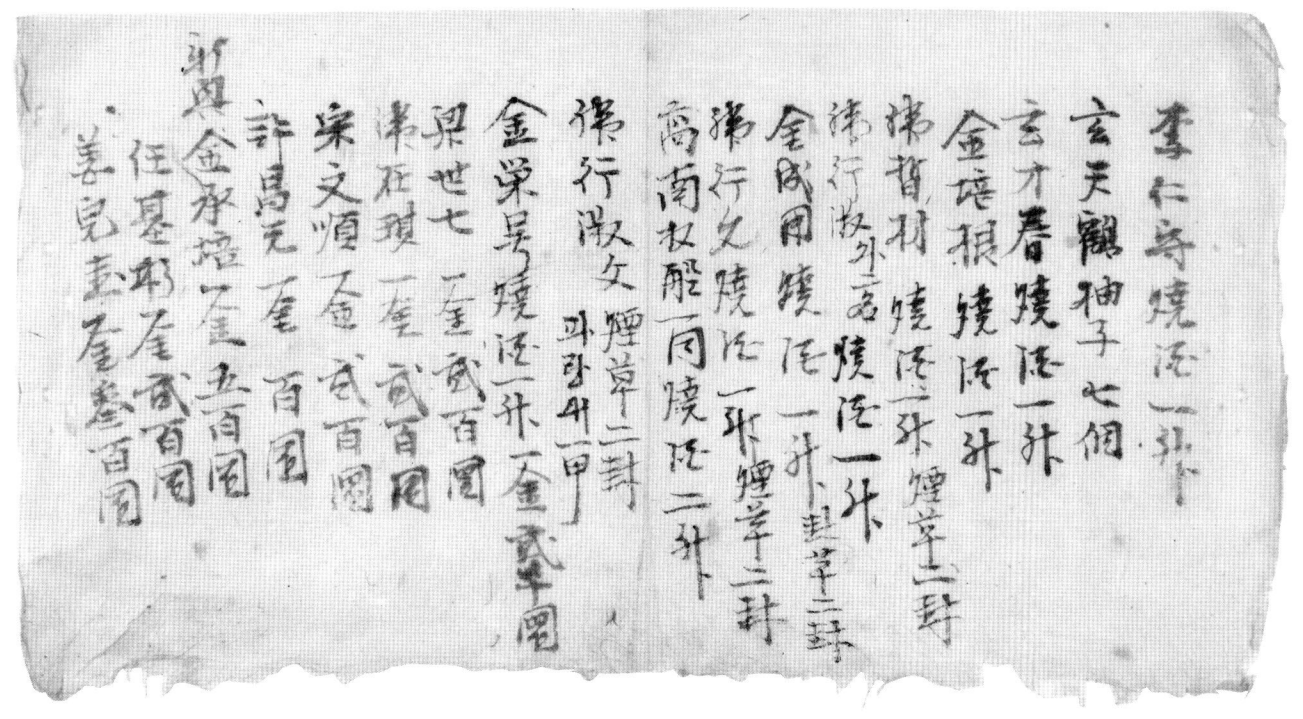

李仁守 燒酒 一升
玄天鶴 柚子 七個
玄才春 燒酒 一升
金培根 燒酒 一升
韓晳材 燒酒 一升 煙草 二封
韓行淑外二名 燒酒 一升
金成用 燒酒 一升 封草 二封
韓行允 燒酒 一升 煙草 二封
高南權[船一同] 燒酒 二升
韓行淑父 煙草 二封 파랑새 一甲
金榮號 燒酒 一升 一金貳千圜
梁世七 一金貳百圜
韓在琪 一金貳百圜
宋文順 一金貳百圜
許昌元 一金百圜
新興 金承培 一金五百圜
任基彬 一金貳百圜
姜完圭 一金參百圜

金在七 一金百圓 燒 二四升
朝天 夫琮煥 一金貳百圓 封 一0封 파랑새 四甲
猪毛代 五百五拾圓
愼庠根 燒酒 一升
任保彬 燒酒 一升 煙草 三封
金致允 燒酒 一升
咸一四H 燒酒 一升
金玟錫 祭酒 一升

김재칠 일금 100환, 소주 24되
조천리 부종환 일금 200환, 봉초 10봉, 파랑새 4갑
돼지털 판매대 입금 550환
신상근 소주 1되
임보빈 소주 1되, 연초 3봉
김치윤 소주 1되
함일4H 소주 1되
김민석 제주 1되

檀紀四二九三年 庚子 正月十三日 酺祭時賻助記

玄天寬 燒酒 一升
金權世 〃 二升
金在斑 〃 一升
李起元[漁船] 生鮮 二介 乾魚 壹尾
韓晳材母 燒酒 一升 封草 二封
韓思燮 酒 一升
韓景燮 酒 二升
韓晳佐 酒 一升

단기 4293년(1960) 경자 1월 13일 포제시 부조기

현천관 소주 1되
김권세 소주 2되
김재반 소주 1되
이기원[어선] 생선 2마리, 건어 1마리
한석재 모 소주 1되, 봉초 2봉
한사섭 술 1되
한경섭 술 2되
한석좌 술 1되

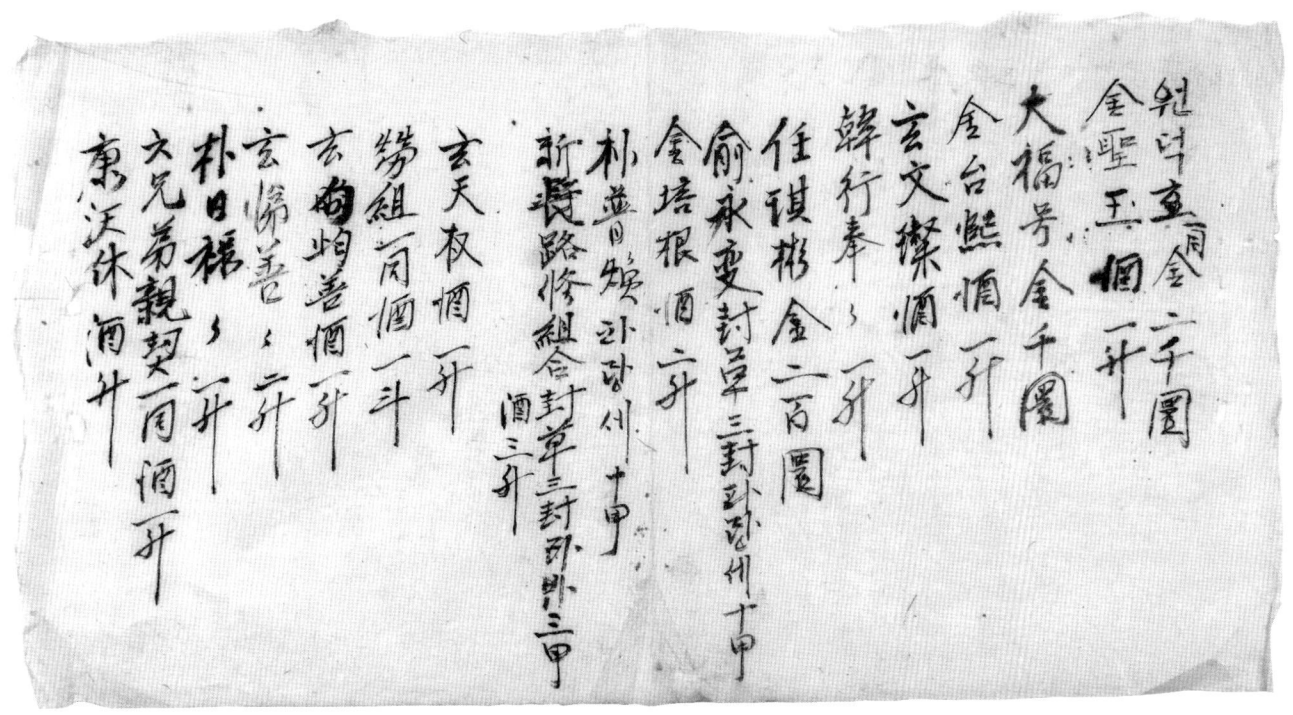

원덕호一同 金二千圜
金聖玉 酒 一升
大福號 金千圜
金台熙 酒 一升
玄文璨 酒 一升
韓行奉 〃 一升
任琪彬 金二百圜
兪永燮 封草 三封 파랑세 十甲
金培根 酒 二升
朴普煥 파랑세 十甲
新長路修組合 封草 三封 라바 三甲 酒 三升
玄天權 酒 一升
勞組一同 酒 一斗
玄(峋)善 酒 一升
玄悌善 〃 二升
朴日祿 〃 一升
六兄弟親契一同 酒 一升
康漢休 酒 升

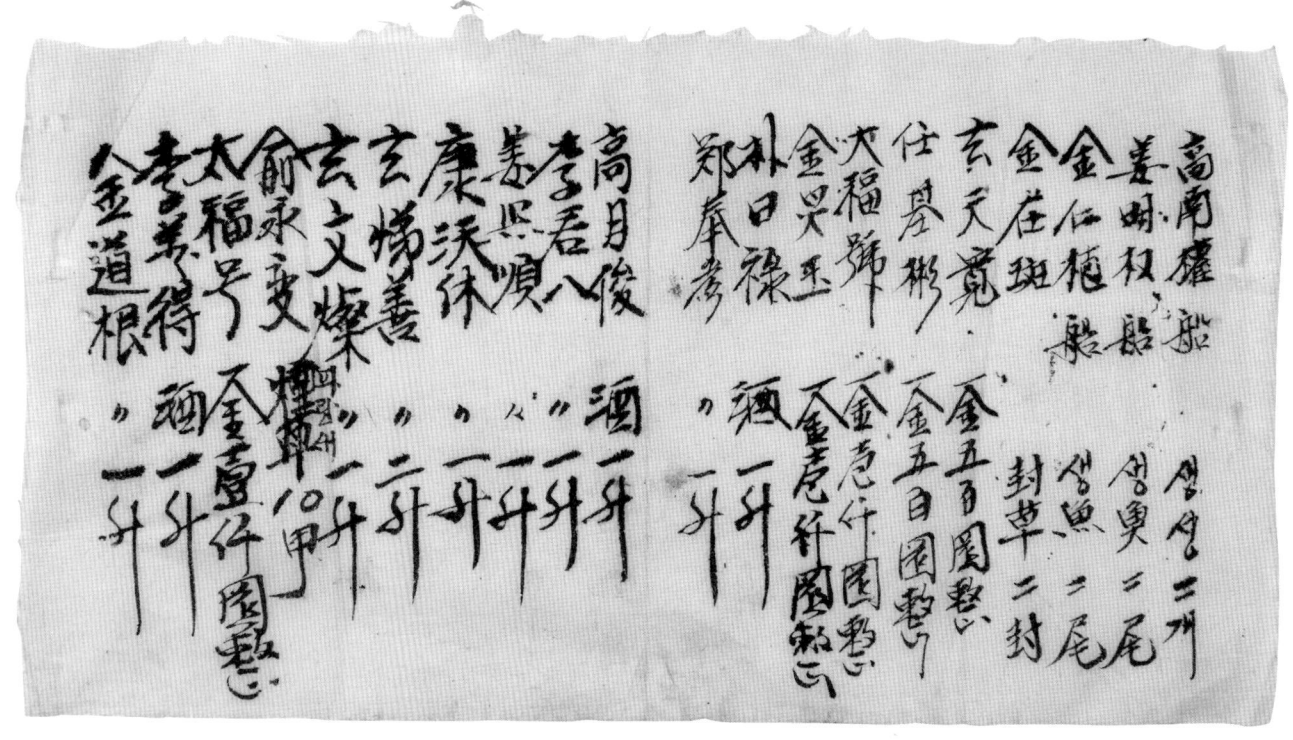

高南權[船] 생성 二개	고남권[배] 생선 2마리
姜明權[船] 생魚 二尾	강명권[배] 생선 2마리
金仁植[船] 생魚 二尾	김인식[배] 생선 2마리
金在斑 封草 二封	김재반 봉초 2봉
玄天寬 一金五百圓整	현천관 일금 500환정
任基彬 一金五百圓整	임기빈 일금 500환정
大福號 一金壹仟圓整	대복호 일금 1,000환정
金炅玉 一金壹仟圓整	김경옥 일금 1,000환정
朴日祿 酒 一升	박일록 술 1되
鄭奉彦 〃 一升	정봉언 술 1되
高月俊 酒 一升	고월준 술 1되
李君八 〃 一升	이군팔 술 1되
姜熙順 〃 一升	강희순 술 1되
康漢休 〃 一升	강한휴 술 1되
玄悌善 〃 二升	현제선 술 2되
玄文燦 〃 一升	현문찬 술 1되
俞永燮 파랑새10甲	유영섭 파랑새 10갑
太福號 一金壹仟圓整	태복호 일금 1,000환정
李萬得 酒 一升	이만득 술 1되
金道根 〃 一升	김도근 술 1되

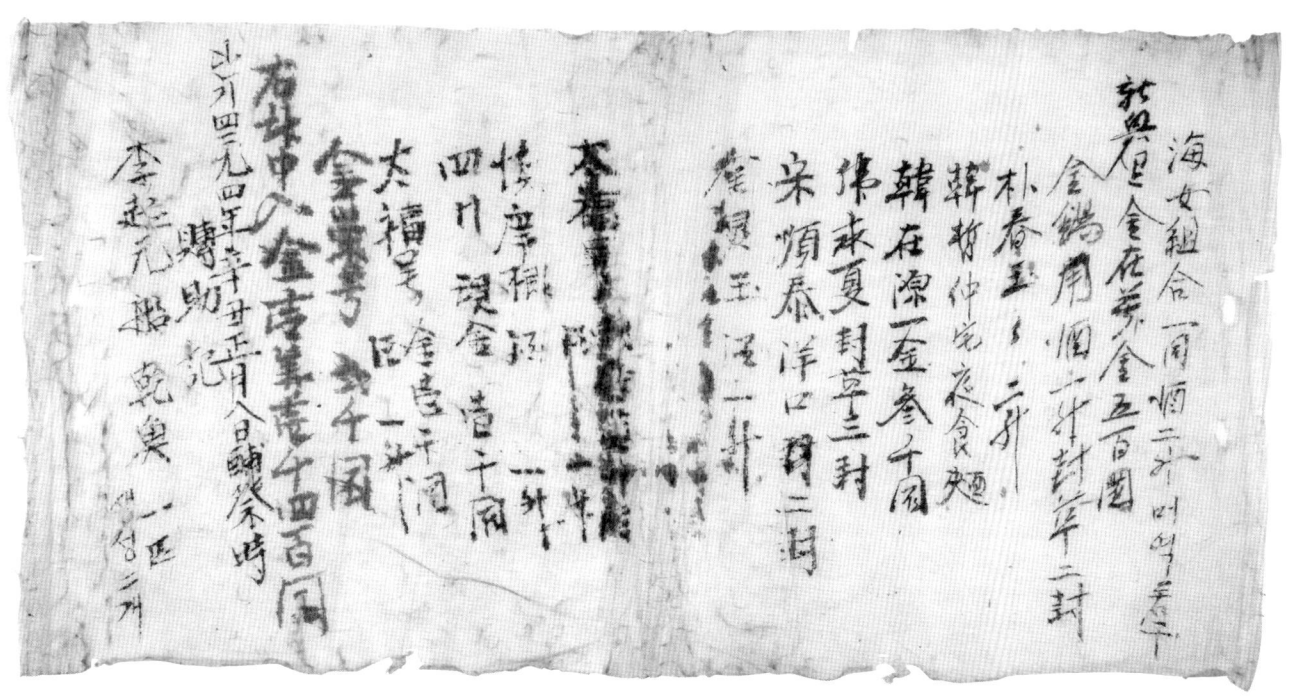

海女組合 一同 酒 二升 미역 若干
新興里 金在(萬) 金五百圓
金錫用 酒 一升 封草 二封
朴春玉 〃 二升
韓晳仲宅 夜食 麵
韓在源 一金參千圓
韓永夏 封草 三封
宋順泰 洋口 二封
金炅玉 酒 一升
愼庠根 酒 一升
四H 現金 壹千圓
太福號 金壹千圓 酒 一升
金榮號 貳千圓
右計中 入金壹萬壹千四百圓

단기四二九四年 辛丑 正月八日 酺祭時賻助記

李起元[船] 乾魚 一匹 생성 二개

해녀조합 일동 술 2되, 미역 약간
신흥리 김재만 일금 500환
김석용 술 1되, 봉초 2봉
박춘옥 술 2되
한석중 댁 야식 면
한재원 일금 3,000환
한영하 봉초 3봉
송순태 양초 2봉
김경옥 술 1되
신상근 술 1되
4H 현금 1,000환
태복호 일금 1,000환, 술 1되
금영호 2,000환
상기 합계 중 입금 11,400환

단기 4294년(1961) 신축 1월 8일 포제시 부조기

이기원[배] 건어 1마리, 생선 2마리

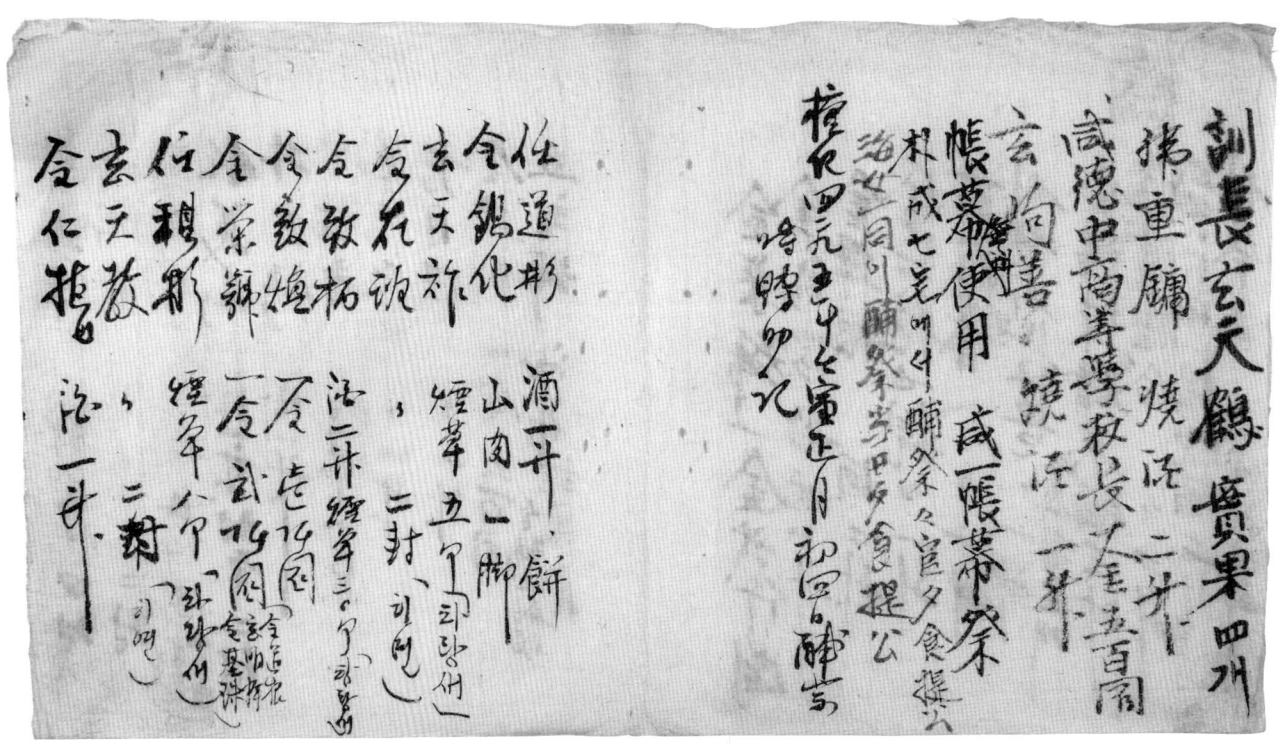

訓長 玄天鶴 實果 四개	훈장 현천학 실과 4개
韓重鏞 燒酒 二升	한중용 소주 2되
咸德中高等學校長 一金五百圜	함덕중고등학교장 일금 500환
玄(峋)善 燒酒 一升	현구선 소주 1되
帳幕無料使用 咸一帳幕祭	장막 무료사용 함일장막제
朴成七宅에서 酺祭〃官 夕食提公	박성칠 댁에서 포제제관 석식 제공
海女一同이 酺祭當日 夕食提公	해녀 일동이 포제 당일 석식 제공

檀紀四二九五年 壬寅 正月初四日 酺祭時賻助記　　**단기 4295년(1962) 임인 1월 4일 포제시 부조기**

任道彬 酒 一升 餠	임도빈 술 1되, 떡
金錫化 山肉 一脚	김석화 산육 1각
玄天祚 煙草 五甲[파랑새]	현천조 연초 5갑[파랑새]
金在班 〃 二封[히연]	김재반 연초 2봉[히연]
金致柄 酒 二升 煙草 三0甲[파랑새]	김치병 술 2되, 연초 30갑[파랑새]
金致煥 一金壹仟圜	김치환 일금 1,000환
金榮號 一金貳仟圜[金道根 玄明澤 金基洙]	금영호 일금 2,000환[김도근 현명택 김기수]
任琪彬 煙草 八甲[파랑새]	임기빈 연초 8갑[파랑새]
玄元敎 〃 二封[히연]	현원교 연초 2봉[히연]
金仁植母 酒 一升	김인식 모 술 1되

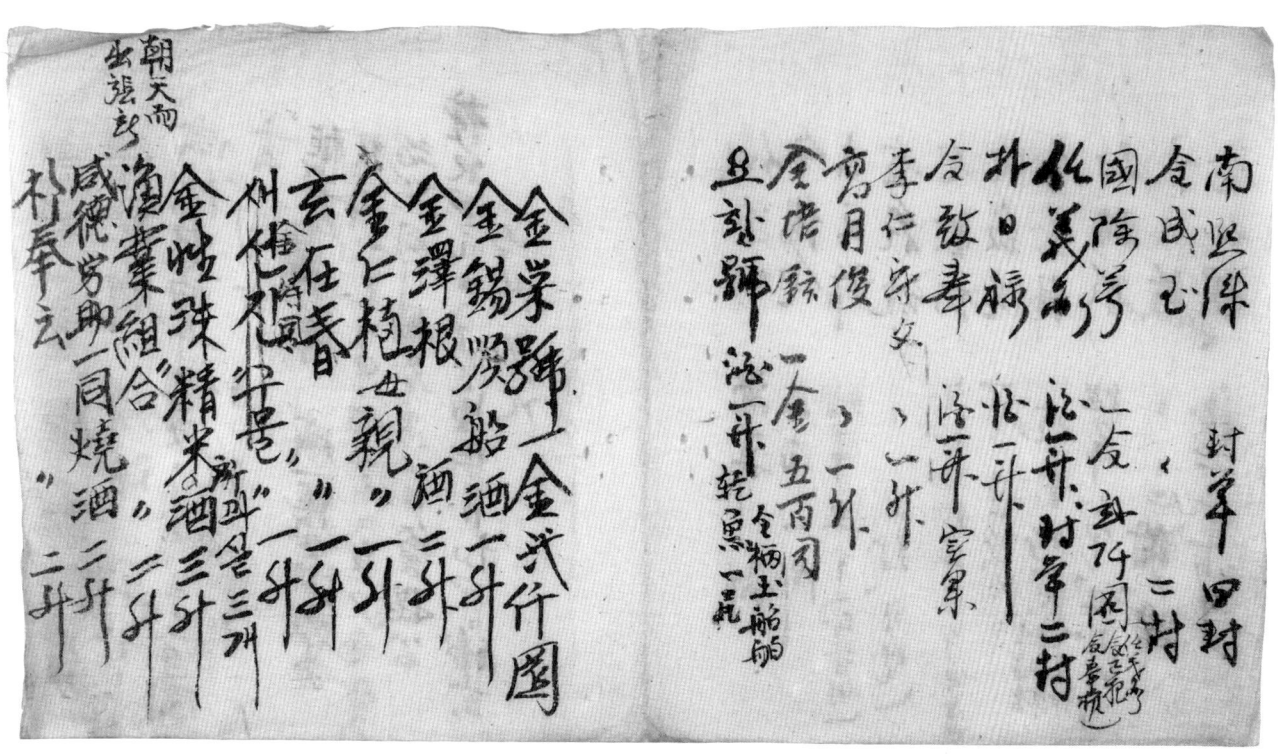

南熙洙 封草 四封
金成玉 〃 二封
國除號 一金貳仟圜[任義弼 金正根 金奉權]
任義弼 酒 一升 封草 二封
朴日祿 酒 一升
金致奉 酒 一升 實果
李仁守父 〃 一升
高月俊 〃 一升
金培鉉 一金五百圜
요황號 酒 一升
金柄玉[船舶] 乾魚 一尾
金榮號 一金貳仟圜
金錫順[船] 酒 一升
金澤根 酒 二升
金仁植母親 〃 一升
玄在春 〃 一升
金(時)鳳 〃 一升
金性洙[精米所] 果實 三個 酒 三升
朝天面出張所 漁業組合 〃 二升
咸德勞助一同 燒酒 二升
朴奉云 〃 二升

檀紀四二九六年癸卯正月九日 醮祭時
賻助記

曺원煥氏 山所 一脚
姜奉權氏 鷄卵 三個
金在斑 封草 二封
玄天玉 卧당새 五甲
海女一同 金千원
玄明瑞 卧당새 五甲
玄在春 燒酒 二升
朴晉煥 封草二封 卧당새 三甲

檀紀四二九六年 癸卯 正月十九日 酺祭時賻助記	단기 4296년(1963) 계묘 1월 19일 포제시 부조기
曺宅煥氏 山肉 一脚	조택환 씨 산육 1각
姜奉權氏 雞卵 三個	강봉권 씨 계란 3개
金在斑 封草 二封	김재반 봉초 2봉
玄天玉 파랑새 五甲	현천옥 파랑새 5갑
海女一同 金千원	해녀 일동 일금 1,000원
玄明瑞 파랑새 五甲	현명서 파랑새 5갑
玄在春 燒酒 二升	현재춘 소주 2되
朴普煥 封草 二封 파랑새 三甲	박보환 봉초 2봉, 파랑새 3갑
李仁洙 酒 一升	이인수 술 1되
韓晳仲 酒 一升	한석중 술 1되
玄天寬 酒 一升	현천관 술 1되
姜熙洙 煙草 六甲 파랑새	강희수 연초 6갑, 파랑새
猪毛放條 八百圜	돼지털 판매대금 800환
朴成七宅에서 晝食 提供	박성칠 댁에서 점심 제공
海女 一同히 祭當日 夕食 提供	해녀 일동이 포제 당일 석식 제공
咸一區帳幕 無料使用	함덕1구장막 무료 사용
都家 金錫化	도가 김석화

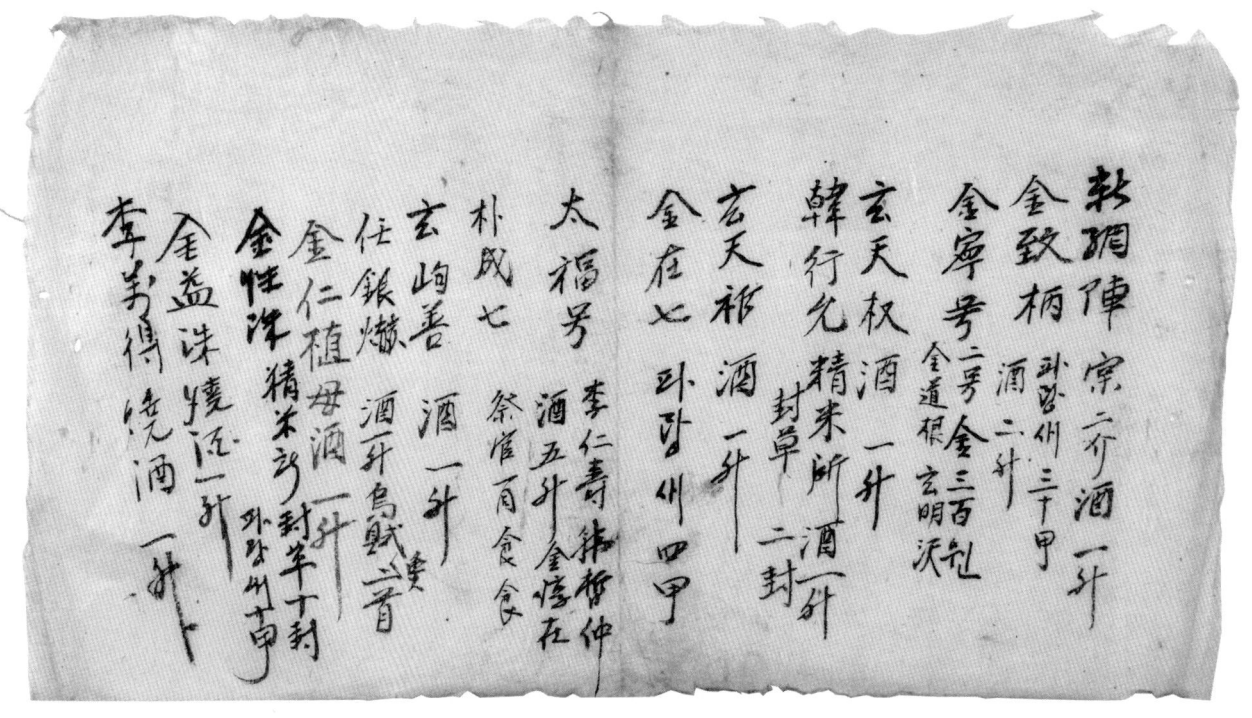

新網陳 實二介 酒 一升

金致柄 파랑새 三十甲 酒 二升

金寧號[二號 金道根 玄明澤] 金三百원

玄天權 酒 一升

韓行允[精米所] 酒 一升 封草 二封

玄天祚 酒 一升

金在七 파랑새 四甲

太福號[李仁壽 韓晳仲 金淳在] 酒 五升

朴成七 祭官一同 食食

玄(峋)善 酒 一升

任銀爀 酒 一升 烏賊魚 二首

金仁植母 酒 一升

金性洙[精米所] 封草 十封 파랑새 十甲

金益洙 燒酒 一升

李萬得 燒酒 一升

신망진 실과 2개, 술 1되

김치병 파랑새 30갑, 술 2되

금영호[2호 김도근 현명택] 일금 300원

현천권 술 1되

한행윤[정미소] 술 1되, 봉초 2봉

현천조 술 1되

김재칠 파랑새 4갑

태복호[이인수 한석중 김순재] 술 5되

박성칠 제관 일동 식사 (제공)

현구선 술 1되

임은혁 술 1되, 오징어 2마리

김인식 모 술 1되

김성수[정미소] 봉초 10봉, 파랑새 10갑

김익수 소주 1되

이만득 소주 1되

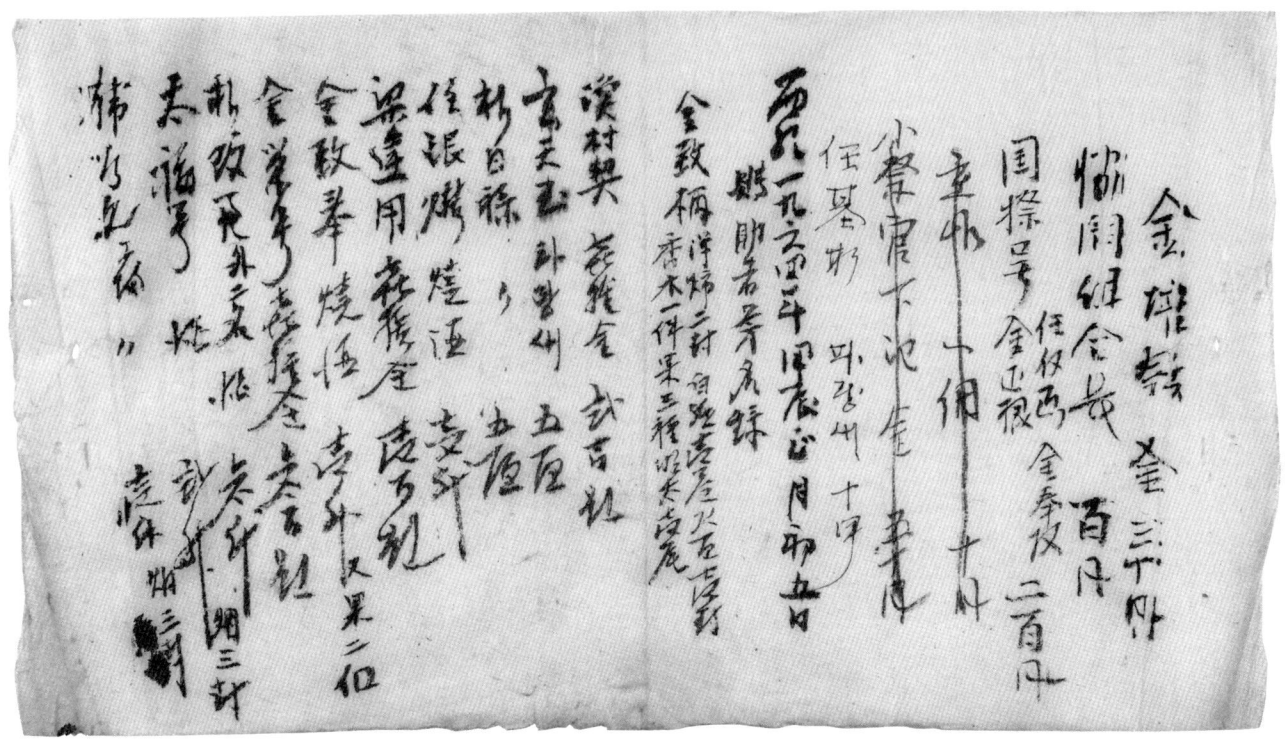

金培(鎭) 金三十円
協同組合長 百円
國際号[任儀正 金奉權 金正根] 二百円
任基彬 파랑새 十甲

西紀一九六四年 甲辰 正月初五日 賻助者等 名錄

金致柄 洋燭 二封 白紙 壹卷 火匣 壹封
　　　 香木 一件 果 三種 明太 壹尾
漁村契 喜捨金 貳百원
玄天玉 파랑새 五匣
朴日祿 〃 五匣
任(張)爀 燒酒 壹升
梁達用 喜捨金 壹百원
金致奉 燒酒 壹升 又果二個
金榮号 喜捨金 參百원
朴改善外 二名 酒 參升
太福号 酒 貳升 烟 三封
韓行允[工場] 〃 壹升 烟 三封

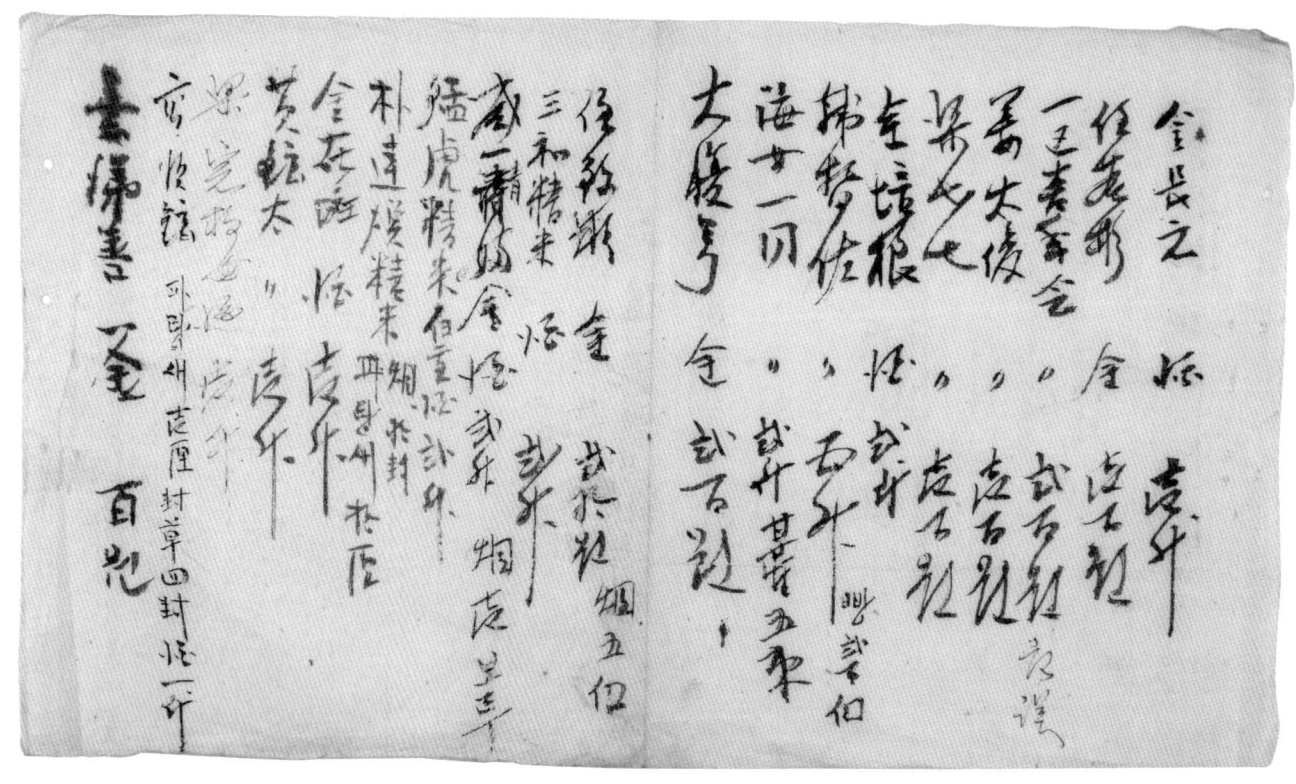

金長元 酒 壹升

任基彬 金壹百원

一區靑年會 〃 貳百원

姜太俊 〃 壹百원

梁(民)七 〃 壹百원

金培根 酒 貳升

韓晳佐 〃 五升 빵 貳(百)個

海女一同 〃 貳升 甘藿 五束

大腹号 金貳百원

任致彬 金貳拾원 烟 五個

三和精米 酒 貳升

咸一靑婦會 酒 貳升 烟 壹보루

猛虎精米 白二○ 酒 貳升

朴達煥 精米 烟 拾封 파랑새 拾匣

金在斑 酒 壹升

黃鉉太 〃 壹升

梁完杓母 酒 壹升

高○鉉 파랑새 壹匣 封草 四封 酒 一升

玄悌善 一金百원

김장원 술 1되

임기빈 일금 100원

1구청년회 일금 200원

강태준 일금 100원

양(민)칠 일금 100원

김배근 술 2되

한석좌 술 5되, 빵 (200)개

해녀 일동 술 2되, 미역 5속

대복호 일금 200원

임치빈 일금 20원, 담배 5개

삼화정미 술 2되

함일청년회·부녀회 술 2되, 담배 1보루

맹호정미 백이○ 술 2되

박달환 정미, 연초 10봉, 파랑새 10갑

김재반 술 1되

황현태 술 1되

양완표 모 술 1되

고○현 파랑새 1갑, 봉초 4봉, 술 1되

현제선 일금 100원

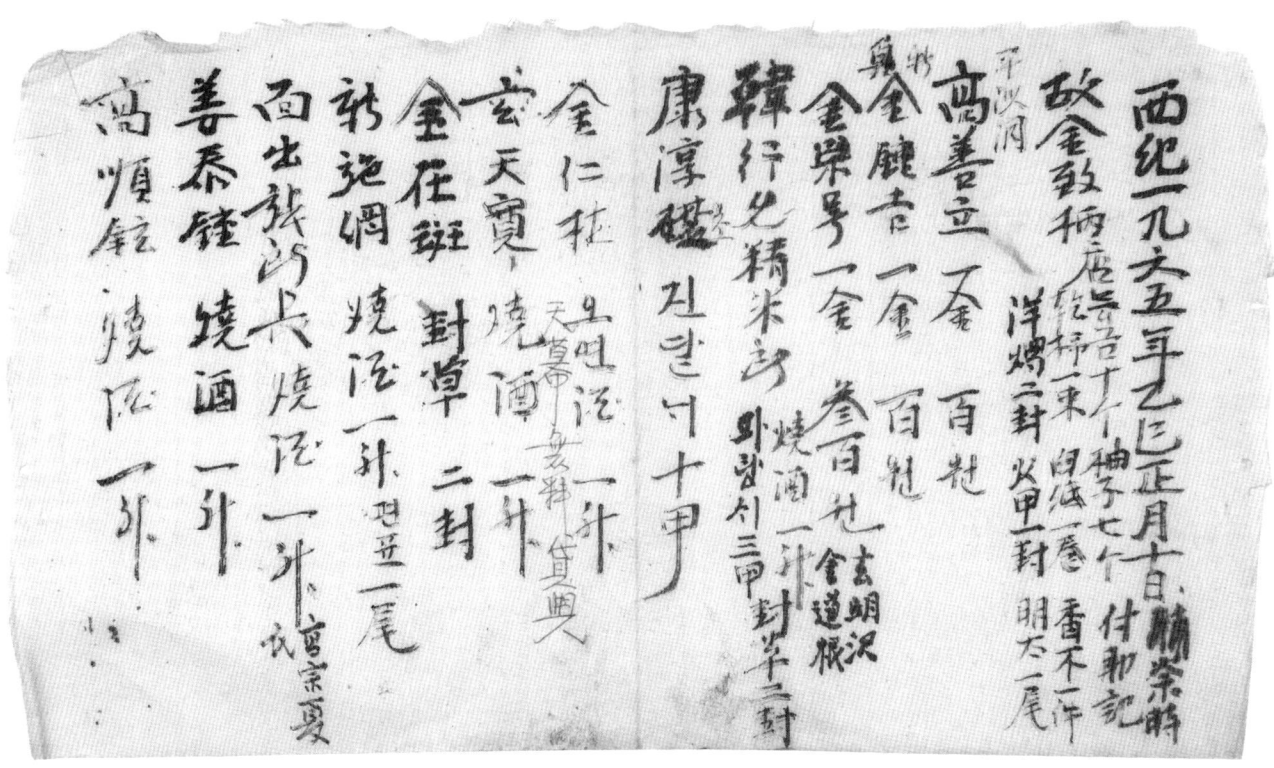

西紀一九六五年 乙巳 正月十日 酬祭時付助記

故 金致柄[店] 능금 十个 柚子 七个 乾柿 一束
　　　　　　白紙 一卷 香木 一件 洋燭 二封 火甲 一封 明太 一尾

平沙洞 高善立 一金百원

新興 金鍾吉 一金百원

金榮号 一金參百원[玄明澤 金道根]

韓行允[精米所] 燒酒 一升 파랑시 三甲 封草 二封

康淳礎 진달니 十甲

金仁植 오연酒 一升 天幕 無料貸與

玄天寬 燒酒 一升

金在斑 封草 二封

新施網 燒酒 一升 편표 一尾

面出張所長 燒酒 一升[高宗夏氏]

姜泰鍾 燒酒 一升

高順鉉 燒酒 一升

海女一同 燒酒 一升 미역 해삼 등
玄承啓[精米所] 酒 二升
朴日祿 파랑새 十甲
文化館 오랜주 一升
金訓根 오랜주 一升
金仁植母 燒酒 一升
野獸크럽 오랜주 二升
任琪彬 一金百원
猪毛代 四百八拾원
金在七 一金 參拾円
里長 高桂晳 燒酒 一升
玄(峋)善 燒酒 一升
韓晳周 燒酒 一升
金萬保 燒酒 一升
韓重鏞 燒酒 一升
大福號 一金貳百원整[船主 金澤根]

해녀 일동 소주 1되, 미역 해삼 등
현승계[정미소] 술 2되
박일록 파랑새 10갑
문화관 오랜주 1되
김훈근 오랜주 1되
김인식 모 소주 1되
야수크럽 오랜주 2되
임기빈 일금 100원
돼지털 판매대금 480원
김재칠 일금 30원
이장 고계석 소주 1되
현구선 소주 1되
한석주 소주 1되
김만보 소주 1되
한중용 소주 1되
대복호 일금 200원정[선주 김택근]

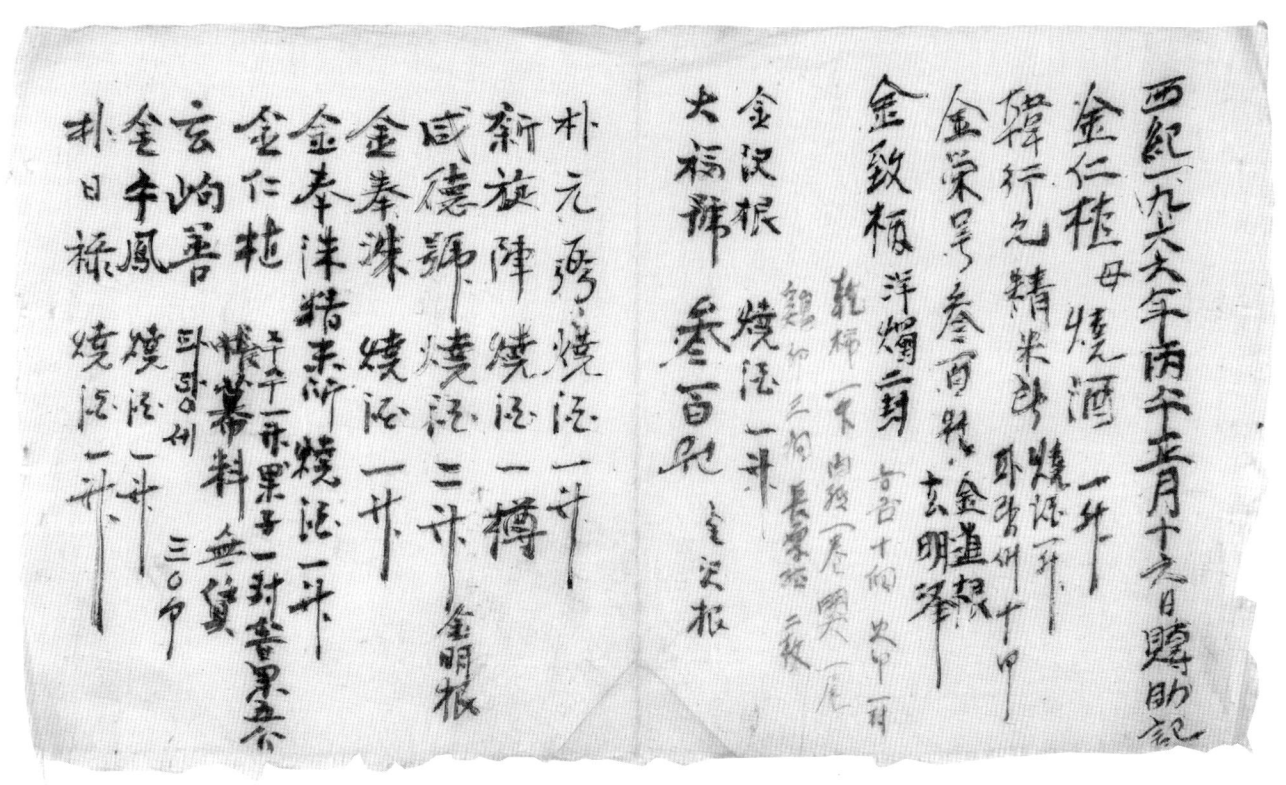

西紀一九六六年 丙午 正月十六日 賻助記

金仁植母 燒酒 一升
韓行允[精米所] 燒酒 一升 파랑새 十甲
金榮号 參百원[金道根 玄明澤]
金致柄 洋燭 二封 能금 十個 火甲 一封 乾柿 一本
　　　　白紙 一卷 明大 一尾 鷄卵 三個 長厚紙 二枚
金澤根 燒酒 一升
大福號 參百원[金澤根]
朴元弼 燒酒 一升
新旋陣 燒酒 一樽
咸德號 燒酒 二升[金明根]
金奉洙 燒酒 一升
金奉洙[精米所] 燒酒 一升
金仁植 주수 一升 果子 一封 舍果 五介 帳幕料 無貰
玄(峋)善 파랑세 三0甲
金午鳳 燒酒 一升
朴日祿 燒酒 一升

서기 1966년 병오 1월 16일 부조기

김인식 모 소주 1되
한행윤[정미소] 소주 1되, 파랑새 10갑
금영호 300원[김도근 현명택]
김치병 양초 2봉, 능금 10개, 성냥 1봉, 곶감 1본,
　　　 백지 1권, 명태 1마리, 계란 3개, 장후지 2매
김택근 소주 1되
대복호 300원[김택근]
박원필 소주 1되
신선진 소주 1동이
함덕호 소주 2되[김명근]
김봉수 소주 1되
김봉수[정미소] 소주 1되
김인식 쥬스 1되, 과자 1봉, 사과 5개, 장막료 무료임대
현구선 파랑새 30갑
김오봉 소주 1되
박일록 소주 1되

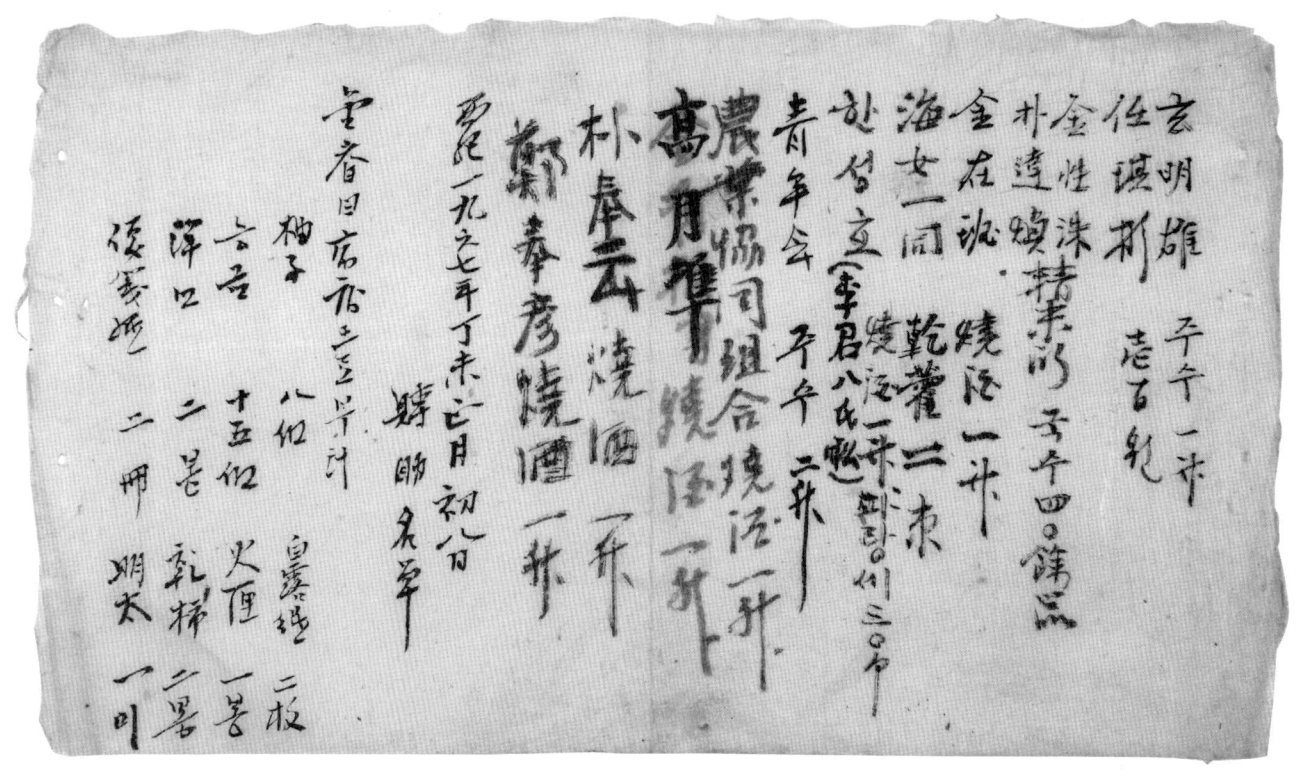

玄明雄 주수 一升

任琪彬 壹百원

金性洙 朴達煥[精米所] 국수 四0餘(器)

金在班 燒酒 一升

海女一同 乾藿 二束

한성호[李君八氏船] 燒酒 一升 파랑세 三0甲

靑年會 주수 二升

農業協同組合 燒酒 一升

高月準 燒酒 一升

朴奉云 燒酒 一升

鄭奉彦 燒酒 一升

西紀一九六七年 丁未 正月初八日 賻助名單

金春日(商)店으로부터 柚子 八個 白露紙 二枚 능금 十五個
火匣 一봉 洋口 二봉 乾柿 二봉 便箋紙 二冊 明太 一미
香木 若干 鷄卵 三個 白紙 一권 以上

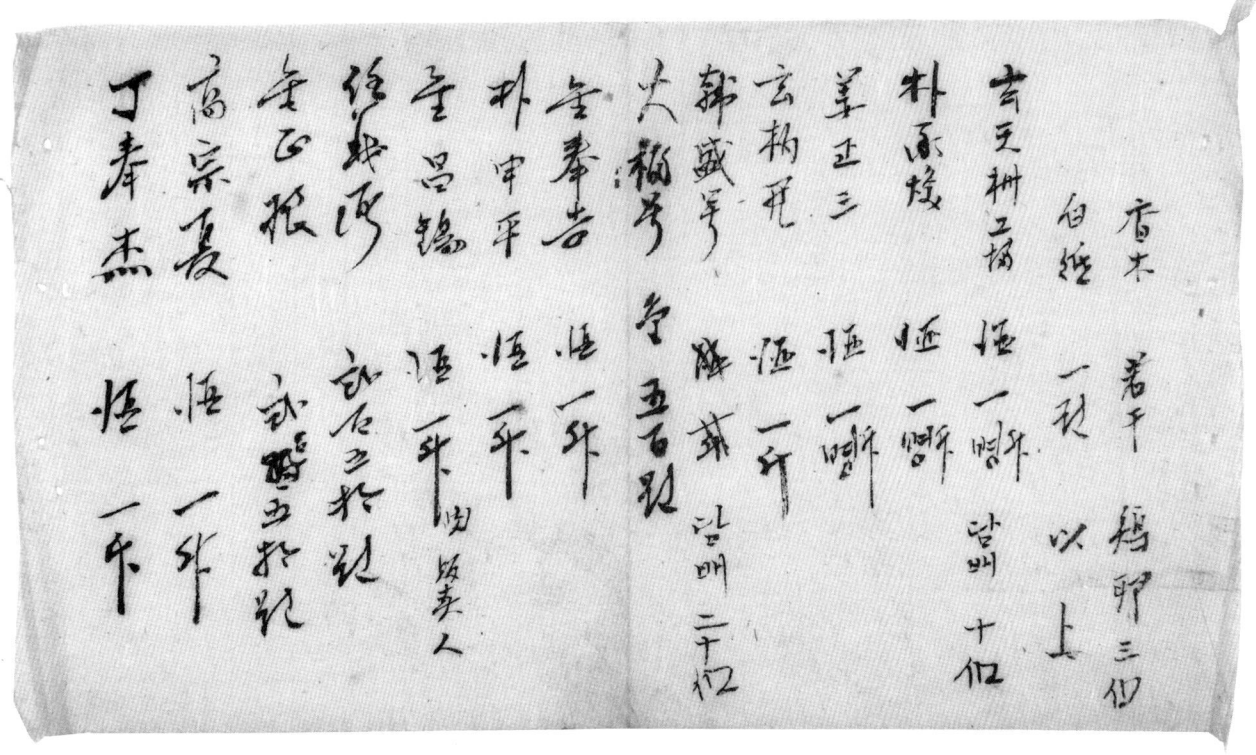

玄天權[工場] 酒 一升병 담배 十個
朴弼煥 酒 一升병
姜正三 酒 一升병
玄柄善 酒 一升
韓盛号 담배 二十個
大福号 金五百원
金奉吉 酒 一升
朴申平 酒 一升
金昌錫 酒 一升[肉販賣人]
任義弼 貳百五拾원
金正根 貳百五拾원
高宗夏 酒 一升
丁奉杰 酒 一升

현천권[공장] 술 1됫병, 담배 10개
박필환 술 1됫병
강정삼 술 1됫병
현병선 술 1되
한성호 담배 20개
대복호 일금 500원
김봉길 술 1되
박신평 술 1되
김창석 술 1되[고기 판매인]
임의필 250원
김정근 250원
고종하 술 1되
정태걸 술 1되

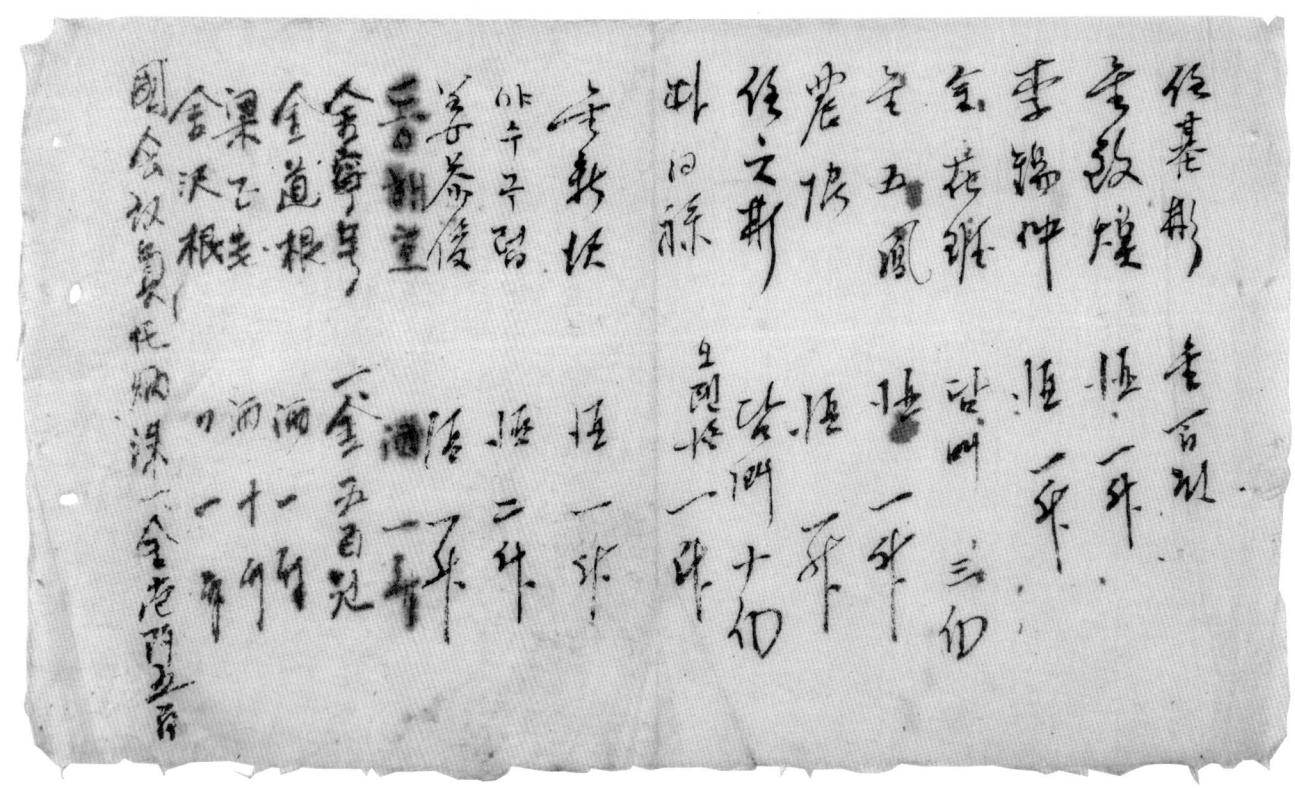

任基彬 壹百원

金致煥 酒 一升

李錫仲 酒 一升

金在班 담배 三個

金五鳳 酒 一升

農協 酒 一升

任(文)彬 담배 十個

朴日祿 오렌酒 一升

金新(澤) 酒 一升

야수구럽 酒 二升

姜泰俊 酒 一升

동해호 酒 一升

金寧号 一, 金五百원

金道根 酒 一升

梁正圭 酒 十升

金澤根 〃 一升

國會議員 任炳洙 一, 金壹阡五百

임기빈 100원

김치환 술 1되

이석중 술 1되

김재반 담배 3개

김오봉 술 1되

농협 술 1되

임문빈 담배 10개

박일록 오렌주 1되

김신(택) 술 1되

야수크럽 술 2되

강태준 술 1되

동해호 술 1되

금영호 일금 500원

김도근 술 1되

양정규 술 10되

김택근 술 1되

국회의원 임병수 일금 1,500원

安奉洙 一金五百원 酒 一升
警察官出張所主任 酒 一升
朝天面漁村契 一,金百원
동해호 酒 一升
金性洙(工場) 酒 一升 오랜주 二升
金仁植 金成상회 天幕 無料貸與

西紀一九六八年 戊申 正月八日 賻助

玄天(敎) 금잔디 十甲
李玉子 酒 一升
文化館 酒 一升 금잔디 十甲
李万得 燒酒 一升
漁村契 仝 三升
三和精米所 燒酒 一升
康淳礎 새마을 十甲
朴日祿 一金百원
大福号 一金五百원
姜政成 燒酒 一升
金春日母 유ㅈ 五介 白紙 二卷 사과 十五介
　　　　厚紙 三丈 乾柿 二束 洋口 二封

안봉수 일금 500원, 술 1되
경찰관출장소 주임 술 1되
조천면어촌계 일금 100원
동해호 술 1되
김성수(공장) 술 1되, 오랜주 2되
김인식(금성상회) 천막 무료 대여

서기 1968년 무신 1월 8일 부조

현천(교) 금잔디 10갑
이옥자 술 1되
문화관 술 1되, 금잔디 10갑
이만득 소주 1되
어촌계 소주 3되
삼화정미소 소주 1되
강순초 새마을 10갑
박일록 일금 100원
대복호 일금 500원
강정성 소주 1되
김춘일 모 유자 5개, 백지 2권, 사과 15개,
　　　후지 3장, 곶감 2속, 양초 2봉

又 明太 一尾 白로紙 二丈 香木 若干
　　火甲 一封 鷄卵 三介
鄭奉元 燒酒 一升
漁洋号 燒酒 一升
支署 燒酒 一升
金寧号 一金五百원
金贊石 燒酒 一升
咸德号 一金三百원
郵便局 一金二百원
金柄玉[船] 海魚 三尾
梁貞根 燒酒 一升
任基彬 燒酒 一升
金万保 燒酒 二升
金相元 燒酒 一升
韓盛号 一金三百원
金致煥 酒 一升
金仁植 酒 一升
猛虎구락부 酒 一升

명태 1마리, 백로지 2장, 향목 약간,
성냥 1봉, 계란 3개
정봉원 소주 1되
어양호 소주 1되
지서 소주 1되
금영호 일금 500원
김찬석 소주 1되
함덕호 일금 300원
우편국 일금 200원
김병옥[배] 바닷고기 3마리
양정근 소주 1되
임기빈 소주 1되
김만보 소주 2되
김상원 소주 1되
한성호 일금 300원
김치환 술 1되
김인식 술 1되
맹호구락부 술 1되

東海号 酒 一升
里長 韓晳河 酒 一升
金成商會 天幕 代與
金性洙[工場] 酒 二升

西紀一九六九年 己酉 正月日 賻助記

姜希洙 一金五百원
咸德号 一金三百원
梁達用 一金百원
梁貞根 一金貳千원
金榮号 一金五百원
副面長 任基彬 一金三百원
大福号 一金五百원
漁村契 酒 二升
康淳礎 酒 一升
李玉子 酒 一升
漁洋号 酒 一升
支署 酒 一升
梁完杓 仝 一升

동해호 술 1되
이장 한석하 술 1되
금성상회 천막 대여
김성수[공장] 술 2되

서기 1969년 기유 1월 일 부조기

강희수 일금 500원
함덕호 일금 300원
양달용 일금 100원
양정근 일금 2,000원
금영호 일금 500원
부면장 임기빈 일금 300원
대복호 일금 500원
어촌계 술 2되
강순초 술 1되
이옥자 술 1되
어양호 술 1되
지서 술 1되
양완표 술 1되

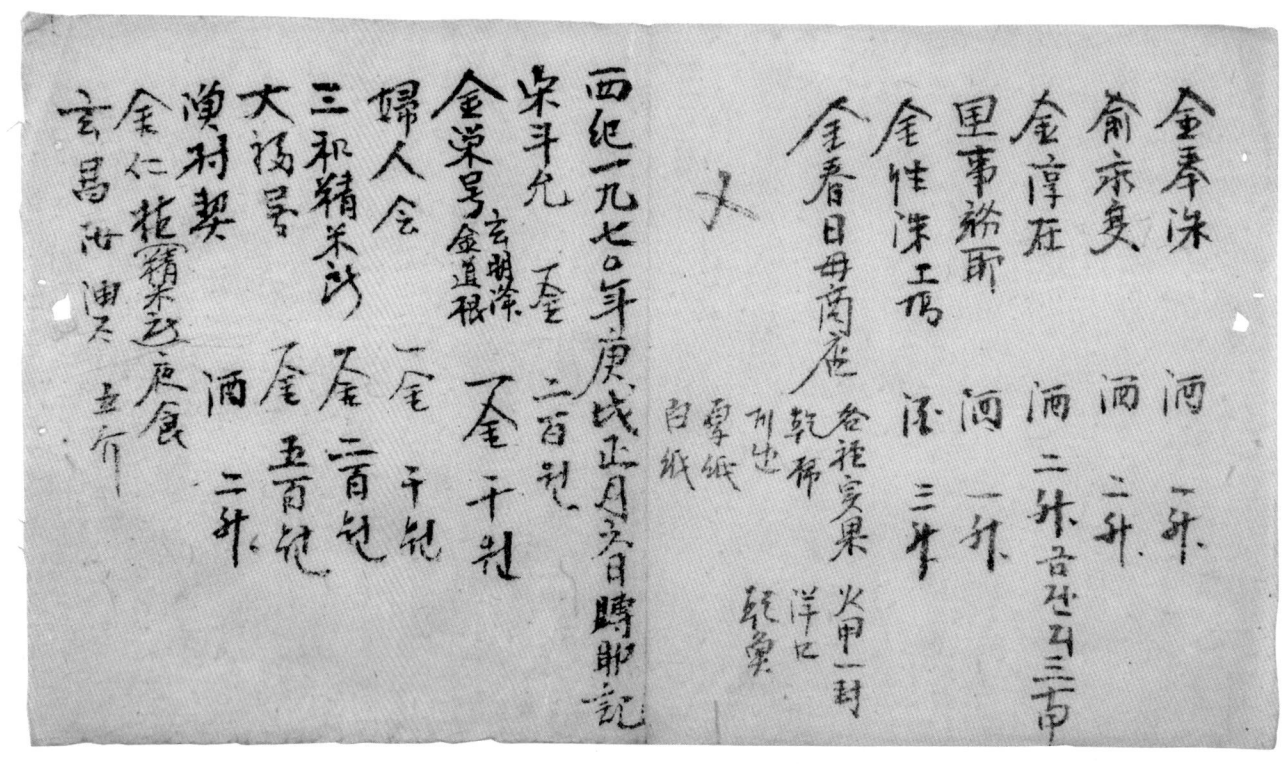

金奉洙 酒 一升

俞永燮 酒 二升

金淳在 酒 二升 금잔디 三十甲

里事務所 酒 一升

金性洙[工場] 酒 三升

金春日母商店 各種實果 火甲一封 乾柿 洋口
　　　　　게난 乾魚 厚紙 白紙

김봉수 술 1되

유영섭 술 2되

김순재 술 2되, 금잔디 30갑

리사무소 술 1되

김성수[공장] 술 3되

김춘일 모 상점 각종 과실, 성냥 1봉, 곶감, 양초
계란, 건어, 후지, 백지

西紀一九七0年 庚戌 正月六日 賻助記

宋斗允 一金二百원

金榮号[玄明澤 金道根] 一金千원

婦人會 一金千원

三和精米所 一金二百원

大福号 一金五百원

漁村契 酒 二升

金仁植[精米所] 夜食

玄昌汝 油ᄌ 五介

서기 1970년 경술 1월 6일 부조기

송두윤 일금 200원

금영호[현명택 김도근] 일금 1,000원

부인회 일금 1,000원

삼화정미소 일금 200원

대복호 일금 500원

어촌계 술 2되

김인식[정미소] 야식

현창여 유자 5개

金洪沂 酒 三升
面出張所長 酒 一升
李錫重 酒 一升
金天澤 막기이 二升
金祐根 酒 一升
姜泰種 酒 一升
金淳晉 酒 一升
海女[一區] 미역
夫益村 막걸이 一斗
康淳礎 酒 一升
韓景燮 酒 一升
姜政成 酒 一升
李芳休 酒 一升
丁奉杰 酒 一升
金春日[商店] 果 三種 白紙 一卷 洋口 二封 乾魚 三尾 乾柿 二束 香木 若干 白로紙 二枚 火甲 一封

西紀一九七一年 辛亥 正月十二日 賻助記

梁正圭[國會議員] 一金千五百원
康淳礎 燒酒 一升
丁奉杰 〃 一升
金히원母 實果 양초 건어
咸德里事務所 탁酒 二斗
〃農協 一金五百원
金弘긔 一金五百원
金柄允 酒 一升
韓行奉 탁酒 二升
육人 金太權 四百원
金培根 一金三百원
金漢根 一金二百원
金千澤 酒 一升
梁完杓 金二百원
高知宇 金성협[二人] 酒 又 과자 一封
金道根 一金五百원
玄明澤 一金五百원
金午奉 酒 一升
朴民活 酒 一升
李萬喆 一金三百원

梁正根 酒 一升
三和정米所 세분요
金珍根 酒 一升
李宗宇 酒 一升
韓智燮 酒 一升
朝天面長 玄天寬 一金千원
金致煥 一金五百원
梁太亨 酒 一升
玄允玉 酒 一升
本里 우체국장 一金五百원
夫春란 酒 一升
金澤根 酒 二升 탁주 二升
李萬得 一金參百원 又 酒 一升
韓京燮 酒 一升
金星商會 酒 二升
송영서 초 一봉
고려예식장 一,金五百원
姜泰熙 酒 一升 담베 10갑
玄氏門中會 天幕 無料貸與
김인효 一,金五百원
물동산정미소 酒 一升

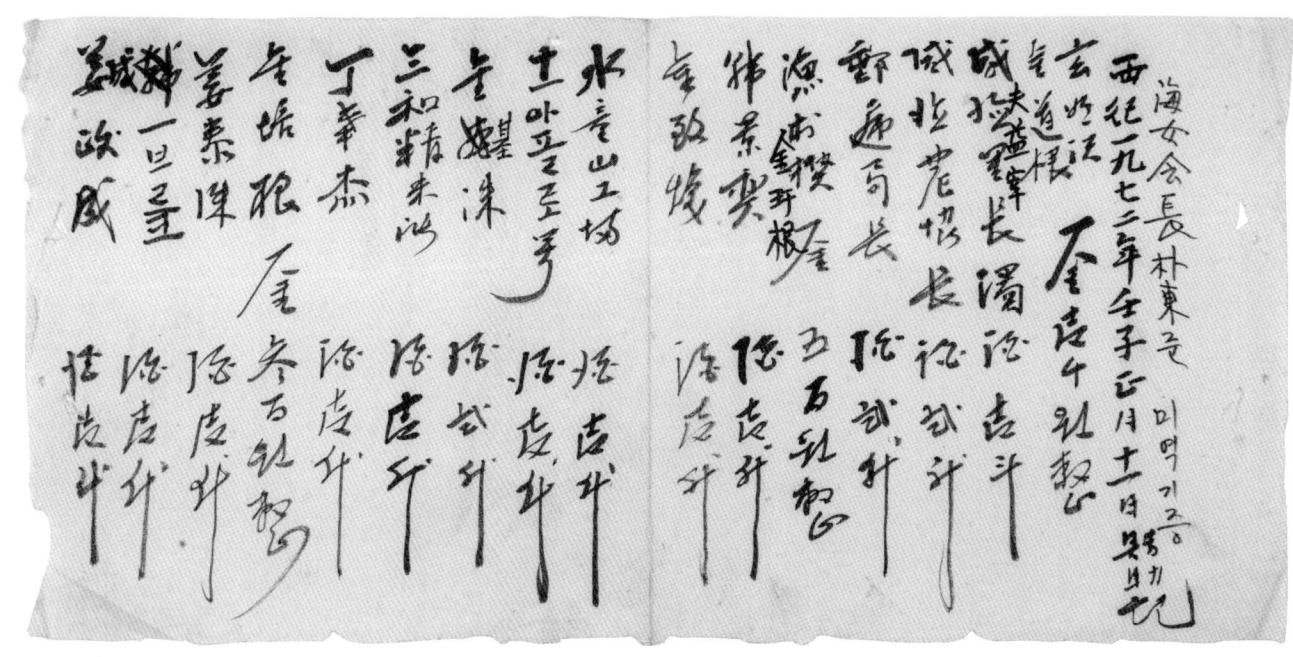

海女會長 朴東準 미역 기증

西紀一九七二年 壬子 正月十一日 賻助記

玄明澤 金道根　一金壹千원整
咸德里長[夫益宰] 濁酒 壹斗
咸德農協長 酒 貳升
郵遞局長 酒 貳升
漁村契 金玗根　一金五百원整
韓景燮 酒 壹升
金致煥 酒 壹升
水童山工場 酒 壹升
十一아플로号 酒 壹升
金基洙 酒 貳升
三和精米所 酒 壹升
丁奉杰 酒 壹升
金培根　一金參百원整
姜泰洙 酒 壹升
成一브르크 酒 壹升
姜政成 酒 壹升

해녀회장 박동준 미역 기증

서기 1972년 임자 1월 11일 부조기

현명택 김도근 일금 1,000원정
함덕리장[부익재] 탁주 1말
함덕농협장 술 2되
우체국장 술 2되
어촌계 김우근 일금 500원정
한경섭 술 1되
김치환 술 1되
물동산공장 술 1되
11아폴로호 술 1되
김기수 술 2되
삼화정미소 술 1되
정봉걸 술 1되
김배근 일금 300원정
강태수 술 1되
성일브르크 술 1되
강정성 술 1되

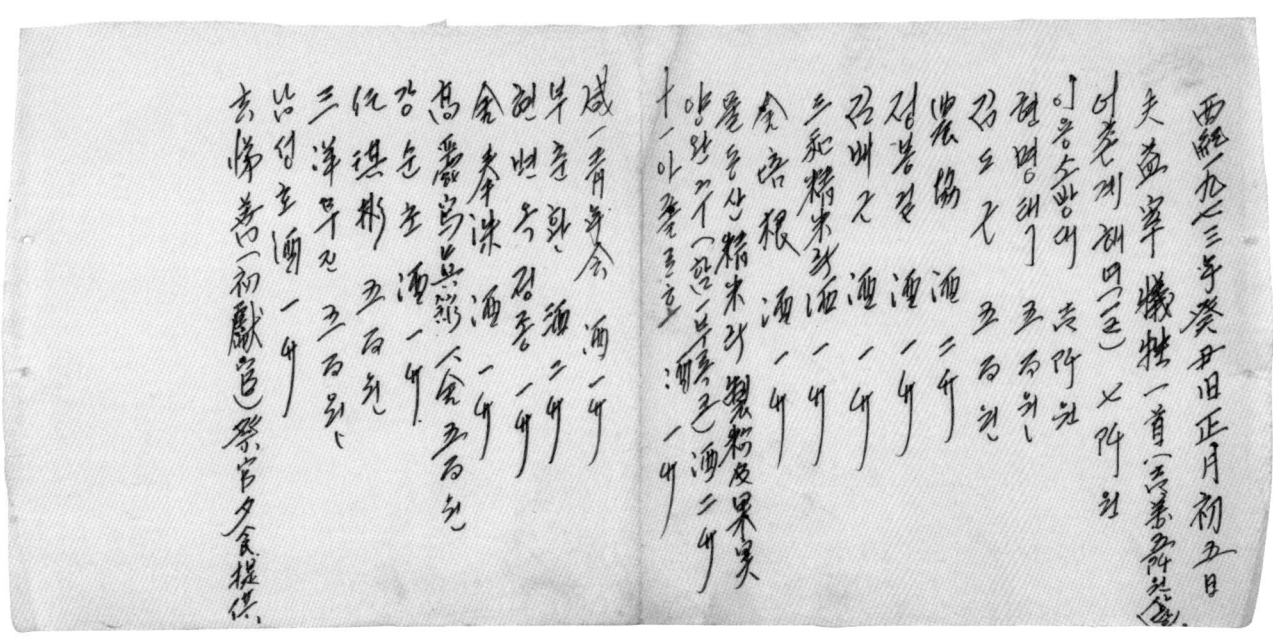

西紀一九七三年 癸丑 旧正月初五日

夫益宰 犧牲一首(壹萬五阡원 상당)

어촌계해여(一區) 七阡원

이용소방대 壹阡원

현명택 五百원

김도근 五百원

農協 酒 二升

정봉걸 酒 一升

김배근 酒 一升

三和精米所 酒 一升

金培根 酒 一升

물동산精米所 製粉及果實

양완주(함1부록크) 酒 二升

十一아폴로호 酒 一升

咸一靑年會 酒 一升

부춘환 酒 二升

현변옥 정종 一升

金奉洙 酒 一升

高麗寫眞舘 一,金五百원

강순초 酒 一升

任琪彬 五百원

三洋무진 五百원

남성호 酒 一升

玄悌善[初獻官] 祭官夕食 提供

終